Barcelona
Libro de los pasajes

W9-CKB-716

Carmel

Horta-Guinardó

La Sagrera

El Clot

Poblenou

Diagonal Mar

*Una selección
de los 400 pasajes
barceloneses.*

Barcelona
Libro de los pasajes

Jorge Carrión

Barcelona
Libro de los pasajes

Galaxia Gutenberg

Ajuntament
de Barcelona

También disponible en ebook

Edita: Ajuntament de Barcelona
Consell d'Edicions i Publicacions de l'Ajuntament de Barcelona:
Gerardo Pisarello Prados, Josep M. Montaner Martorell, Laura Pérez Castallo,
Jordi Campillo Gámez, Joan Llinares Gómez, Marc Andreu Acebal,
Águeda Bañón Pérez, José Pérez Freijo, Pilar Roca Viola,
Maria Truñó i Salvadó, Anna Giralt Brunet.
Directora de Comunicación: Águeda Bañón
Director d'Imatge i Serveis Editorials: José Pérez Freijo

Publicado por:
Galaxia Gutenberg, S.L.
Av. Diagonal, 361, 2.º 1.ª
08037-Barcelona
info@galaxiagutenberg.com
www.galaxiagutenberg.com
Direcció d'Imatge i Serveis Editorials
Passeig de la Zona Franca, 66
08038 Barcelona
tel. 93 402 31 31
barcelona.cat/barcelonallibres

Primera edición: marzo 2017

© de los textos y fotografías de interior: Jorge Carrión, 2017
Según acuerdo con Literarische Agentur Mertin, Inh.
Nicole Witt e. K. Frankfurt am Main, Alemania
© de la elaboración de los mapas: Víctor García Tur, 2017
© Galaxia Gutenberg, S.L., 2017

Preimpresión: Maria Garcia
Impresión y encuadernación: Sagrafic, SL
Depósito legal: B. 2149-2017
ISBN Galaxia Gutenberg: 978-84-8109-805-1
ISBN Ajuntament de Barcelona: 978-84-9850-952-6

Para Marco, Francesco y Marilena
—mis pasajes

o

«Los pasajes son casas o corredores que no tienen ningún lado exterior», leemos en el *Proyecto de los Pasajes* de Walter Benjamin: «igual que los sueños».

I

He caminado durante madrugadas, mañanas y tardes, todo tipo de vigilias; he recorrido calles y callejones, jardines y plazas, avenidas y torrentes, los casi cuatrocientos pasajes de Barcelona, su asfalto, sus adoquines, sus baldosas, su película de polvo; he transitado con la mirada y con las manos los anaqueles de historia y cultura locales de las bibliotecas y de las librerías de esta ciudad de librerías y bibliotecas; he visto con ojos de topógrafo aficionado homenajes y cicatrices y alcantarillas y placas y ventanas ciegas y tantas banderas y estatuas cagadas por palomas y obras de trenes de alta velocidad y vagabundos de la chatarra y árboles talados, cada círculo un año, cada anilla cuatro estaciones, algún incendio, cenizas de aquella plaga; he visitado las hemerotecas y los archivos y los museos y las tertulias, al caer la tarde, en las terrazas de los cafés, a las puertas de las casas; he contemplado euforias y llagas, ropa tendida al sol, esa lluvia que a veces irrumpe y nos difumina o nos pixela, ciudadanos y turistas, quién sabe si el turismo como nueva ciudadanía, la persistencia de los barrios y de los pueblos que fueron esos barrios, desagües y túneles de metro y estratos geológicos que conviven en una misma superficie a la espera de la lectura que casi siempre llega; he pasado horas en buscadores virtuales, tecleando compulsivamente nombres y palabras clave, de un vínculo a otro, de una pista a la siguiente, huellas y más huellas de tantos pasajes y tantísimos pasajeros; he viajado por senderos, rampas, cuestas, escaleras, puentes, escaleras mecánicas, galerías comerciales, plazas, bosques, los pies sobre el alquitrán, el adoquín o la tierra del camino desnudo que atraviesa los parques, que se hunde en las orillas; he viajado sin salir de la ciudad donde vivo, sí, he viajado hasta los confines de esta metrópolis llamada Barcelona y he vuelto con dos noticias.

Una buena y la otra mala.

¿Cuál quieres que te cuente primero?

2

«El tormento y los sufrimientos tan terribles de las almorranas pueden aliviarse y curarse pronto usando el Ungüento Cadum. Haga por conseguir una caja en seguida. Precio: 2 ptas.», leemos en *La Vanguardia* del 25 de junio de 1925: «Frente a su domicilio, pasaje de Oliva, 8, bajos, a Juan Gracia Gracia, de 20 años, le estalló un petardo que tenía en la mano izquierda causándole una herida por desgarro en la misma, de pronóstico reservado, fue curado en el dispensario de San Martín».

3

Donde la ciudad pierde su hambre, donde deja de devorar, masticar, digerir con asfalto, donde se deshace en arboleda y casa autoconstruida con vistas a Ciudad Meridiana y a la autopista del Vallés, en un rincón limítrofe y perdido que nadie visita, allí se oculta el pasaje de Carreras.

En uno de sus rincones encontré finalmente el plano de Barcelona más perfecto que existe. La topografía de sus años y de sus heridas. El diseño circular de sus triunfos y de sus derrotas. El mapa de sus sueños opiáceos y de sus pesadillas de prozac. Aquel tronco de un pino exterminado por un leñador resume la ciudad, la sugiere, la cuenta.

Durante muchos pasos el pasaje de Carreras parece un camino, flanqueado por casas unifamiliares y alguna que otra finca abandonada, hasta que de pronto se vuelve un parque con bancos y escalones, que atraviesa un pozo negado y sube hacia la calle que serpentea entre piscinas agrietadas y bidones y garajes cutres y pinos y polvo ocre, vaporoso. Entre el camino y el parque hay tres arcos de obra vista, los restos del antiguo acueducto del Vallés, recorridos por el conducto que algún empleado municipal tapó con tejas curvas y que ha sido colonizado por hierbajos. Se construyó en 1824 y formó parte durante un siglo y medio de la trama visible e invisible que nutría de aguas potables a Barcelona, hasta que en 1987 la ciudad comenzó a beberse al río Ter y estas estructuras fueron de repente ruinas.

Unas ruinas diagonales. Porque las aguas atravesaban la ciudad y sus campos, terráqueas o subterráneas, acueductos y acequias y tuberías, siguiendo trazados que desde aquí, el último pasaje barcelonés, conducen en diagonal hacia las viejas murallas y la Barcelona antigua. Era el único pasaje que no había pisado. Ya está en mi tonta colección.

Cojo el metro en Torre Baró, línea verde. Y dieciocho paradas y 57 minutos más tarde me bajo en Drassanes. La misma metrópolis. Dos mundos distintos.

Cuando el filósofo y periodista free-lance alemán Walter Benjamin paseaba en los años 20 y 30 del siglo XX por las Ramblas todavía se podía constatar en el centro histórico esa oscilación tan barcelonesa entre la humedad y la sequía, entre los desagües a cielo abierto y la piedra dura, entre los lavaderos y las cloacas. Ahí mismo, en el pasaje de la Paz, a pocos metros de la calle más famosa de la ciudad, se reunían aún en aquella época las vecinas para frotar la ropa sucia, porque brotaba el agua a borbotones de unos pozos que eran aún memoria de los huertos desaparecidos, de las lagunas desaparecidas, de la gran riera o rambla que se inundaba cada vez que llovía torrencialmente en las montañas.

Sabemos que Walter Benjamin estuvo tres veces en Barcelona, dos de ellas para embarcar hacia Ibiza, pero lo que hizo exactamente en esas estancias permanece en la niebla de lo inexacto. Nos cuentan sus biógrafos que conoció los cabarets del Barrio Chino y que por aquí se encontró con un lector alemán de la Universidad de Barcelona, llamado P. L. Landsberg. En sus cartas a Gershom Scholem se queja de que en Barcelona no se puedan consultar manuscritos cabalísticos, tan cerca como está de Girona, que fue capital mundial de la cábala durante buena parte de la Edad Media. El 21 de septiembre de 1925 le escribe desde Nápoles que Barcelona es «una ciudad portuaria que felizmente imita un poco el Boulevard parisino a pequeña escala». Conocemos todos los detalles de aquellos días posteriores y nefastos de septiembre de 1940, cuando su deseo de regresar a Barcelona, camino del exilio, fue quebrado por la desesperación y el suicidio, entre la Francia ocupada por los nazis y la España franquista; pero no sabemos casi nada de aquellos otros días de 1925 y 1933, cuando deambuló por estas calles que, pese a los supermercados paquistaníes y los bares con happy hour, poco han cambiado desde entonces.

Los rastros más significativos de esta ciudad en su obra se encuentran en uno de los textos de *Historias y relatos*, fruto de los once días de travesía desde Hamburgo en el barco *Catania*, durante los cuales habló largamente con la tripulación y sobre todo con el capitán, a quien convirtió en el protagonista de un cuento titulado «El pañuelo». Éste termina en el momento en que el narrador baja del barco, antes de adentrarse en Barcelona y de poder contárnosla. Scherlinger, en cambio, el protagonista de «El relato de embriaguez en Marsella», sí nos cuenta que tras su desembarco es conducido por el azar al «famoso Passage de Lorette, la cámara mortuoria de la villa». Eso es lo más cerca que estuvo de hablar de los pasajes barceloneses. ¿Llegaría a pisar alguno? ¿El Bacardí, tal vez, camino de la plaza Real, sin duda el más parecido a un acuario humano? ¿Se alojaría en alguno de los hostales del pasaje Dormitorio de Sant Francesc, adonde iban a parar tantos viajeros de paso? Nunca lo sabremos. Al parecer la ciudad le impresionó menos de cerca que de lejos, como un puerto que enlaza con Cádiz o con Marsella o con Nápoles, contrapuesto a las ciudades de interior (Berlín, Moscú, París) que sí conoció a fondo.

No quiso el azar que reparara en los pasajes barceloneses, porque si los hubiera visto probablemente habría dejado constancia de ello, ya que entre 1927 y 1940 trabajó en su desmesurado *Proyecto de los Pasajes*, que no pudo concluir y que inaugura esa mirada que yo llamo el pasajismo o pasajerismo moderno. De él sólo tenemos los resúmenes (los planes) y los cientos de citas (los restos del naufragio) que recopiló en largas sesiones de trabajo en la biblioteca. Pretendía realizar con ese material un gran collage poético que diera cuenta de París como capital del siglo XIX. Los pasajes, esas galerías cubiertas, esa sucesión de escaparates que se deslizaban por las entrañas de la ciudad, aunque dieran título al plan, eran sólo uno de los temas de estudio, junto con el ferrocarril, el paseo, el museo, las catacumbas, la Bolsa, la conspiración, la Comuna, Baudelaire o el capitalismo. El mejor lector del fenómeno surrealista, que en aquellos mismos años experimentó con las drogas y transcribió sus sueños, dejó escrito: «Método de este trabajo: montaje literario. No tengo nada que decir. Sólo que mostrar». Sin embargo, citamos sobre todo todo lo que escribió (como ese mismo apunte) y somos pocos los que hemos leído entero su *Proyecto de los Pasajes*, que es menos un libro que una nube de voces, que es menos un libro que el sueño de un libro que no fue, pero que insiste en su inexistencia.

4

«Whitechapel tenía que ser leído como un rollo de pergamino», leemos en *Lights out for the Territory* de Iain Sinclair: «Como un álbum de familiares desconocidos».

5

Dejo a mano izquierda el puerto y, de camino hacia Montjuic, atravieso los jardines Walter Benjamin, que en 1980 fueron inaugurados con otro nombre (Puerta de Montjuic), cerca de la avenida Paralelo. Las tres visitas del escritor germano se produjeron en los años decisivos de la historia de Barcelona, en las inmediaciones de la Exposición Internacional de 1929. Tras la Exposición Universal de 1888, la operación urbanística y cultural que transformó el parque de la Ciudadela y sus alrededores, el evento del 29 hizo lo propio con esta montaña, que empezó entonces a dejar de ser chabolista y rural para mostrar con orgullo fuentes, jardines, parque de atracciones y parque temático, pabellones y un gran palacio con vocación de museo nacional. En el cambio del siglo XIX al XX la burguesía barcelonesa decidió el futuro de la metrópolis. Mientras el Eixample iba cuadriculando el interior de la ciudad, cosiendo sus diversos núcleos históricos, las exposiciones señalaban los dos ejes de modernización: el litoral, que un siglo más tarde sería retomado por los Juegos Olímpicos y por el Forum de las Culturas; y el de Montjuic, que también sería actualizado por las olimpiadas. La marca Barcelona se configuraba como un modelo de desarrollo urbano y como un polo de atracción turística. A la espera de que Gaudí y el modernismo se convirtieran en un imán global, mientras Benjamin daba vueltas por el Barrio Chino o se tomaba un chocolate en la calle Petritxol, relucía la fachada neogótica de una Catedral realmente gótica que durante siglos no tuvo fachada y se embellecían sus alrededores con capiteles y claustros y gárgolas y columnas e incluso edificios enteros provenientes de otras calles y barrios, para que el Barrio Gótico, tras siglos de hacinamiento y construcciones improvisadas y epidemias, al tiempo que se aseaba, volviera a parecer auténtico y medieval. Así, la calle del Bisbe, con sus gárgolas de serpientes y centauros y con su majestuoso puente o arco o balcón pasadizo, es un invento de 1929, en plena dictadura de Primo de Rivera. Me pregunto si Benjamin, experto en los trampantojos del barroco, se dio cuenta de semejante falsificación.

En el nuevo relato fueron ignorados tanto los antiguos pasajes –vestigios rurales o fabriles, caminos convertidos en callejones sin importancia– como los nuevos –fastuosas galerías o pasadizos ajardinados que se abrieron durante la segunda mitad del siglo XIX–, porque la nueva Barcelona se reducía a dos ideas: el laberinto romántico del Barrio Gótico, corazón nacional, pasado idealizado; y la expansión modernista del Eixample, cerebro económico y turístico, futuro ideal. Desde los diversos miradores que me voy encontrando mientras subo por esta cara de la montaña de Montjuic, como el de Miramar, ese relato se hace transparente: tras el puerto y la playa, pese a esas chimeneas que aquí y allá supuestamente nos recuerdan nuestro pasado industrial, pero que en realidad no son monumentos a los obreros ni a los sindicalistas sino a los apellidos de sus propietarios, lo que destaca en la cuadrícula perfecta es la armonía entre las agujas de la Catedral y las de la Sagrada Familia, contrapunteadas por decenas de hoteles, verticales, relucientes. Sin embargo, aunque no se vean, aunque nadie los vea, ahí están los pasajes, como el de Carreras, en el extremo, en la frontera opuesta a ésta; como el Maluquer, en la parte alta de la metrópolis, donde nunca se apacigua su hambre; como el Bacardí o el Dormitori de Sant Francesc, justo ahí abajo, en la ciudad vieja con su barniz de antigüedad; como los que descubriré o volveré a visitar durante las próximas horas por los rincones de esta montaña; como tantísimos otros: son grietas en el modelo Barcelona, son ranuras que –unidas– configuran otro mapa de esta ciudad, un mapa que se expande en el espacio hasta los confines que nadie incluye y en el tiempo hasta los orígenes que nadie evoca, para recordarnos la historia, las historias, que ha desechado el relato institucional. Para contarnos Barcelona como nadie nos la había contado hasta ahora.

6

«Si hemos de referirnos a la fisiología», leemos en *La idea de ciudad* de Joseph Rykwert: «a lo que más se parecerá una ciudad será a un sueño».

7

En el centro de la obra de Walter Benjamin hay una búsqueda de la experiencia narrativa, de la vigencia del relato, entre el desastre de la Primera Guerra Mundial (trincheras, gas mostaza, millones de muertos, exceso de dolor) y el advenimiento del nazismo y sus ilimitadas consecuencias (Europa, Auschwitz, Hiroshima, la Guerra Fría, un dolor que no termina). Cuando la reproductibilidad técnica no sólo afecta a las artes, sino también a la producción de muerte en cadena. Esa búsqueda lo llevó tanto a un vagabundeo físico y espiritual como a un nomadismo a través de los géneros literarios y sus combinaciones. Todos sus libros son distintos. Particularmente los cuatro más importantes de los que intentan dar cuenta de ciudades: *Infancia en Berlín hacia 1900*, *Dirección única*, *Diario de Moscú* y, obviamente, el *Proyecto de los Pasajes*, esa forma informe (lo que ahora leemos como tal, de hecho, no es más que un conjunto de materiales de trabajo que Georges Bataille consiguió esconder en la Biblioteca Nacional de Francia).

En esos cuatro libros el fragmento y la cita constituyen la unidad mínima de sentido de un collage de inspiración surrealista pero sistematizado, de un artefacto construido a partir del concepto de montaje como herramienta de conocimiento. La experiencia, parecen decirnos, estuvo en las ciudades. Su disolución es imparable. Pero podemos tratar de acercarnos a ella gracias a la reproducción a un mismo tiempo desordenada y ordenada de recuerdos y de textos, de historias y de reflexiones, dispuestos de una manera que intencionadamente sintonice con frecuencias del pasado, imitando la sístole y la diástole del corazón urbano, que bombea con gasolina y sangre y electricidad y agua e información y gas un cuerpo que nunca cesa de formalizarse, que es pura forma en expansión y contracción, en movimiento.

Ha escrito Ricardo Piglia que la verdad tiene la estructura de una ficción en que otro habla. Por eso el capitán de «El pañuelo» le cuenta al narrador una historia heroica que supuestamente protagonizó un pasajero de su barco; pero al final del cuento, cuando se despide desde cubierta con un pañuelo en la mano, el narrador descubre que quien se lanzó por la borda para salvar a una dama que había caído al agua fue en realidad el propio capitán. La transmisión de la experiencia es más fuerte, más verdadera, si quien la vivió la narra como si le hubiera pasado a otro. Por eso Conrad le hizo confesar en voz alta a Marlow, en *El corazón de las tinieblas*, esa novela que habla de cómo las ciudades modernas extrajeron su energía de la explotación colonial, su propio sufrimiento en el río Congo. En la literatura urbana, nos insinúa Benjamin, ese otro sólo puede ser polifónico y fragmentario, citas y voces: que, en lugar del yo del autor, sea la propia ciudad la que hable.

Que sean –digamos– sus pasajes.

En cada pasaje está la afirmación y la negación de la ciudad entera. Si la metrópolis se define por los peatones y los vehículos, la velocidad o el tráfico, el pasaje los ignora, los pone en jaque o –al menos– entre paréntesis. Cuando estás en un pasaje no estás ni en un camino ni en una calle, la ciudad todavía no ha evolucionado definitivamente, el tiempo es antiguo, en pause, levemente ritual. Los pasajes son portales temporales: lugares fronterizos que dan acceso a la psicociudad, la dimensión emocional y simbólica que construyen los ciudadanos, a menudo opuesta a la de los políticos y los urbanistas. Los pasajes son también pasajes de libros, citas, fragmentos que representan un todo fragmentado. Los pasajes son, en fin, pasadizos, hipervínculos, túneles, atajos, rodeos, entre dos cosas o dos conceptos que parecían no guardar relación alguna: pensamiento lógico y pensamiento mágico, porque la antítesis pone necesariamente a prueba la inteligencia.

8

«Todo libro comienza como deseo de otro libro», leemos en *Una modernidad periférica: Buenos Aires, 1920 y 1930* de Beatriz Sarlo: «Como impulso de copia, de robo, de contradicción, como envidia y desmesurada confianza».

9

Arcade, Bazar, Boulevard, Colonnade, Corridor, Galerie, Galleria, Galería, Halle, Passage, Pasaje, Pasadizo, Pasillo. La polisemia se debe tanto al exceso de sentido (la multiplicidad de formatos) como a la indefinición (¿qué diablos es un pasaje?). La palabra «passage», según J. F. Geist en *Passagen, ein Bautyp des 19. Jahrhunderts,* nace en Francia a principios del siglo XVIII, para referirse a calles privadas que atraviesan manzanas. Posiblemente el concepto se generalizara en Europa con el regreso de las tropas –tanto militares como intelectuales– de Napoleón: cuando el Bazar Oriental, que tan bien habían retratado los viajeros franceses en El Cairo o en Constantinopla, se popularizó en cuadros y grabados. Fue la fusión de ese imaginario con los corredores y pasadizos medievales, renacentistas y barrocos de las ciudades europeas lo que dio lugar al pasaje moderno.

Es una palabra ambigua, que siempre refiere al espacio y al tiempo y a algún tipo de transición. Una transición peatonal: su razón de ser es el tránsito, pero también el reposo. Descansar de la aceleración de la calle. Sumergirte en un tiempo al margen del tiempo, singular en el tiempo común, plural. «El pasaje», escribe Geist, «debe tener una vida propia que recuerde a la vida de la calle». Se inscribe en la lógica del simulacro metropolitano, como el museo de cera, como el gabinete de panoramas, como el museo y el cine: «El pasaje debe crear la ilusión de una calle con fachadas exteriores y no comunicar jamás al paseante que entra en un espacio interior, porque entrar en un espacio se asocia con una intención precisa», y el ciudadano debe pasear por el pasaje sin razón alguna, divagar, comprar en el pasaje, consumir en él, sintiéndose sólo mínimamente extraño, lo suficiente para que la experiencia sea interesante y placentera: que lo haga volver.

El pasaje como detalle de la ciudad moderna. El pasaje como nota a pie de página. Como túnel que nos lleva a lo que hay debajo de la página, del texto urbano, a sus ruinas enterradas, a sus lodos fértiles. El pasaje como el lugar donde se vende al detalle, espacio minorista, santuario de la atención. Como dice Geist: el pasaje como esa forma arquitectónica y urbanística que antes no se premiaba en los certámenes y que aún ahora no se estudia en las universidades, objeto de gran desconocimiento.

Ni el propio Geist se salva de él. En el índice de pasajes europeos de la edición en francés de su libro leemos lo siguiente:

Barcelone   Pasaje
Ramblas – Plaza Mayor
Qu'il n'existe pas de passages vitrés dans
les villes espagnoles reste pour moi un mystère.

Supongo que se refiere al pasaje Bacardí. No localizó el Manufacturas. Por tanto, ni Benjamin ni Geist, tal vez los dos mayores expertos en pasajes del siglo XX, supieron ver los de Barcelona. No es extraño, porque tampoco los mismos barceloneses han sabido verlos. En una de las paredes de la Fundación Miró –ese edificio que el arquitecto Josep Lluís Sert planificó en los años 60 porque en los 30, al igual que Benjamin, también se interesó por la arquitectura blanca y esencial de Ibiza y viajó fascinado a la isla–, me encuentro con un mapa conceptual de la vida y la obra del pintor titulado *Constelaciones*, donde se mencionan decenas de lugares y de datos, de influencias y de referencias. La parisina calle Blomet, donde tuvo Miró un taller, está escrita en el mayor cuerpo de letra posible, en el centro de todo. En un lateral, en letra pequeña, leo: «Barcelona». Ni rastro del pasaje del Crédito, donde nació, donde vivió, donde estudió, a donde regresó varias veces para cuidar de su madre, donde tuvo también un taller durante muchos años. Es tan típico de esta ciudad: mitificar el pasaje de París, negar el propio.

10

«En la plaza de las Tres Xemeneies del Paraŀlel existe un estrecho pasadizo que va a dar a la calle de Cabanes. Hasta hace poco tiempo, la placa decía: "Pasaje de la Canadenca. Empresa eléctrica que dio nombre a la huelga de 1919". Ahora pone: "Pasaje de la Canadenca. Empresa fundada por Fred Stark Pearson en 1911"», leemos en «El cambiazo» de Xavier Theros, crónica publicada en *El País* el 19 de mayo de 2012: «Como en uno de esos cambiazos fotográficos que tanto gustaban a los mandarines del comunismo sin rostro humano, el contenido de la rotulación pública podría estar iniciando una deriva insólita».

11

Durante décadas el barrio de la Satalia estuvo condenado a muerte, *afectado*, porque el Plan General Metropolitano lo contemplaba como parte de la montaña de Montjuic, es decir, como derribo pendiente, es decir, como espacio verde, es decir, como parque o cementerio de una desaparición. Cómo calibrar el sufrimiento de las doscientas familias que durante tanto tiempo sintieron que su permanencia en casa era temporal, que tarde o temprano serían desalojadas: aunque suene ingenuo, tal vez sólo pueda ser medido en la escala de su lucha. Porque fue la insistente actividad reivindicativa de la Asociación de Vecinos de la Satalia la que logró la salvación de la barriada a finales de 2013. Hasta entonces no se reconoció el valor arquitectónico y urbanístico de esas casas con huerto, jardín y hasta mirador que florecieron entre ambas exposiciones internacionales, de esos vestigios de ciudad jardín que conectan con los siglos cuando lo que ahora llamamos Barcelona era una policromía de bosques mediterráneos, de pinos, algarrobos, encinas, robles, con arbustos como el madroño, el lentisco o la aladierna, recorridos por los caudales de riachuelos y torrentes.

Provocado por un levantamiento tectónico, convertido en un islote durante el período Terciario, Montjuic nos vigila desde mucho antes de que emergieran del mar, de que fueran suelo todas esas hectáreas que voy viendo a intervalos, a medida que bajo por su ladera, encapsuladas ahora entre nuestros dos ríos frontera. En su afán de conquistar alturas conceptuales, la burguesía catalana tendió desde el siglo XIX hacia las elevaciones de Horta y del Carmelo, donde instaló residencias de fresco veraniego, y hacia el Tibidabo, que se convirtió en su montaña por excelencia. Pero los orígenes de Barcelona remiten hacia la otra montaña paradigmática, esta que piso, donde ya se asentaron los íberos atraídos por su atalaya y su riqueza mineral, donde los romanos abrieron canteras para edificar su Barcino, donde la Barcelona medieval plantó viñedos entre casas de campo, donde se perdió para siempre la ermita de Sant Julià, donde todavía se encuentra la necrópolis judía del siglo X, donde se erigió la fortaleza que vio Don Quijote, castillo que desde el siglo XVII tanta protección brindó a la ciudad y tanta destrucción trajo a la ciudad, porque así somos los seres humanos, construimos y destruimos –y viceversa–.

Por eso no es de extrañar que el trazado del pasaje Antic de València se superponga al de un camino romano. Son dos los restos que quedan con el mismo nombre de la probable vía imperial que después se convirtió en el Camino Antiguo de Valencia: la calle del barrio de Poblenou y este pasaje de Montjuic, los extremos de una misma ruta, la que apuntaba hacia el Besós y la que lo hacía hacia el Llobregat. Se conservan algunos trazos de la vía en el pasaje de la Marina y en el del Treball, en Selva de Mar, que dibujan la curva que antaño permitía bordear una laguna. Tras la destrucción en 2003, por las obras de Diagonal Mar, de gran parte del primero y el derribo de Can Gran, una masía secular, la reconstrucción imaginaria del paisaje perdido se hace más difícil. Y cada vez lo será más, hasta que reconstruir mentalmente ese pasado sea casi lo mismo que soñar.

Una palmera altísima da sombra a la entrada del pasaje Antic de València, esa galería franqueada por dos muros antiguos, con rincones dignos de un pueblo criogenizado por turistas siderales en la Edad Media y que se conserva tal cual fue. Camino como por el interior de una reliquia. Son lentos, mis pasos. Tropiezo con el formol ambarino, gelatinoso, frío de alta intensidad. Hay una entrada que conduce a una puerta de madera sólida, con una moto aparcada a su izquierda y una mountain bike recostada en la pared derecha. Y, más allá, en el pasaje de Julià, un camino que conduce a una gran finca, que podría estar en el interior de Cataluña, cerca de los Pirineos, pero está aquí mismo, a tiro de piedra de la sala Apolo o de la plaza España o del puerto y el mar.

En un pasaje sin nombre, de aspecto también medieval, la franja inferior del muro casi muralla, casi geología antediluviana, está el Ateneu Anarquista del Poble-sec: al lado de la puerta te mira, chulesca, una anciana –su grafiti hiperrealista– en zapatillas y con la mano izquierda apoyada en la cadera. Y tú qué miras. Yo miro el suelo, porque este camino antiguo está compuesto por escaleras. Y en cuanto bajas y das la vuelta por la calle de abajo, pasas del medioevo al siglo XIX, con las casas señoriales, de hasta tres pisos, del pasaje Serrahima. En la casa del número 28, según ya sólo recuerda la hemeroteca de *La Vanguardia*, el 6 de octubre de 1944 Asunción Tabanes Chaves, de 44 años de edad, intentó pasar a su casa desde el balcón de la vecina, cayó y nunca más volvió a olvidarse las llaves. Fotografío una puerta de cristales de colores, modernista. Y a una señora de pelo rizado y blanco, una coliflor capilar, que a duras penas consigue llegar a su portal, pues viene empujando su carrito de la compra por las calles empinadas, por las rampas y escaleras de este barrio cuesta arriba.

Todas las épocas conviven aquí: desde los fósiles marinos del Pleistoceno hasta la casa erigida, con todo lujo e inmejorables vistas, en el siglo XXI, pasando por el camino romano, los viejos jardines populares que ahora son jardines oficiales, el eco de la pobreza extrema y del anarquismo y de la contracultura o Cal Blau, casa bellísima y modernista de este otro pasaje, el de Martras, que no en vano debe su nombre a un botánico del siglo XVIII: todo el vial, con tanta pendiente que la acera cuenta con baranda, muestra una rica variedad de flores y frutos, de verde que trepa por los muros o se derrama por ellos, de árboles recios que dan sombra.

12

«Barcelona es agua», leemos a principios de 2016 en los paneles de publicidad de los túneles de metro, repetidos cada cincuenta metros: «Barcelona es agua».

13

Si por toda la ciudad hay pasajes que establecen conexiones con diversos momentos de nuestro pasado común o con París, nuestro común modelo, aquí, de pronto, en esta calle que acaba en unas escaleras y en los jardines del Teatre Grec, la conexión brota entre Barcelona y Madrid. En los turbios y psicodélicos años de la Movida madrileña un pintor conocido como El Hortelano dibujó un mapa de estrellas absolutamente delirante, en el cual aparecía «Ouka Leele». Se enamoró de ese nombre una de sus amigas –que lo visitaba a menudo junto con el fotógrafo Alberto García Alix o el cineasta Pedro Almodóvar– llamada Bárbara Allende de Gil de Biedma: y lo adoptó como propio. En 1978, junto con otro amigo también pintor y también con nombre artístico, Ceesepe, los tres superrealistas pop se trasladaron a Barcelona y establecieron aquí, en esa torre del número 18 del pasaje Martras, una embajada del movimiento madrileño. Comenzaron a frecuentar a Javier Mariscal y a Nazario, entre otros artistas barceloneses. Y convirtieron este rincón de Montjuic, que ya había sido el local de ensayos del grupo experimental La Propiedad es un Robo, en su casa, taller, sala de fiestas y laboratorio.

–Me encanta descubrir eso –me dice Ouka Leele por teléfono, la voz ligeramente rugosa, como una lija finísima–, porque nosotros veníamos del movimiento hippie, de la no propiedad, por eso compartíamos los espacios. Recuerdo los patos que te recibían cuando llegabas, como si fueran perros, cuac, cuac, cuac; recuerdo las paredes llenas de lunas y estrellas, todo muy árabe, como las puertas en forma de arco, porque el anterior propietario había vivido en Marruecos; y recuerdo gente por toda la casa, incluso acampando en el jardín. ¿Cómo los vas a echar, si estás defendiendo que no existe la propiedad privada? Pero a veces se hacía un poco desagradable, porque de pronto desaparecía tu camiseta favorita o un anillo que te había regalado tu madre, cualquier cosa, y eso no molaba, la verdad, de modo que El Hortelano se puso un poco duro y empezó a echar a la gente. Una cosa eran los invitados de Madrid, como Alberto o los de la revista *Nueva Lente*, y otra muy distinta los desconocidos y los caraduras. Al final sólo venía gente para saltar la valla del jardín y meterse gratis en los conciertos del Teatro Griego.

Fue una etapa importante para Ouka Leele porque entendió que podía hacer convivir la pintura, su pasión, con la fotografía, que pagaba las facturas. Empezó a pintar las fotos. No he encontrado rastros de este pasaje en la obra de El Hortelano y de Ceesepe, pero sí en la serie «Peluquería», que ella realizó entre 1978 y 1980, con los vecinos como modelos. En el autorretrato «Quiero saber quién soy» ya aparece el muro del terrado como telón de fondo, pero es sobre todo en varias fotografías performáticas de ese proyecto donde se ve el mundo personal, onírico, en contraste con la ciudad. Los rostros coloreados, rabiosamente pop, con palmeras o casas o las Tres Chimeneas al fondo. Un amigo, Luis Fellini, es fotografiado en un par de fotos con botas, en ropa interior y con un pulpo chorreante en la cabeza. La imagen es lo que queda pero el arte lo era todo, me dice Ouka Leele: el arte consistía en lograr que un amigo se pusiera en la cabeza un objeto durante todo un día y que ella lo acompañara, lo retratara, fuera testigo de ese jaque del absurdo a lo real. Subvertir la peluquería, violentar el mundo con un pene o jeringuillas o tortugas o un rape sobre la cabeza. El arte era la vida.

–En otra foto aparece un vecino que jugaba al fútbol, con su balón y con su gato. La verdad es que los vecinos eran muy divertidos. Recuerdo a otro chico, que vivía al fondo, el único moderno del pasaje, iba con tacones, el tío. Mi madre, Mavi, estaba muy preocupada con nuestra forma de vida y como confiaba mucho en su primo Jaime, venía a Barcelona supuestamente a visitarlo, pero en realidad lo que quería era asegurarse de que yo estaba bien. Venía con mi tío a la casa y ella le preguntaba si realmente creía que yo sería artista, esas cosas, y él la tranquilizaba. A él me lo encontraba por la noche, en el Gimlet, en el Stork, en cualquier lugar que estuviera de moda, ahí estaba él, con sus copas y sus amigos poetas y editores. Su madre me invitaba a comer de vez en cuando, para que comiera caliente, mis tías la verdad es que fueron muy hospitalarias, y yo la verdad es que era muy joven...

El experimento terminó cuando todo se conjuró para que así ocurriera. Un día encontraron huesos humanos en el jardín de la casa. Ouka Leele enfermó de un cáncer que por suerte acabaría superando. Y Fernando –el hermano de El Hortelano, que entonces vivía con ellos– se suicidó. Era 1982. Lo cuenta el propio Luis Fellini en un comentario de un blog escrito treinta años después, perdido en el laberinto de internet. Me lo confirma ella por teléfono, esa voz que pule las ondas sónicas, puro presente que excava en el pasado:

–Yo creía que eran piedras, pero me di cuenta de que eran calaveras; la propietaria, que era también vecina, quiso tranquilizarme y me dijo riendo que serían esqueletos de moros, porque el anterior inquilino había sido oficial del ejército en la guerra de Marruecos, me sonó a cuento chino, pero me puso todavía más nerviosa, y con el suicidio y la enfermedad todo tenía de pronto aspecto de punto y final.

La sobrina del poeta Jaime Gil de Biedma continuó con su vida y con su obra y con sus viajes, tras dejar atrás Montjuic, el escenario de uno de los más importantes poemas de su tío, «Barcelona ja no és bona o mi paseo solitario en primavera», cuya forma es una caminata en verso por «este despedazado anfiteatro de las nostalgias de una burguesía».

14

«En un banquete que daba un noble de Tesalia llamado Scopas, el poeta Simónides de Ceos cantó un poema lírico en honor de su huésped, en el que incluía un pasaje en elogio de Cástor y Pólux. Scopas dijo mezquinamente al poeta que él sólo le pagaría la mitad de la cantidad acordada y que debería obtener el resto de los dioses gemelos a quienes había dedicado la mitad del poema. Poco después se le entregó a Simónides el mensaje de que dos jóvenes le estaban esperando fuera y querían verle. Se levantó del banquete y salió al exterior pero no logró hallar a nadie», leemos en *El arte de la memoria* de Frances A. Yates: «Durante su ausencia se desplomó el tejado de la sala de banquetes aplastando y dejando, bajo las ruinas, muertos a Scopas y a todos los invitados; tan destrozados quedaron los cadáveres que los parientes que llegaron a recogerlos para su enterramiento fueron incapaces de identificarlos. Pero Simónides recordaba los lugares en los que habían estado sentados a la mesa y fue, por ello, capaz de indicar a los parientes cuáles eran sus muertos. Los invisibles visitantes, Cástor y Pólux, le habían hermosamente pagado su parte en el panegírico sacando a Simónides fuera del banquete momentos antes del derrumbamiento. Y esta experiencia sugirió al poeta los principios del arte de la memoria».

15

El arte de la memoria nace de la muerte y del trauma: del dolor. Y es un regalo de los dioses. Durante siglos circuló por Europa como parte de la retórica, como repertorio de técnicas para recordar discursos, que usa para tal fin los lugares arquitectónicos. El orador antiguo recorría mentalmente las estancias y los pasillos de un edificio imaginario, encontrando en cada una de sus estatuas, en cada uno de sus muebles, en todos sus rincones, desde los más luminosos a los devorados por la sombra, mejor cuanto más asimétricos y peculiares, aquellos elementos que iba ensartando ordenadamente en el collar de su discurso. Mientras que éste podía ser borrado en cualquier momento, para situar otro en su lugar, el mapa mental permanecía, interiorizado, íntimo, como estructura mnemónica apropiada para siempre.

En Occidente construimos la memoria a partir de la arquitectura, del espacio urbanizado. En Australia, en cambio, los aborígenes memorizaron colectivamente el tiempo y el espacio, el Tiempo del Sueño y los Trazos de la Canción, las rutas invisibles de los viajes de los antiguos dioses y héroes, que perduran como marcas en el paisaje y en los relatos. Esa mitología en que el tiempo se hace espacio, todavía viva en Oceanía, nos recuerda que los nómadas disponían de otros modos de cartografiar el mundo, a través de rutas e itinerarios, líneas dinámicas. Pero sus mapas no son los nuestros: sedentarios, imperiales, los europeos le impusimos al espacio nuestros planos, nuestras geometrías, nuestras calles, nuestros pasajes, nuestras galerías comerciales y estaciones de tren, nuestras reglas y cartabones, nuestras ciudades.

Las primeras ciudades, no obstante, eran irregulares porque acostumbraban a adaptarse a las pautas que heredaban de las estructuras rurales preexistentes. Pero cuando las ciudades empiezan a producir colonias, cuando tienen la oportunidad de crear en otro sitio un pequeño clon de sí mismas, lo hacen siguiendo un plan geométrico. Tal es el caso de la Barcino romana. «El *cardo maximus* correspondería a las actuales calles Call y Llibreteria, y el *decumanus maximus* a las calles Ciutat y Bisbe», dice Horacio Capel en *La morfología de las ciudades*: «Las calles Gegants, Pas de l'Ensenyança y Sant Domènec del Call, entre otras, siguen el trazado de algunos de los *decumani* de la ciudad; mientras que la Baixada de Sant Miquel y Bisbe Caçador, entre otros, corresponden a *cardines minores*». Esa estructura, la centuriación, realizada en Barcino en época augústea, influyó en el trazado de muchas otras calles de la ciudad. Fue el modelo, cada vez más inconsciente, de la expansión urbana.

Entre la ciudad romana de los primeros cinco siglos de nuestra era y la del Plan Cerdà del xix, entre Barcino y la ciudad como gran Ensanche, en la ciudad medieval y en la moderna, aún fragmentadas en núcleos y pueblos, se pueden observar vestigios ortogonales (en Sarrià y en Sant Gervasi); o ejes transversales paralelos a la costa (como la Travessera de Gràcia, eje director del llano o *cardo maximus* de la centuriación del propio momento fundacional); o perpendiculares *(decumanus)* como el Torrent de l'Olla. Los *cardines* más próximos a la ciudad romana probablemente fueran usados durante el medioevo para el trazado de algunas calles como Sant Pere Més Alt, Comtal, Santa Anna, Bon Succés y Elizabets, a lado y lado de la Rambla y por tanto de la muralla. La fundación de la ciudad también determinó el trazado de la Vía Augusta hacia Baetulo (Badalona) e Iluro (Mataró). Hasta el Paseo de Gracia, que durante siglos se llamó Camino de Jesús, tiene origen romano.

Pero esas ordenaciones no siempre perduran en el tiempo. Pronto lo regular se vuelve irregular. Las herencias, la picaresca, la corrupción, los pactos, las compraventas, la espontaneidad o el accidente se confabulan para inyectar irregularidad en las líneas maestras y en los planos. Lo que hizo el Plan Cerdà fue recuperar la esencia del plan romano, pues su orientación general coincide con éste; empezar a borrar de la memoria colectiva esa tradición rizomática de millones de pequeñas decisiones irregulares. Unificar Barcelona. Conectarla con Barcino, con la colonia, con el fantasma de un clon. Desconectarla de tantísimos otros momentos de su propia identidad e historia.

Cada patio de manzana del Ensanche es distinto porque cada uno es la respuesta diferente a estas preguntas: ¿cómo expropiar? ¿Cómo reordenar? ¿Cómo ser justos o, al menos, cómo pactar con los legítimos propietarios? Las operaciones de reparcelación fueron complejas y los límites de las explotaciones agrarias preexistentes todavía se pueden observar en esos jardines, en esos patios, en esos parques, en esos garajes, en esos talleres, en esos pasajes rarísimos que atraviesan aún manzanas enteras, como fósiles de gusanos en el corazón de podridas manzanas monumento, que nos recuerdan que hubo una prehistoria y una extinción. Si el espacio interior –según el urbanista Ildefonso Cerdà– a menudo tenía que quedar abierto y ajardinado, lo cierto es que se impuso el lucro y las manzanas se fueron cerrando, al tiempo que se obligaba a regular las fachadas interiores y se iba elevando la altura edificable: al principio se permitía sólo planta baja más tres pisos, en 1862 se sumó uno más y en 1891 se le añadió otro, el sótano y el entresuelo. Fue así como los huertos, los jardines, los pasajes, las masías fueron rodeados por nuevas murallas cuadriculadas. Fue así como, tras el derribo de las murallas seculares, regresó a Barcelona el espíritu del asedio y del encierro.

Gracias a la geometría, Barcelona volvió a ser una metrópolis legible. A partir del *cardo* y el *decumanus* heredados de los romanos fueron creándose las líneas maestras del plano urbano: la Rambla, en la ciudad antigua, es paralela al *cardo*, y en la moderna lo será al Paseo Sant Joan, la Via Laietana, la Rambla del Raval o la calle Marina; y cuando en el siglo XIX la metrópolis comience realmente a serlo, la Gran Vía correrá en paralelo al *decumanus*, desbordándolo, convirtiéndose en el horizonte que atravesará primero la ciudad para unir sus dos topónimos opuestos, desde la plaza España hasta la plaza de las Glorias Catalanas, y se expandirá después simbólicamente hasta el aeropuerto. La cuadrícula imitará la dirección de esos ejes de referencia, haciendo que las calles corran desde el mar hacia la montaña (o viceversa) o desde el río Besós hacia el Llobregat (o en sentido contrario). El resto de líneas mayores que ordenarán las calles y avenidas ya no tendrán nombres de símbolos, ya no provendrán de la esfera de las letras sino del ámbito de las ciencias: Paralelo, Meridiana, Diagonal.

16

«En las grandes ciudades donde solemos vivir», leemos en *La nave de los locos* de Cristina Peri Rossi: «ya nadie conoce los nombres de las plantas ni de los pájaros».

17

–Nos levantábamos a las cuatro de la madrugada para comenzar a lavar –contó poco antes de morir Àgueda Samsó, una de las últimas lavanderas de Horta–. Nosotras mismas, con la tartana, hacíamos los viajes de ida y vuelta a la ciudad para la cincuentena de clientes que teníamos fijos: lavar y blanquear, tender con cuerdas y palos, en los huertos. En una semana acumulábamos unas cien piezas grandes que había que airear y después doblar. Uno para cada cliente, la ropa iba marcada con hilos de colores.

Las lavanderas de Horta comenzaban a frotar pañuelos, blusas y sábanas a los diez u once años y no dejaban de hacerlo –callos duros como canicas, eccemas causados por los detergentes– hasta pasados los setenta. Desde el siglo XVII hasta principios del siglo XX en este aparcamiento de coches, en este terraplén lleno de ondulaciones, en este solar desolado, tierra y carrocerías sobre ruedas sucias y nada de nada, en este desierto se lavó y se blanqueó y se secó buena parte de la ropa de Barcelona. Fue líquida toda esta solidez. Es casi un insulto que este lugar se llame plaza de les Bugaderes d'Horta, porque ni es una plaza ni queda rastro de los pozos, los lavaderos y los tendederos donde, durante más de tres siglos, hijas, madres y abuelas limpiaron las manchas de sudor y de aceite, de carmín y de barro, de sangre y de semen de las sábanas y los manteles de las casas burguesas, de los hospitales, de los restaurantes, de las posadas y hoteles y de los conventos del Ensanche. Igual de desangelada, aunque hayan dejado en el centro la torre de una de ellas, es la plaza de les Masies d'Horta, en cuyas cercanías por supuesto también hay pasajes. Porque siempre están en el corazón y en las cercanías de los núcleos históricos de esta ciudad olvidadiza.

El hogar tradicional de las lavanderas era la inmediata calle Aiguafreda, con sus casitas antiguas a un lado y sus pozos y huertos al otro, ambas mitades unidas por arcos fotogénicos, con buganvillas y helechos y plantas del dinero

y geranios que se derraman de las macetas, pintoresca, ana-
crónica y sin salida, hoy la más bella de Barcelona. Podría
ser un pasaje, porque es propiedad de los vecinos, pero se
resisten a poner una verja para no sentirse encarcelados.

–Aunque si aumenta el turismo, que hasta ahora siempre
ha sido muy escaso –me dice un vecino, Gaspar Gázquez–,
nos lo tendremos que plantear.

La callecita de otra época y la plaza de la nuestra confluyen en el pasaje Granollers, una cuesta inesperada que, más
allá de la orilla inferior del aparcamiento, se prolonga en el
torrente del Carmel, porque todos estos desniveles eran vías
acuáticas. El agua limpia, de manantial, fue durante siglos el
motor de la economía familiar de Horta, tanto de las lavanderas como de los carreteros que subían y bajaban las sábanas dobladas, porque quien podía pagarlo prefería que el
servicio se hiciera aquí, en la montaña, y no en las aguas te-
ñidas de química del Rec Comtal. El pasaje Granollers es en
realidad un camino de tierra. Subiendo por él, a la derecha
te sigue un muro de ladrillo visto, mientras a la izquierda se
van sucediendo los muros blancos con cancelas y puertas de
garaje aunque por aquí no pueda pasar un coche. Me asomo
por una de las ranuras y veo un patio en obras y, al fondo,
un pozo oxidado. «Antes, c/ Granollers, 95, bis. Passatge
Granollers n° 4», se aclara en la entrada. Tras subir unas escaleras de cemento, atravesar unos metros boscosos llenos
de basura a la sombra de los pinos y dejar un grafiti a mano
izquierda, se llega a la confluencia de la calle Granollers con
Santa Joana d'Arc, que lleva recto hacia los pasajes de la
plaza que recuerda las masías que ya no existen.

El torrente del Carmel, en dirección contraria, transporta con sus elevaciones y escaleras, muchas de ellas también
pasajes, hacia las corrientes de agua que se cruzaban en esta
orografía y hacia otros submundos también obreros y rurales. Si penetras con la mirada en la corteza del barrio, vas
encontrando anillas, estratos, ordenados según la cronolo-
gía del mundo aunque a simple vista parezcan desordenados
por su caos. A menudo tienen forma de desagües y canaliza-

ciones: por la calle Agudells, por ejemplo, en paralelo a la barandilla que separa las escaleras del barranco frondoso, vegetal, discurre una acequia de riego que ahora ya sólo nutre la lluvia escasa. En el pasaje Sigüenza estaba antaño la Fuente del Paraíso. Cuando llovía el torrente del Paradís se convertía en el curso de agua más importante de los que bajaban del Turó del Coll: fluía entre las huertas, se transformaba en el torrente de los Avellanos y continuaba por las actuales calles Sigüenza y Lluís Marià Vidal, hasta desembocar en el torrente del Carmelo a la altura de la calle Llobregós, donde se formaba el torrente de Carabassa. Esos conductos y rieras comunican el pasado rural, las masías y las viviendas populares previas a la segunda mitad del siglo XIX, con las torres de veraneo y los pequeños núcleos residenciales que proliferaron entonces. Una anilla aislada en el tronco urbano, el pasaje de Gabarnet, antiguamente llamado Torrente, a secas, –media docena de casas idénticas, elegantes, con jardín frondoso y terraza soleada–, da testimonio de esa época previa a la llegada de la primera ola de inmigrantes, en los años 40 del siglo XX, que fue tejiendo entre las casas de campo y las residencias señoriales una maraña de autoconstrucción.

Atravesar el barrio del Carmel es subir y bajar una montaña. En la vecina, el Turó de la Peira, cuenta el cronista Josep Maria Huertas Clavería que los vecinos de sus Casas Baratas discutieron durante los durísimos inviernos de 1937 y 1938, en lo más crudo de la cruda guerra civil, si cortaban los árboles para convertirlos en leña o pasaban frío pero preservaban el patrimonio: los pinos siguen ahí. No disfrutaron de tanta suerte los pocos edificios emblemáticos de este barrio, víctimas tanto del subdesarrollo de mediados del siglo pasado como del progreso del XXI. En el pasaje Santa Teresa, al que entro desde la calle Lluís Marià Vidal, alguien ha cubierto el techo de un patio con uralita, asegurada contra el viento con ruedas de neumáticos. A su lado resiste una antena de televisión. También muy estrechos, hay en los alrededores otros pasadizos que dan acceso a puertas

de metal: viviendas precarias que sobreviven de cuando la
ciudad de los prodigios y del desarrollismo empujaba hacia
las alturas a sus masas de recién llegados de Extremadura,
Murcia, Castilla la Mancha y Andalucía. Como la ciudad
acabó por pertenecerles, el nieto de alguno de ellos, o de los
nuevos vecinos que llegaron de otros países en las décadas
siguientes, ha dedicado una de las paredes de la prolongación del pasaje Santa Teresa, antes de cruzarse con el pasaje
Lugo y sus otras paredes escritas con spray.

18

«Para my querido barrio Karmelo», leemos en uno de esos
grafitis: «y para mis colegas».

19

Una vez asentada la democracia y convertidos todos ellos en
ciudadanos de plenos derechos, en habitantes de un barrio
progresivamente urbanizado y con servicios, las tuneladoras
de las obras del metro causaron un terremoto. Fue a principios de 2005: «Las grietas crecen en los inmuebles del Carmel, especialmente en el situado entre el pasaje de Calafell y
Sigüenza», recuerda la hemeroteca de *El Periódico*. La señal
de alarma la dio el derrumbe de un garaje del pasaje, que
provocó el desalojo del edificio, que posteriormente sería
derribado junto con otros cuatro cercanos. En un radio de
setecientos metros aparecieron nuevas fisuras en las fachadas, fracturando las máscaras de pintura. Tras el hundi-
miento de un finca en Conca de Tremp más de mil vecinos
fueron alojados en hoteles y albergues: «Manolo Marco, del
pasaje de Calafell, 9-11, ansía volver y confía en que el edificio se salvará, pero ayer, por si acaso, se llevó el televisor de
la casa, que tiene grietas en las paredes y el techo. "Es lo
único de valor que tengo"».

Impresiona cruzar el pasaje de un extremo al otro y soslayar el enorme barranco cubierto de hormigón, la mitad negada, que al fondo del abismo alberga un parque. El movimiento de tierras abrió un agujero negro de treinta y cinco metros de profundidad y treinta de diámetro. Una herida para siempre abierta, pese a esa sutura de juegos infantiles. Un monumento. La desgracia logró lo que no había conseguido la lucha prolongada de los movimientos vecinales: que se llevara a cabo de una vez una reforma integral de El Carmel. La señalización del patrimonio responde a esa misma voluntad: la de generar orgullo haciendo visible las huellas cada vez más invisibles del pasado –o pedir perdón en voz baja–. Donde acaba el pasaje Calafell, al otro lado de la calle, un cartel indica la entrada a un interior de manzana que antaño fue parte de la enorme finca de Can Grau, documentada desde el siglo XVI. La capilla de su caserío, cuando era propiedad precisamente de Jaume Calafell, acogió en 1900 los servicios religiosos que reclamaba la población del barrio incipiente, pues no daba abasto la ermita de Nuestra Señora del Carmen, que el ermitaño Miquel Viladoms había abierto a los feligreses treinta años antes. El viento abre el portal de hierro y entro, flanqueado por paredes cubiertas de uralita, hasta llegar a un descampado rodeado por construcciones de obra vista, bloques de pisos con galerías abiertas, de ropa tendida con pinzas de plástico de colores y pequeños calentadores de llamitas azules que tiemblan. En un extremo de este solar, de este aparcamiento sin coches, está el muro en ruinas de la noble masía y en el otro, sentados en el único banco, tres adolescentes se fuman por turnos un canuto.

Siguiendo las flechas de las indicaciones llego al pasaje D'en Xinxó, de árboles torturados, una tortura que los doblega hasta convertirlos en arcos o en columnas de yacimiento arqueológico, en señales mucho más elocuentes que las oficiales de que por él se accede a otro mundo. Lo atravieso. Tras bajar por unas escaleras rodeadas de cipreses y palmeras, alcanzo el enésimo pasaje demediado de mis viajes, el D'Andalet. Como la masía que le da nombre ha sido transformada en un centro de Barcelona Activa, este medio callejón es un desfile constante de caras desfiguradas por el desempleo. Otra de las masías históricas de la ciudad, Can Canut, se encuentra también en un pasaje, el de Santa Amèlia, en lo alto de Sarrià, camino de Vallvidriera. Masías y pasajes, todos ellos son restos parecidos de un mismo naufragio: casas reconvertidas en equipamientos municipales y callejuelas que conservan algunos trazos originales y muchísimos otros añadidos, algunos de ellos muy recientes, para hacerlos más accesibles, más biodiversos, más habitables. Lo que en primeros viajes suponía el placer del reconocimiento de un cierto aire de familiaridad, con los años se ha ido convirtiendo en monotonía –el momento de convertir el material de archivo y las fotografías y los apuntes en un libro–. En la pequeña ciudad dentro de la gran ciudad, en el laberinto paralelo de los pasajes, he llegado a adivinar cómo será el siguiente, qué me espera en la próxima esquina. Pero el pasaje D'en Xinxó y el D'Andalet no conducen a lo que uno espera. Al cruzar la calle Lisboa lo que me encuentro es un paisaje y unos pasajes totalmente inesperados, como si hubiera cruzado una frontera interdimensional y no cuatro carriles de asfalto.

20

«Por su naturaleza mixta y borrosa, por su situación periférica, por su estado semirrural, lugares como los caminos y los pasajes de los barrios de La Clota, bajo el Valle de Hebrón, o La Catalana, entre La Mina y el Besòs, son realidades urbanas entre dos aguas, que viven y han vivido a la sombra de los grandes acontecimientos», leemos en el *ABC* del 17 de julio de 2009: «Reductos de una ciudad sin asfaltar, de tapias de mampostería memorable y autoconstrucciones de mayor o menor altura y calidad haciendo equilibrios en una topografía no domesticada, que al girar la esquina pueden sorprendernos aún, como sólo nos sorprenderían una *casbah*, un laberinto o la selva».

2 1

Son casas de campo. Es un sol que no se clava en el duro asfalto sino en la tierra tierna. Son bancales. Es un pueblo con disfraz de barrio. Son grandes estanques que calman la sed del riego. Es un hombre sentado en una silla plegable, sombrero de paja en la cabeza y la revista *Pronto* en las manos: toma el mismo sol que se clava en la tierra como una azada y que seca los tomates colgados de un clavo en la fachada de la masía, junto al tendedero donde cuelgan las grandes bragas de su esposa también anciana. La Clota sobrevive ahí, a tiro de piedra, como una aldea, al margen de la ciudad, pero no marginal, tan viva como las lechugas y las acelgas y los tomates que ese hombre cultiva en su gran huerto improbable.

Desde los campos de can Tarrida del siglo XIII estas hectáreas generosas en agua se han dedicado a la agricultura y la crianza de animales, tarea de hombres, mientras las mujeres repartían su tiempo entre la cocina, los niños y la lavandería, como al otro lado de la colina hacían sus compañeras de Horta. Esas casas que ahora veo son reformulaciones de otras anteriores. A finales del siglo XIX fueron añadidos a la trama de La Clota algunos talleres, almacenes y fábricas; y durante el siguiente, la autoconstrucción proliferó entre los huecos de las huertas y los negocios. Doy la vuelta al barrio siguiendo la ruta que me ofrecen los pasajes, fieles como perros fieles: antes de llegar al Sant Jaume, rodeo un campamento de caravanas tras el velo que cubre la valla, y veo un hilo de humo que sale de otro huerto enorme, prólogo de una casa señorial que también recibe sol a cubos, y paso por la puerta del bar La Clota, hace tiempo cerrado y tapiado con *tochanas*, esa palabra que sigue sin aparecer en el diccionario, pero que no desaparece de mi infancia.

Dejo atrás la calle del Amor y prosigo por el pasaje Feliu, tal vez el más camaleónico de Barcelona: comienza, asfaltado y recto durante trescientos o cuatrocientos metros; de pronto tuerce a la izquierda para volverse absolutamente rural, largas cañas y huertos escalonados, un auténtico mirador que permite observar tanto los escalones de las huertas inmediatas como las callejuelas adyacentes y, al otro lado de la calle Lisboa, los pasajes dejados atrás (D'Andalet, D'en Xinxó), siempre hermanados como los torrentes y las rieras; después desciende por unas escaleras, zigzaguea convertido inesperadamente en un museo de grafitis, se camufla al fin en la calle Bragança y, dejando a un lado una gran fábrica de losas y lápidas de mármol, desemboca en la calle Alarcón.

Pero eso lo sabré luego, cuando continúe paseando, porque ahora mismo soy un par de ojos que miran, hipnotizados, cómo un hombre de la edad de mi padre, con el mismo sombrero de paja que su vecino de más abajo, examina con detenimiento un rincón de su parcela. Una gota de sudor. Mira atentamente la lona de plástico que cubre esos metros cuadrados. Más allá las tomateras crecen ayudadas por las estructuras de caña, cabañas sin pieles que las cubran. Hay fosfenos en el aire y rayos nítidos entre mis ojos y su cuerpo definido por el cielo, la casa y la tierra. Se agacha una, dos, tres veces para asegurarse de que las tres grandes estacas de metal están, en efecto, bien clavadas, que no habrá viento que pueda con ellas, que sea lo que sea lo plantado ahí abajo está a buen recaudo. Sólo entonces, tras cerciorarse de que el invernadero a ras de suelo es sólido, camina lentamente de espaldas a mí hasta un murete, coge con la mano izquierda la cuarta estaca y una maza con la derecha, deshace sus pasos, avanza con cuidado por la tierra labrada hasta la cuarta esquina de la lona y, tras observar de nuevo con suma atención sus metros cuadrados impermeables, se agacha hasta quedar en cuclillas, introduce la punta de la estaca en la arandela y da cinco golpes certeros. Otra gota de sudor. Otro rayo que se dibuja diagonal entre nosotros. Se levanta.

Contempla. Ha estado más de quince minutos realizando la operación. Quince. Minutos. Pero no creo que exista viento capaz de deshacer su obra.

22

«Es necesario no perder de vista cuál ha sido el elemento de continuidad que la ciudad ha perpetuado a lo largo de toda su historia, el que la ha diferenciado de las otras ciudades y le ha dado sentido», leemos en «Los dioses de la ciudad» de Italo Calvino: «Una ciudad puede pasar por catástrofes y medioevos, ver sucederse en sus casas a estirpes distintas, ver cambiar sus casas piedra a piedra, pero debe, en el momento justo, bajo formas distintas, reencontrar a sus dioses».

23

El pasajismo o pasajerismo (no hay consenso al respecto) lo creó Miguel de Cervantes Saavedra. Ese momento fundacional quedó registrado en ambas partes de su obra maestra, *El Quijote*, cuyo protagonista recorre España siempre a la zaga de las conexiones geográficas y mentales menos evidentes –auténtico artista del desvío–, y cuyos personajes son todos, de un modo u otro, escritores o lectores, o ambas cosas.

Gracias a Avellaneda, la única ciudad que visita en toda su vida el hidalgo enloquecido no es Zaragoza, sino Barcelona. «Diole gana a don Quijote de pasear la ciudad a la llana y a pie», leemos en el capítulo 62 de la segunda parte, salió a pasear y se encontró la primera imprenta de su vida: «Entró dentro, con todo su acompañamiento, y vio tirar en una parte, corregir en otra, componer en esta, enmendar en aquella, y, finalmente, toda aquella máquina que en las imprentas grandes se muestra. Llegábase don Quijote a un cajón y preguntaba qué era aquello que allí se hacía; dábanle

cuenta los oficiales; admirábase y pasaba adelante». La literatura y el conocimiento son una industria como cualquier
otra. Y las ciudades se leen, como el resto de los textos.

Pero es mucho antes donde encontramos el famoso pasaje *(sic)* que demuestra el germinal y fertilizante pasajismo o
pasajerismo cervantino. En el capítulo noveno de la primera
parte, justo cuando la novela ejemplar o *nouvelle* se empieza
a metamorfosear en gran novela: «Estando yo un día en el
Alcaná de Toledo, llegó un muchacho a vender unos carta-
pacios y papeles viejos a un sedero; y como yo soy aficionado a leer, aunque sean los papeles rotos de las calles, llevado
desta mi natural inclinación tomé un cartapacio». Gracias a
ese gesto, con el que hermanará a Don Quijote con Cide
Hamete Benengeli, con la traducción y con el Mediterráneo
entero, Cervantes puede seguir escribiendo las aventuras de
su protagonista. Pero sobre todo gracias a su condición
de paseante sin desmayo, de detective atento, de lector urbano es capaz de localizar entre la basura de la ciudad, entre
los textos que se tiran, que nos sobran, la materia bruta que
se convertirá en seda fina que acogerá arabescos y caligra-
fías, lectura, durante siglos, como una gigantesca nave no-
driza que nutrirá el pasajerismo o pasajismo para siempre.

24

«Y el personal de vigilancia del hotel, o detectives de la casa,
como se los llama más comúnmente, se enteran de que un
cesto de papeles puede ocultar dos borradores desechados de
la nota de un suicida: *Querida: Cuando estas líneas lleguen a
tus manos estaré allí donde nada de lo que hagas podría herirme... Cuando leas estas líneas, nada de lo que hagas podrá
herirme...*», leemos en *La presentación de la persona en la
vida cotidiana* de Erving Goffman: «Lo cual pone de manifiesto que en el momento final los sentimientos que experimentó una persona desesperadamente intransigente fueron
ensayados, en cierta medida, a fin de dar la nota justa».

25

Hay una reja. Desde finales de la década pasada hay una reja, porque los vecinos tuvieron problemas con gente que se escondía por la noche en los rincones del pasaje. Pero durante más de un siglo cualquiera que caminara por la actual calle Rossend Nobas veía la entrada al pasaje Robacols y podía entrar a ese fragmento de pueblo andaluz incrustado en una manzana de Barcelona –situado ahora entre una oficina de Correos y un grafiti gigantesco de la cantaora y bailaora Carmen Amaya–, siempre con flores en las fachadas, un auténtico patio cordobés trasplantado, fuera de contexto, un injerto. Cuando penetras en él, las casas proletarias y decimonónicas quedan a mano derecha y, tras una acera y un pavimento agrietados, musgo en cada una de las grietas, con lagunas de tierra que se convierten en charcos siempre que llueve, sobrevive a pocos pasos del muro izquierdo la franja que antiguamente estaba dedicada a los huertos y jardines, ahora reducida a un fila de macetas, sillas de plástico y algún árbol que dé sombra durante las tardes de verano.

–Yo no soy de Córdoba, soy de Guadix, en Granada.

–¿Ah, sí? Pues mi padre es de la Alpujarra.

Encarna Plaza –cuerpo robusto, cara sólida, la permanente recién hecha– llegó en los años 50 y encontró una calle de pueblo en medio de una ciudad que nunca tuvo que conocer del todo. Tiene miedo a los okupas y a los vagabundos, se asegura de que no haya nadie dentro del pasaje antes de cerrar la verja por la noche.

–Fue idea de la propietaria –me explica–, porque nosotros, los vecinos, ¿sabe?, somos inquilinos. Pero eso sí, la reja la hemos pagado entre todos.

Justo enfrente del pasaje Robacols se encuentra el acueducto del parque del Clot, una gran zona de jardines, juegos e instalaciones deportivas que se creó durante los años 80 en los terrenos de las viejas instalaciones del ferrocarril, después de que se sepultaran las vías. El acueducto, que rezuma

agua y es por tanto una fuente, no es el vestigio de la con-
ducción de aguas en la época de los molinos que había por
aquí, sino los arcos y las columnas de la fachada de la estación, reconvertidos en la imaginación del arquitecto en el
simulacro de lo que nunca fue. Encarna Plaza recuerda
aquellas obras, todo aquel ruido, el tráfico constante, las
excavadoras: se le hicieron eternos.

El barrio de Robacols era un barrio dentro de otro, el del
Camp de l'Arpa, uno de sus núcleos más antiguos. Lo con-
formaban algunas calles estrechas de casas bajas, muy pare-
cidas a éstas; por su aspecto de barracas fueron condenadas
a la desaparición, que se consumó en los años 80 del siglo
pasado. Ahora sólo queda un topónimo, que hace las veces
de monumento al vacío, la plaza Robacols, y algunas casas de planta baja rodeadas de bloques de pisos en sus inmediaciones, como ruinas de un sueño encapsuladas en la vigilia
compacta. En el cercano pasaje de Puigmadrona se pueden
ver algunas de esas viviendas, cuya vejez es disimulada por
el nuevo pavimento de aglomerado asfáltico de color granate, como una lengua central con aceras a lado y lado de color granito y arbolitos nuevos que irán creciendo gracias al
sistema de riego automatizado.

Al norte perviven todavía masías, como en el pasaje Garcini, cuya existencia se remonta como mínimo a 1796. Al
otro lado de la Meridiana hay un pequeñísimo núcleo que
también nos traslada a ese mundo en que Barcelona tenía
murallas, unas murallas ya en proceso de demolición, que
quedaban tan lejos de aquí. Cuando nacieron esos tres pasajes –Pinyol y Ca dels Seguers, paralelos, con Malet al fondo–
la avenida ni siquiera era una línea en el mapa del Plan Cerdà,
esa máquina de expandir cuadrícula urbana, triturando a su
paso como un tractor campos de cultivo y masías y acequias
y arboledas y torrentes y aldeas diminutas. Se puede viajar en
el tiempo caminando, por tanto, apenas unos pasos, entrando
en ese cosmos de casitas bajas alineadas, humildemente modernistas, cada fachada pintada de un color distinto. En Ca
dels Seguers hay una rayuela, dibujada en rojo sobre el suelo

roto, que apunta hacia la prolongación del pasaje, que es casi siempre otro pasaje, el Malet en este caso. Avanzo, aunque eso me conduzca casi siempre a una ausencia, y llego hasta sus dos últimas casas: en la fachada de una hay una bandera española y, en la fachada de la otra, una bandera catalana.

26

«Veo que paseas», leemos en una carta de Joan Miró dirigida a Enric C. Ricart: «Muy bien mientras esto no te impida trabajar».

27

Todo eso eran terrenos mayormente rurales en el siglo XIX, aunque también encontráramos en ellos talleres de artesanos que a veces se convertían en pequeñas fábricas (como el de Josep Oliva, maestro del azulejo, que construyó entre 1857 y 1859 cerca de aquí, para alojar a sus trabajadores, un pasaje con su nombre que no he podido llegar a conocer, porque fue eliminado a principios de este siglo). El Camp de l'Arpa era regado por el Riego Condal y era atravesado por la carretera de Ribes; ésos son dos de los ejes que se siguieron para ordenar la urbanización, junto con los que dictaba el ferrocarril. Con el Plan Cerdà llegarían otros ejes, mayores, y se buscarían encajes posibles entre dos modos opuestos de entender la vida en sociedad. El macro y el micro. La metrópolis y el pueblo.

La curva del pasaje Pinyol se debe a que por él pasaba una pequeña parte del Rec Comtal. La historia de esa arteria barcelonesa se hunde en los poros de fango de Barcino. Existía un acueducto romano que recogía el agua del río Besós y la transportaba hasta la muralla romana a la altura de la torre de Plaza. Su pista se esconde, subterránea, hasta emerger de nuevo hacia el siglo X, cuando bajo el gobierno del Conde Mir se construye la Acequia Condal, que se superpone al trazado del antiguo acueducto como una sombra o un eco, corpórea, al tiempo que aprovecha el impulso de una presa para regar campos de cultivo, para alimentar con energía los molinos de harina y de paños, y para dar de beber a los habitantes de la zona. Hasta unos ocho siglos más tarde, en 1778, cuando se excava una mina bajo el lecho del río para que las filtraciones no se pierdan y puedan ser conducidas hacia el cauce artificial, no se inicia el camino que conducirá a que en 1822 el Ayuntamiento de Barcelona, mediante una infraestructura a cielo abierto, pueda colmar la sed de la ciudadanía y de los industriales que necesitaban impulso hidráulico para sus factorías del barrio de Sant Pere. A partir de ese momento, a causa del Plan Cerdà, el agua dejará de fluir por la ciudad como lo había hecho durante siglos, y los cursos serán desviados todavía más que hasta entonces y comenzarán a clausurarse, a volverse subterráneos, invisibles, a medida que se urbaniza el Ensanche. Hacia la década de los 60 del siglo pasado la mayor parte de los tramos descubiertos del trazado, incluso en Sant Martí o Sant Andreu, ya habían sido engullidos por el subsuelo.

«La ciudad comienza únicamente cuando los caminos se transforman en calles», escribió Pierre Lelièvre en *La Vie des Cités de l'Antiquité à nos Jours*. Y se consolida cuando los torrentes y las acequias se vuelven tuberías, cloacas o alcantarillas. Las aguas del Rec Comtal fueron un reto para la urbanización del vecino pueblo de Sant Andreu, que también a finales del XIX tuvo que lidiar con su integración en Barcelona, mediante la conexión con el Ensanche al oeste y al norte con Horta y al Sur con el Clot y Sant Martí de Provençals. Entre 1874 y 1921, cuando finalmente lo hizo Sarrià, Barcelona se fue anexionando los pueblos vecinos mediante un arduo proceso político. Si la ciudad nace cuando los caminos se vuelven calles y madura cuando las corrientes de agua se vuelven invisibles, se consolida del todo cuando las aldeas y pueblos limítrofes se convierten en distritos y en barrios.

El Camp de l'Arpa no debe su nombre a la música, sino a un tesoro: una antiquísima arca se encontró en las cercanías y el tiempo hizo mutar la palabra hacia su sonoridad actual. El Clot fue conocido durante siglos como El Clot de la Mel, por sus famosos panales de abejas. Aquí hubo molinos desde el siglo XV hasta 1973, cuando el último fue derribado por las obras de la avenida Meridiana. Uno de los molinos de Sant Martí fue un cine. Las tertulias tenían lugar en una taberna llamada La Parra, en la esquina de la calle Rogent con Meridiana, donde se reunían –nos cuenta Sempronio– el crítico de cine Josep Palau, el librero Antoni Vancells, el caricaturista Anicet Font y el periodista Artur Llopis. Fue precisamente la Meridiana, después de que en los cincuenta el tren pasara de la superficie al subsuelo, con su transformación en vía rápida a finales de la década siguiente, la responsable de la interrupción del flujo ciudadano, de la trama barrial.

Cincuenta metros de ancho.

Puentes para peatones.

Hasta cien mil coches por día.

Grandes edificios que eclipsan las antiguas calles de casas de planta baja.

Ruido las veinticuatro horas, al ritmo que marcan los semáforos sincronizados, su parpadeo en tres colores.

Los miembros de la familia Casas, apodados los «Robacols», poseían por aquí muchas hectáreas de suelo fértil. En las cercanías del pasaje Garcini los propietarios de aquella época también eran conocidos con intrigantes sobrenombres que acabaron por convertirse en apellidos, como Megapessetes o Giralpells. El pasaje Robacols está a diez minutos a pie, dirección mar, desde la plaza del mismo nombre, pero el apodo une como un cordón umbilical el corazón desaparecido con este extraño apéndice, un único pasaje, último superviviente. Tal vez su supervivencia se deba no tanto a la reja que lo hace ahora inaccesible como a que nunca apareció en los mapas.

28

«El gobernador civil, señor Ametlla, ha entregado quinientas pesetas a la viuda de Juan Ballester, el cual falleció a consecuencia del golpe que con una barra de hierro le dieron en la cabeza unos ladrones, a los que sorprendió en el pasaje del Campo, de la barriada de Pueblo Nuevo», leemos en *La Vanguardia* del 3 de septiembre de 1933: «También ha gratificado con doscientas pesetas a un sereno de Santa Coloma de Gramanet, apellidado Aragay, quien, en poco tiempo ha recogido varias bombas con la mecha encendida, evitando su explosión».

29

Proveniente de Windsor, Vermont, un pueblito que a finales del siglo XIX era poco más que un cruce de calles polvorientas, el astrónomo norteamericano Andrew Ellicott Douglass protagonizó su gran momento eureka en otro entorno rural, el del Lowell Observatory de Flagstaff, Arizona. Mientras investigaba los cráteres de la Luna y de Venus, algunos de los cuales serían bautizados con su nombre, percibió la relación entre los ciclos solares y los círculos vegetales. No es de extrañar que la regularidad anual de las anillas de los árboles fuera descubierta por alguien acostumbrado a interpretar el cielo, porque lo descomunal se inscribe en lo pequeño. Aunque no fuera el primero en percatarse de esa analogía, sí sería el primero en demostrarla científicamente.

Dedicó toda su vida a esas dos pasiones, la astronomía y la botánica, los sistemas planetarios y la arqueología, las constelaciones de estrellas y la dendrocronología –que es la ciencia que él creó: el estudio del interior de los árboles–. Impulsó tanto la construcción de enormes telescopios como la fundación del Three-Ring Observatory de la Universidad de Arizona, que actualmente encuentra en los árboles campos de estudio para la historia y la ecología del fuego, la paleoclimatología, la biogeografía, la geoquímica isotópica, la paleoecología, la biogeoquímica, la geomorfología, la generación de modelos estadísticos e incluso la salud pública.

Todo está archivado en los anillos de los árboles, que se crean en primavera de cada año y dejan de crecer a finales del invierno siguiente: temperaturas, precipitaciones, competencias con la misma especie o con otras, ataques masivos de insectos, glaciaciones, incendios y terremotos, heridas humanas. Los dendrocronólogos son científicos expertos en los anillos vegetales, en el crecimiento radial de las especies leñosas, en ese ritmo regular del tiempo, música estacional y biológica. Mediante taladros de incremento con brocas anulares, los dendrocronólogos obtienen un testigo de ese crecimiento periódico, una muestra de estratos vivos: al contrario que los fósiles o que las capas geológicas, esos anillos están vivos, forman parte de árboles centenarios o milenarios, los más viejos de los grandes seres vivos con cuerpo individual.

En sus textos, Douglass dice que hay que «leer los diarios de los árboles», que son «cronógrafos», «relojes que con precisión lo registran todo»; que hay que observar en ellos la «oscilación del péndulo del tiempo»; que hay que «traducir las historias que nos cuentan las anillas de los árboles», porque son la piedra Rosetta que permite entender y datar tanto los bosques antiguos como los yacimientos de los habitantes originarios de América, quienes utilizaron troncos a modo de vigas y ataron a ellos sus ciclos vitales: el tiempo que tardaban en agotar los recursos de una zona y trasladarse a la siguiente. Las pautas temporales del nomadismo.

Cada mano abierta es una estrella. La idea es antigua y ha ido difuminándose con el paso de los siglos: en lo pequeño está lo grande, en cualquier objeto por limitado que sea se encuentra una Idea inconmensurable, cada signo es un símbolo, cada parte del cosmos es el Cosmos, cada grano de arena condensa y representa el desierto entero. Ese principio alegórico rigió el pensamiento al menos hasta el siglo xvi, hasta el triunfo del humanismo y del racionalismo, del hombre como medida de todas las cosas. A partir de ese momento el sujeto se impone al objeto y el pensamiento mágico, articulado a través de analogías y correspondencias, va cediendo espacio al pensamiento lógico, según el cual las cosas son cosas son cosas son cosas son cosas y poco, casi nada más. Como si un puño pudiera ser, a lo sumo, una piedra.

30

«¿Dónde se encuentra ese pasaje de Ovidio...», leemos en el *Proyecto de los Pasajes*: «... que dice que el rostro humano fue creado para reflejar la luz de la estrellas?».

31

En el passatge del Camp o pasaje del Campo el suelo es de tierra. Se trata de uno de esos pasajes demediados, cuyo tramo central ha sido ocupado por un edificio que lo ha convertido en un Jano –el dios latino de dos rostros que miran en sentidos contrarios– en una pareja de callejones sin salida. La parte que da a la calle Pere IV, igual de asilvestrada que la otra, con vegetación que crece fuera y dentro de las macetas, se convierte en una ele gracias a la prolongación del pasaje Joan Goula, con una persiana en el mero rincón en cuya superficie un grafiti reclama «+ Amor». Más allá de la cabina telefónica de madera, bajo la ropa tendida, crecen otras plantas e incluso algún arbolito frutal. La parte que da a la calle Almogàvers, también de tierra como antaño (como siempre), en lugar de viviendas acoge un aparcamiento. Tiene una gran cancela de hierro, como si fuera posible ponerle puertas al campo.

A una manzana de distancia se encuentra otro pasaje demediado de etimología también rural, el Caminal, curvo como el camino Pont de les Vaques que algún día fue. Tiene también doble identidad: hermano rico y hermano pobre.

Por un lado, el Caminal es un aparcamiento en fila india de coches y camiones, el hogar de un sintecho con su carrito de supermercado, la entrada al fondo de un centro cultural de actividad intermitente; un espacio público, de aspecto abandonado (en una de mis visitas me sorprendió, ya de noche, un ratoncillo de campo, que se escabulló por la boca de alcantarilla). Por el otro lado, es un pueblecito de casas obreras –blanquísima cal en las fachadas, faroles de metal negro– con mesas y sillas para tomar el fresco durante las noches de verano; un espacio privado, cuidadísimo (el Restaurant Garcia, blanco exterior e interior en penumbra permanente, huevos con beicon y bebida por cuatro euros y medio, una de cuyas paredes forma parte del pasaje, recuerda la fecha de construcción: 1924). Frente al restaurante avanza hacia el mar el pasaje Masoliver, en cuyo suelo recientemente adoquinado crece, en cuanto llueve dos días seguidos, una vegetación irregular, muy verde.

Desde la boca sur del pasaje del Campo, con sólo cruzar la antigua carretera de Mataró –la actual calle Pere IV, que fue proyectada por ingenieros militares en 1763 siguiendo el trazado del primitivo Camino Real– en dirección contraria al Caminal, se accede a las ruinas del pasaje de Trullàs, cuya placa ha sido arrancada de la pared y donde durante años aparcaron los coches sin orden ni concierto sobre la maleza y los charcos, a la espera de la transformación de toda la manzana, menos algunos edificios protegidos, en un espacio verde; hasta que un día de principios de 2016 fue alquitranado, nadie conoce todavía su destino. Remite a otro núcleo de población del siglo XIX, llamado también Trullàs y anterior también al Plan Cerdà, donde –según leo en el blog *Pla de Barcelona*– ya se celebraba una fiesta mayor durante las últimas décadas del siglo XIX, con baile, sarao y *castellers*. El pasaje Iglesias, paralelo y reformado, sí sobrevive como testigo. En la esquina con la calle Pujades puede verse todavía una placa de mármol que lo nombra en castellano, junto a otra en que aparece un carro y un caballo. La cabeza de éste apunta hacia el mar: ésa era la dirección en que debían circular por aquí los vehículos de tracción animal. Siga ese morro: siga esa flecha.

Durante siglos toda esta zona que atravieso fue una sucesión de charcos y charcas, estanques y marismas, bordeados por los caminos que unían masías como Can Canals o El Taulat d'en Llimona. Llacuna es ahora el nombre de una calle y de una estación de metro; pero desde el siglo xiv hasta principios del xix hubo aquí una gran laguna, donde los rebaños abrevaban y a veces podían cazarse patos; muy cerca estaba el Llano de las Fiebres, pues es sabido que las aguas estancadas son caldo de cultivo de la enfermedad. A finales del siglo xviii existió aquí un lazareto para cuarentenas y unas instalaciones de fumigación de las mercancías sospechosas. Huertas Clavería explica en *La gent i els barris de Sant Martí* que en 1803, ante un brote de fiebre amarilla, se practicó la autopsia a las veintiocho víctimas, todos ellos tripulantes de la marina de guerra. En sus estómagos, abiertos en canal por bisturíes impertinentes, se encontraron trozos de bacalao podrido a medio digerir.

Fueron los ocupantes franceses de la ciudad, en aquellas primeras décadas del xix, quienes instalaron el campo de tiro que se convertiría en el Campo de la Bota (horror reconcentrado: agujero negro: paredón franquista). Al mismo tiempo empezaron a proliferar las fábricas textiles de los indianos, como si la industria siempre coincidiera con la violencia de las instituciones. Durante todo el siglo fueron tres los colores de Sant Martí: el verde de los prados, el blanco de la ropa tendida y el negro del humo goloso e industrial, que devoraba el azul del cielo y el verde vegetal y el blanco sábana y el resto de los colores. Un viajero del tren de la costa –que unía Barcelona con Mataró– veía a través de la ventanilla una película caótica de campos de cultivo y chimeneas, de cereales e industria, descampados en los alrededores de la vía del tren, alguna iglesia, cuatro molinos y las casetas de baño de la Mar Bella. El Manchester catalán. El carbón hecho humo brotaba de las chimeneas y era conducido por el viento hacia cualquier dirección: en las fotografías se confunde con nubes de tormenta.

Junto al mar estaba El Taulat, con sus casas de pescadores, cuyo espíritu sobrevive en la pequeña plaza Prim y sus alrededores, una de las tantas aldeas que encontramos zurcidas a la trama barcelonesa, con tres ombúes sudamericanos y presuntamente centenarios en el centro, según la leyenda; recuerdo de los viajes de algún emigrante. Pero no era tanto un barrio de pescadores como de obreros atraídos por las sirenas de las fábricas, que se fueron concentrando a lo largo de la calle Marià Aguiló, el viejo camino que unía el Clot con el mar, y en el barrio de la Plata, la França Xica o Trullàs. Quienes no tenían ahorros o sueldo para pagar un alquiler o una casa de propiedad, construían sus propias barracas en el Transcementiri, el Somorrostro o el barrio de Pekín.

32

«La Comisión municipal de Fomento ha tomado en consideración las siguientes mociones», leemos en *La Vanguardia* del 6 de abril de 1906: «que se instalen cuatro faroles de gas en la ñera de Cata, dos en el pasaje de Feliu, cuatro en la calle de Torelló, cuatro en la de la Iglesia y torrente del mismo nombre, uno en el camino de San Ginés y dos en la calle de Santa Eugenia». Y sesenta años más tarde, el 29 de noviembre de 1970, añade el mismo diario: «Debido a la construcción de la alcantarilla se interrumpirá la circulación por el pasaje Grau».

33

En el centro de la ciudad antigua, en el cruce del *cardo* y el *decumanus*, allí, precisamente allí, estaba el *umbilicus urbis*, el ombligo de la ciudad, donde se cavaba el *mundus*, una fosa que se llenaba de tierra traída de otros lugares y de frutas, ofrendas para los dioses infernales, inmundos, conexión de los ciudadanos con el subsuelo y con las raíces. Cada una de las ciudades romanas tenía en su epicentro esa conexión con otras esferas a través de la naturaleza: la madre que nos parió. Si Roma se clonó a sí misma, corrigiendo sus imperfecciones, en Barcino, del mismo modo que hizo en tantas otras ciudades del Mare Nostrum, del Imperio, repitió en esta ciudad la misma gramática ritual, el mismo léxico arquitectónico, la misma cartografía aproximada que en el resto de colonias, adaptándose a nuestra orografía. Fue así como Roma se perpetuó, también en Barcelona, como Ciudad Eterna –como plaga urbana–.

Desde entonces hasta el siglo XIX las ciudades fueron espacios diseñados para el reconocimiento: el *decumanus* se extendía desde el este hasta el oeste, como la ruta diaria del sol; el *cardo* era el meridiano: el gobernante, el rey, el emperador miraba hacia el sur para dirigirse a sus súbditos y al norte, en cambio, cuando hablaba con las divinidades o con sus difuntos, padres de sus padres; el trabajo era diurno: de noche las antorchas se apagaban y el orden lo dictaban los mapas celestes; las murallas eran los límites y sus puertas, los puntos por donde acceder a un exterior también delimitado, no tanto por fronteras feudales o administrativas o reales como por el horizonte, el confín de nuestra mirada, las colinas o el mar que se extendían más allá de los campos de cultivo o del puerto recortado por las velas; las almenas, el campanario con su cruz y la torre del edificio del gobierno eran las únicas siluetas del poder; cuando sonaban las campanas o la corneta o el tambor, toda la ciudad escuchaba; había un único centro: el cruce exacto del *cardo* y el *decumanus*, el ágora donde se encontraban el pueblo y sus gobernantes, los pies sobre el ombligo –cicatriz de la conexión perdida con el líquido amniótico– de un pequeño mundo que significaba El Mundo.

En los siglos XVIII y XIX Barcelona se industrializó. Junto con el sector del vino y el financiero crecieron también el del textil y el de la metalurgia. El hierro fundido constituye, en plena revolución industrial, el material que simboliza la modernidad, por eso se expande por toda Europa. Las columnas de hierro se aplicaron aquí desde la década de 1830 a las fábricas, los mercados y las estaciones de ferrocarril; posteriormente, también a los edificios de viviendas, como un nuevo material noble y, por tanto, emblema de ostentación, necesariamente visible. La Exposición Universal de 1888 significa la explosión de esa visibilidad. Los monumentos se empiezan a erigir de hierro. Balcones, rejas, vallas: la ciudad se metaliza. Y con pilares metálicos: los pilares y las columnas de fundición *(columnes de fosa)* son de hierro. En el interior de los grandes almacenes de telas de la calle Roger de Llúria, por ejemplo, pervive la vieja unión entre el metal y la ropa, restos de aquellas industrias florecientes. En el interior de librerías como Altaïr o la Casa del Libro, esas columnas, restauradas, nos recuerdan que sostienen la memoria de la cultura de la ciudad.

El metal vuelve viejísima la piedra. La epidemia de cólera que se desató en 1854 provocó un alud de protestas bajo el grito: «¡Abajo las murallas!». Hasta entonces no se había permitido construir extramuros por razones sobre todo militares. La densidad de población era tan alta que se levantaban nuevos pisos en edificios de pilares endebles y se podía recorrer la ciudad vieja saltando de terrado en terrado. El gobernador Pascual Madoz, amigo de Cerdà, ordenó el derribo de las anacrónicas defensas.

Nuestras murallas cayeron, por tanto, en el siglo XIX por razones locales, aunque el efecto dominó fuera internacional. Europa se convirtió en un continente de metrópolis. Los muchos campanarios, las infinitas torres, los demasiados templos. El centro se convirtió en *el centro histórico*, para diferenciarse de los otros centros, los de cada pueblo o ciudad que ahora era un barrio asimilado, parte de un distrito, una delegación del gobierno, una unidad más entre las muchas que configuran la ciudad, ese conjunto archipiélago. El sentido de la ciudad –la conexión de cada ciudadano con su trazado, la familiaridad con todas esas calles, las cotidianas y las rituales, las de la familia y el trabajo y las de las procesiones– se perdió entonces, en una metrópolis enorme, fragmentada, sin murallas, el campo invadiéndola con descaro, las chimeneas y el humo difuminando el amanecer, el atardecer, los horizontes, el día prolongado en la noche gracias al gas, por culpa del gas.

A partir de entonces ya fue imposible acceder al registro de todos los incendios, de todas las plagas, de todas las heladas y heridas humanas. En cada núcleo rural o urbano, en cada cruce de calles, en cada barrio habrá que rastrear las anillas que se van contrayendo –como si rebobináramos el lanzamiento de una piedra en un estanque– hacia un corazón o centro u ombligo distinto. Como gusanos o taladros cerca de cada uno de ellos encontramos, reptando, algunos, pocos, necesarios pasajes.

O ya no.

34

«En 1858 fue inaugurado el Pasaje de las Columnas (espacio situado entre la calle Princesa y la de la Bòria, en un lugar que haría desaparecer la apertura de la Vía Layetana), el primer establecimiento de lujo dedicado a la venta de juguetes en Barcelona», leemos en *Estimats Reis Mags. 35 jocs i joguines per recordar* de Ròmul Brotons: «Más de veinte dependientas uniformadas atendían con profesionalidad a la afortunada clientela, atraída por un descomunal despliegue de artículos de importación que sólo se podía comparar con el del mítico Paradis aux enfants de París. Hasta entonces los niños y niñas catalanes se habían limitado a solicitar a los Reyes dulces y turrones, además de algún artículo de primera necesidad, pero a partir de esta época los juguetes empezarían a multiplicarse en las cartas dirigidas a los prodigiosos magos».

35

Después de cinco años alejado de Barcelona, solo y tanteando sin éxito ideas de hogar que no encajaban con realidad alguna, en septiembre de 2008 mi mujer y yo nos mudamos a un piso de alquiler en pleno centro de la ciudad: en la esquina de la calle Ausiàs March con la plaza Urquinaona. Era una de esas viviendas señoriales donde el eco por los techos altísimos conduce a una galería de ventanales indiscretos y donde la mirada se acostumbra a vivir en un teatro común: un interior de manzana del Ensanche. La primera noche fue rara. Me desperté de madrugada y me asomé a la colmena, para comprobar que los jardines y los patios y todas las casas dormían, menos una, una única lámpara encendida, que al cabo de diez o doce minutos al fin se apagó. Volví a la cama. Tardé sólo veinticuatro horas en dejar de sentirme extraño. Ahora me doy cuenta de que mis años en Buenos Aires, en Rosario y en Chicago y mi regreso en falso a Mataró me habían estado preparando para el regreso a casa, digo, a Barcelona. Pero entonces todavía no lo sabía, no había recuperado el vínculo con la ciudad, no había identificado en ella el hogar –digamos– definitivo, ni siquiera era consciente de la existencia de pasajes fuera de París, son lentas todas las mudanzas.

Lentas e infinitas: las mudanzas no terminan nunca. Todavía ahora, al teclear, siento presente la de Ausiàs March, número 3, 1º 1ª, desde mi piso anterior. La de mis libros y, con ellos, algunos electrodomésticos, las mesas y las sillas, la cama y los armarios, cuatro lámparas, los álbumes de fotos, los cuadros de los amigos, los teléfonos antiguos que me regaló mi padre y los recuerdos de mis viajes, como el baúl marroquí o los ángeles tallados en madera. En realidad, aquellos dos ángeles indígenas habían sido en su origen también regalos. Los traje de Guatemala y se los regalé a mis dos abuelas: ángeles oscuros y geométricos, las alas clavadas en la espalda con clavos que se fueron oxidando, artesanía para turistas. Fue la única herencia material que me dejaron mi abuela Pepa y mi abuela Teresa, porque las dos llegaron desde sus pueblos andaluces hartas de trabajar y de criar a hijos, sin ahorros y sin capacidad para ahorrar, casi ya despidiéndose, son lentas las despedidas, desesperan.

Un día, por casualidad, cerca de mi nuevo piso alquilado me encontré en la entrada del pasaje Manufacturas, camuflada en un portal de la calle Trafalgar, y pasé la administración de lotería y bajé las escaleras en penumbra y crucé aquel túnel alucinante que no se parece a ningún otro de esta ciudad uniforme y no obstante llena de diferencias y al otro extremo me tomé un café en el bar Pasajes. Sentado a la barra, miré hacia la boca de lobo escalonada y el pasaje barcelonés me recordó los pasajes de París que descubrí a principios de siglo gracias a _Nadja_. Me imaginé a mí mismo como propietario de una librería, en uno de aquellos locales cerrados. La llamaría, por supuesto, «Walter Benjamin».

De regreso a casa busqué en internet y encontré menciones a otros pasajes del centro histórico. Los visité. Los caminé. Los fotografié. Comencé a estudiarlos. De pronto prestaba atención a algo que hasta unas semanas antes me era totalmente remoto y ajeno. Por inercia, busqué la información que me interesaba en los libros, sin saber todavía que en esta ocasión y por primera vez en mi vida los libros me serían de muy poca ayuda, porque la información más valiosa sobre los pasajes está en las hemerotecas y en los blogs, que son los pasajes de esa megalópolis virtual e infinita que llamamos internet.

Sin darme cuenta, comencé a quedar con gente en el bar Pasajes, tal vez porque quería, porque necesitaba comenzar a decir que iba a escribir sobre los pasajes de Barcelona. Los proyectos dejan de serlo cuando, después de haber tomado muchos apuntes en documentos de word, comienzas a hablar sobre ellos; cuando empiezas a colmar las intuiciones de compromisos, las vaguedades de concreciones, su estructura vacía de palabras que van llenando algo sin saber todavía qué. Ninguna de las personas con quienes quedé en aquellos metros cuadrados de taburetes en viejos quioscos de zurcidoras conocían el pasaje Manufacturas ni eran conscientes de que en Barcelona hubiera una red de pasajes. Supongo que necesitaba convertir en conversación mi monólogo.

La última persona con quien quedé allí, antes de mudarme de nuevo, fue Miguel Noguera, quien me dijo:

–¿Walter Benjamin? Lo tengo pendiente. Me interesa mucho la filosofía de alto nivel, las nuevas corrientes de la metafísica, por ejemplo, un amigo mío siempre me pasa el dato de cuál es el nuevo libro que hay que leer sobre ontología avanzada o sobre estética nórdica: me lo compro, me lo leo, no me entero de casi nada, pero algo queda, ese ruido de fondo que siempre me es útil para lo que estoy haciendo.

No tengo duda de que si Josep Pla estuviera vivo y siguiera escribiendo sus *homenots*, aquellos perfiles de personajes emblemáticos, ya le habría dedicado uno a Miguel. Cuenta Clarín en su obra maestra que cuando alguien visitaba Vetusta se le enseñaba la Catedral y a la Regenta, su mujer más bella. Yo siempre recomiendo a los visitantes de Barcelona que, en lugar de pagar la entrada de la Sagrada Familia y tratar de cruzarse con Ferran Adrià por las cercanías de La Boqueria, vayan a Horta a conocer la calle Aiguafreda y asistan a un ultrashow de Miguel Noguera. A medio camino entre el monólogo de humor absurdo y el arte contemporáneo, sus espectáculos no son nada espectaculares, pero congregan a una parroquia de fieles que se ríen como locos de sus conceptos imposibles. Cada año publica un libro en que reúne ideas ilustradas, como «Melena cuello de camisa» o «Cristo haciendo las comillas en la cruz» o «Un gato dándole patadas a una puerta» o «Les robaron mientras se estiraban» (y uno, con los dos brazos en alto, dice: «¡Mierda!»). Esos libros también se sitúan en un territorio indefinido que sólo se puede definir por negación: no son cómics, no son catálogos, no son humor gráfico. Pero también lo son. O no. Son formas, supongo, formas que sólo a él le pertenecen.

Como Miguel no bebe, me temo que yo bebí el doble de lo habitual aquella noche en el bar Pasajes, quizá porque él acababa de sobrevivir a una operación a corazón abierto y sólo a base de tragos de cerveza podía yo disimular la angustia que me provocaba la descripción pormenorizada de los trámites burocráticos que hay que hacer en esos casos, de la preocupación de la familia, de la experiencia bajo la luz blanca del quirófano, de la recuperación. Lo que sí recuerdo es que de camino al metro él me contó una extraña teoría sobre Roberto Bolaño, resultado de muchas horas de estudio de vídeos de entrevistas en YouTube, según la cual el autor de *Los detectives salvajes* habría leído mucho menos de lo que aparentaba, porque siempre citaba los mismos pocos libros. Y, yo, por supuesto, le conté que Bolaño vivió en los 70 en un pasaje de Barcelona, en una de esas calles del Raval que no se llaman pasaje pero que son pasajes, no sé si me explico. Se había hecho tarde, no tuve tiempo de contarle mi teoría del pasajerismo o pasajismo, no hay consenso al respecto. Volví a casa. Mi mujer dormía en nuestro dormitorio. El gato, reciente, dormía al lado de su rata de trapo. Me abrí una lata de cerveza y me quedé mirando la única ventana iluminada del interior de la manzana, esperando pacientemente a que se apagara, convencido de que al día siguiente tendría resaca, también son lentas las resacas.

36

«Tapinería La Lucía, fábrica de cotillas. Se desea un muchacho de diez a doce años, preferibles siendo castellano, para ocuparle en clase de criado, cuidando de su instrucción, manutención y vestido», leemos en *La Vanguardia* del 10 de junio de 1882: «Informarán: Pasaje del Reloj, núm. 3».

37

El pasaje Napoleó es una diagonal inesperada.

En la esquina de la calle de la Mare de Déu del Coll con la calle de Maignon, el pasaje que abrieron los fotógrafos

Napoleon en un solar que habían comprado en 1875 conecta tanto con los anteriores propietarios de los terrenos (los Maignon) como con el antiguo camino del Coll, que comunicaba dos municipios independientes: Vallcarca y Horta. No hay conexión directa, en cambio, con la rambla de Santa Mónica en Ciutat Vella, que es el lugar donde se hicieron famosos y de donde se exiliaron en la madurez, ya convertidos en millonarios.

En el número 17 de la Rambla tuvo su galería fotográfica desde mediados de siglo XIX hasta 1933 la familia Napoleon, tres generaciones consagradas a la fotografía. El futuro patriarca, Antonio Fernández Soriano, entonces un joven inquieto de origen castellano y vida errante y militar, hijo de un chocolatero, heredó el sobrenombre y la ascendencia francesa al casarse con Anaïs Tiffon, hija de un peluquero de Narbona inmigrado a Barcelona, cuyo apodo era precisamente *Napoleon*. En el número 115 de la rambla de Santa Mónica o en el 9 del cercano pasaje de las Cabras (ya desaparecido: entre la calle Hospital y la plaza de Sant Josep, en el actual mercado de la Boqueria), Antonio fue aprendiz –según la reconstrucción de María de los Santos García Felguera en *Els Napoleon. Un estudi fotogràfic*– de uno de los primeros fotógrafos inmigrados también desde el país vecino, un daguerrotipista que se anunciaba como Monsieur Charles. Los primeros pasos profesionales los dio en compañía de su esposa, pues los anuncios de 1852 o 1853 hablan de «Daguerrotipos de Fernando y Anaïs». Fernando: el primer pseudónimo de un retratista que sería conocido por su gusto por los uniformes y los disfraces. «Napoleon» aparece por primera vez en un anuncio del *Correo de Barcelona* del 3 de agosto de 1853: la «Casa Napoleon» era una apuesta ganadora, porque el matrimonio era en sí mismo una empresa muy sólida, aunque nunca sabremos cómo se repartían el trabajo. «Taller de fotografía de Mr. Fernando y Anaïs Napoleon» a partir de 1863 es el nombre oficial de la galería.

La fotografía había llegado a esta ciudad al poco tiempo de ser presentada a la sociedad parisina: el 10 de noviem-

bre de 1839 Ramon Alabern i Casas realizó un daguerrotipo
en el Pla de Palau con una cámara adquirida por la Real
Academia de Ciencias y Artes de Barcelona (una placa allí lo
recuerda). Pronto se instalaron en la ciudad fotógrafos ex-
tranjeros, como Charles Chavan, como Eugène Lorichon o
como uno que se hacía llamar «Frank» y cuyo nombre real
era Alexandre Gobinet de Villecholes; a ellos se les añadieron algunos profesionales locales, como Severo Bruguera, Rafael Arenyes o los propios Napoleon. Enseguida
compitieron con los pintores en el arte del retrato. En realismo, nada podía superar a la fotografía. Comenzaba el lento
camino hacia el impresionismo y las vanguardias: la pintura
se divorcia en la medida de lo posible de la literatura, de la
literalidad y de la realidad mimética. De 1888 y su Exposición Universal data la primera fotografía aérea de Barcelona, capturada desde un globo cautivo. Comenzaba el lento
camino hacia Google Earth: la fotografía se divorcia en la
medida de lo posible de la proporción humana, de la autoridad y de la autoría.

Los Napoleon retrataban en su estudio de la Rambla,
pero también hacían trabajos a domicilio, como el retrato
de difuntos (impresionan las de recién nacidos muertos,
quienes en el álbum familiar te recordaban, muchos años
después, que no habías soñado aquel parto ni aquel duelo).
Muchos de los estudios fotográficos, durante la segunda
mitad del siglo XIX, estaban en las Ramblas y sus inmediaciones, cerca de las tertulias, de las librerías, de los grandes
cafés y de las fondas. A menudo, de hecho, literalmente encima de ellos: Antoni Esplugas retrataba en el piso superior
de la fonda del Falcó y varios fotógrafos lo hacían sobre el
Café de las Delicias. En el tercer piso del número 5 del pasaje Madoz trabajaba Heribert Mariezcurrena, autor de dos
famosos retratos del joven y romántico poeta Jacint Verdaguer y del primer fotorreportaje periodístico publicado en la
prensa española, cuarenta y cuatro instantáneas fruto de su
viaje a Andalucía después del terremoto de 1884, que se
atrevió a publicar *La Ilustración* a principios del año si-

guiente y que provocó la recogida y el envío de ayuda humanitaria a varios pueblos devastados del sur.

Se conserva un extraño, casi inquietante, autorretrato de Antonio o Fernando o Napoleon. A la derecha de una columna metálica, con su barba perfecta y su pelo rizado, mira hacia la izquierda un fotógrafo vestido con casaca, al estilo austro-húngaro, con la cámara de madera preparada y ambas manos sujetando el disparador; a la izquierda de la metálica columna, con su perfecta barba y su pelo rizado, mira hacia la derecha un caballero de pajarita y abrigo pesado, con el sombrero de copa en una mano y la otra en el bolsillo. Ambos son hombres seguros de sí mismos y de la tecnología que les ha dado dinero y prestigio. Los hongos del tiempo han ido invadiendo el truco de ilusionismo, el juego de espejos, la tarjeta de visita. Son el mismo los dos.

La exposición de 1888 acabó de consolidar un negocio que en la década anterior ya contaba en su clientela tanto con generales, diputados, aristócratas y reyes como con nodrizas, soldados, niños acariciando ovejas disecadas y turistas norteamericanos con una jaula de loros al lado, vaya a saber uno por qué. Su hijo Emilio se había incorporado a la empresa. Encargaron al arquitecto Francesc Rogent la reforma del edificio que albergaba la galería, para que fuera sede tanto del domicilio familiar con jardín como de un lujoso taller, todo hierro y cristal azul, digno de quienes, de tanto regalarles retratos a los reyes de España, habían conseguido el título de «fotógrafos reales». La nueva galería estaba muy cerca del nuevo Monumento a Colón, inaugurado el año de la exposición y construido con treinta toneladas de bronce que Madrid regaló a Barcelona en forma de cañones de la fortaleza de Montjuic.

Al mismo tiempo contrataron retocadores y otros empleados, abrieron sucursales para sus otros hijos, Napoleon Francisco y Napoleon Fernando, en la propia ciudad de Barcelona (como la de la calle Ferran esquina Aviñón, célebre por sus escaparates, y como la no menos famosa Fotografía Hípica, en la esquina de Paseo de Gracia con Ronda Sant

Pere, especializada en retratos de grupo, caballos y carruajes) y en Madrid y Palma de Mallorca. Con escaparates iluminados con gas, con folletos que los anunciaban como los «primeros fotógrafos» de Alfonso XII, Isabel II, Amadeo de Saboya o Don Luis I, Rey de Portugal; con innovaciones que llegaban de Londres y París, como la linografía o la impresión en porcelana, esmalte, arcilla o incluso vidrio, la fama no pudo más que multiplicarse. La euforia expansionista les llevó a inaugurar, en la misma majestuosa sede de la rambla Santa Mónica recién estrenada, el Cinematógrafo Lumière, donde se hizo la primera proyección pública de Barcelona. Las entradas se vendieron a una peseta.

Cuatro años después de su esposa, el patriarca murió en 1916, Comendador de la Orden de Isabel la Católica, nonagenario y venerable, rodeado de hijos, nietos, biznietos y con un aura de celebridad. Un auténtico burgués de Barcelona que dejaba el pueblito manchego muy, pero que muy lejos, al fondo del túnel de las pupilas negras. Que yo sepa no se hizo o no se conserva un retrato del difunto: me hubiera gustado hacer un zoom en su máscara de carnaval aristocrático, en sus ojos esculpidos por el ascenso social, en esos túneles que conducen al pueblo a través de la oscuridad que se apaga.

Pero no fue él sino su hijo Emilio el llamado a ser materia histórica y literaria, habitante del pasaje que habían construido sus padres en lo alto de la montaña. Es fácil imaginarlo en la Librería Española o en el mercado de Santa Madrona, pues quedaba al otro lado de la Rambla y él era amigo de algunos de sus habituales, como los escritores y dibujantes Apelles Mestres y Santiago Rusiñol. Si el padre –de origen humilde y condición buscavidas– utilizó la fotografía para llegar a ser un hombre rico y respetado, el hijo –acunado y alimentado por niñeras y criadas, alumno de buenos colegios– usó la burguesía para llegar a ser considerado como un artista. La madurez del lenguaje fotográfico a principios del siglo XX ya lo permitía: en 1911 expuso sus retratos en la Sala Parés, la galería más tradicional de la ciudad, donde habían expuesto en las décadas precedentes sus cuadros, entre tantos otros, Modest Urgell, Ramon Casas o Isidre Nonell.

El arte estaba en su profesión y la literatura corría, paralela, en su vida personal. Un día hizo un retrato de una pareja de novios y cayó perdidamente enamorado de ella. Se prometió, en su arrebato, casi locura stendhaliana, que si no se casaba con aquella mujer no lo haría con nadie. En secreto, sin confesárselo ni a sus amigos íntimos, mantuvo su palabra y se consagró a una pasión substitutoria, digna de un personaje de Flaubert o Conrad o Pirandello: la cría de pájaros. Poseía una jaula hiperbólica en su casa de la Rambla, con más de mil ejemplares, a cual más exótico, que aumentarían en 1930 en la mansión del pasaje Napoleó, en una pajarera de dimensiones todavía más exageradas, con agua corriente, vegetación frondosa y calefacción para el invierno. No vio a aquella mujer durante veinte años. El reencuentro fue digno de Hawthorne o Dickens o Dostoievski: ella había enviudado, cuidaba de tres hijos, vivía en la pobreza, se llamaba Juana María Quevedo Arau –y era oriunda de La Habana–. Él, fiel a sí mismo como un héroe de Balzac o García Márquez o Tarantino, y con su mismo destino trágico, le dijo que la amaba y ella, como respuesta, le lanzó a la cara como un esputo manchado de sangre su enfermedad casi mortal. Por suerte la salvó el *casi*. Se casaron. Tuvieron dos hijas, Ana y Emilia. Él murió en 1934, ya abuelo, y muchos de sus pájaros lo hicieron en los días siguientes –si seguimos haciéndole caso a la leyenda– envenenados por la tristeza.

38

«Al lado de la Rambla se entra por un peristilo al pasaje Colón, en donde vive nuestro compañero de viaje G., y se encuentra una plaza circuida de arcadas, imitando las de París, bajo las cuales se encuentran los más ricos almacenes y tiendas», leemos en *La isla de Mallorca. Reseña de un viaje*, de H. A. Pagenstecher: «Encontramos allí buenas fotografías de las vistas y monumentos de la ciudad. En la proximidad del puerto se halla una extensa plaza con hermosos y monumentales edificios, una especie de mágico tenía allí establecido su espectáculo de gimnasia, de fuerzas atléticas y de prestidigitación, rodeado de un círculo de curiosos espectadores».

39

El estudio Napoleon, en manos de su sobrino –quien en 1924 había retratado a Primo de Rivera– la tercera y última generación consagrada a la fotografía, cerró su mítica sede en 1933, y el negocio, empequeñecido, se trasladó al número 33 de la calle Pelayo, donde estuvo hasta el cierre definitivo en 1966. Una parte del viejo cine Napoleón ya albergaba en 1915 una escuela militar, y en los años siguientes fue sede de la Real Sociedad Colombófila de Cataluña y del Sindicato de Periodistas Deportivos, hasta convertirse al fin, por el auge del deporte de pelota, en el Frontón Colón (con los años variaría la primera palabra, pero se mantendría firme la segunda: Dancing Colón, Jazz Colón).

La gimnasia barcelonesa, como el surrealismo francés, también nació en un pasaje. Aunque había ya en la ciudad gimnasios ortopédicos (precedentes de los actuales centros de fisioterapia), el primer gimnasio lo fundó en un sótano del número 3 del pasaje Colón –si creemos a Ricardo Suñé, que lo cuenta en el volumen primero de *Nueva Crónica de Barcelona*–, don Joaquín Ramis Taix, que descubrió por desesperación, ya que estaba en juego la vida de su esposa enferma, la hidroterapia de Raspail. Desde 1860 el Gimnasio Español ofreció sus duchas durante el día y sus dos horas de gimnasia, una para señoritas y otra para caballeros, de siete a nueve de la noche. Con el tiempo la mecánica circundante penetró también en las instalaciones y el gimnasio se llenó de poleas y pesas y anillas y potros, las primeras máquinas de gimnasia deportiva y culturismo que, al parecer, llegaron a estas tierras.

Un día ocurrió un accidente con visos de desgracia: un coche de caballos, en pleno Paseo de Gracia, perdido el control de los animales, bajaba acelerado, con riesgo tanto para los otros vehículos como para los numerosos peatones. Cundió el pánico. Ganó decibelios la algarabía. «De pronto un caballero, elegantemente vestido –era abogado–», cuenta Suñé, «desafiando el peligro, avanzó rápidamente hasta alcanzar al coche, y con su mano derecha –debía ser de hierro– detuvo el vehículo, evitando con ello la desgracia». Los paseantes se arremolinaron alrededor del superhéroe, que ni se había despeinado. Querían saber quién era, de dónde había salido semejante temple, tamaña gallardía, aquella musculatura que tensaba el traje hecho a medida como hace el helio con un globo:

–Es un discípulo del señor Ramis –aclaró alguien y todos asintieron.

Joaquín Ramis dio clases en la Escuela Normal de Maestros de la provincia de Barcelona y publicó en 1888 un tratado sobre la disciplina gimnástica. Tenía fama de excelente nadador: un día se desbordó la riera d'en Malla y él, con un compromiso ineludible en la otra orilla, la salvó a nado. Pero, por alguna misteriosa razón que se ha perdido en el olvido, no quiso que sus once hijos aprendieran a nadar. Murió octogenario.

La tradición del vecino señor Ramis, por tanto, se ha mantenido intermitentemente viva hasta ahora, las venerables instalaciones convertidas en el Centre Esportiu Municipal Frontó Colom. La historia del artista Napoleon, de su amor folletinesco por la cubana y por los pájaros, por supuesto, ha llegado hasta nosotros también gracias a Ricardo Suñé. Él escribió su crónica enciclopédica y sentimental de Barcelona hacia 1947, de modo que se entienden las imprecisiones: según García Felguera el experto en pájaros era Napoleon Fernando, que tuvo su estudio fotográfico en la plaza del Ángel, en un edificio bastante envejecido, propiedad del librero Piferrer, que en 1901 sufrió un incendio.

Eso me ocurre constantemente mientras escribo este libro: son pocas las fuentes anteriores al siglo XX, todos los cronistas recurrimos a ellas, no hay modo de discernir entre versiones correctas y ficciones parciales. Todas las historias son imposibles de reconstruir. Y algunas son memorables gracias, justamente, a la imprecisión, al cuento. Sumando cuentos y pasos y citas, el libro de viajes, este libro de pasajes se va transformando en novela, aunque sea contra su propia voluntad.

40

«En el gremio de libreros existió un gran espíritu de ciudadanía. Cuando la guerra de Sucesión todos los cofrades del oficio acudieron a empuñar las armas en número de cuarenta y dos individuos, entre hijos de maestros y oficiales, llegando a formar una compañía que se llamó "Companyia dels Llibreters". Se agregaron a ella veintidós cofrades y oficiales "flassaders", veintisiete vidrieros y veinticinco escultores y doradores. El mando de dicha unidad lo llevaban un capitán, un teniente, un alférez, un sargento y un cabo», leemos en el segundo volumen de *Nueva Crónica de Barcelona. Historia de la ciudad a través de sus calles y de sus tradiciones* de Ricardo Suñé: «Durante el sitio de Barcelona –1713-1714–, la compañía de los libreros estaba adscrita al tercer batallón de la coronela, denominada de Santa Eulalia. El día 11 de septiembre de 1714 prestaron guardia en el Portal Nou. El capitán don Francisco Bassols y Rafat murió formando parte de la escolta de la bandera de la ciudad al ir a conquistar el baluarte de San Pedro».

41

El primer gran pasajista o pasajerista (no hay consenso al respecto) de la ciudad de Barcelona, pues Cervantes era oriundo de Alcalá de Henares, no puede ser otro que Rafel d'Amat i de Cortada, mejor conocido como el Baró de Maldà, quien el 3 de enero de 1798 anota en catalán en su *Cajón de sastre* que, durante el transcurso de su paseo de la tarde con el doctor Cases, ha visto cómo la muchedumbre apresaba a un soldado del regimiento de suizos de Betchat por robar pañuelos.

Cronista empedernido de la ciudad, a la que dedicó los sesenta y cinco volúmenes de su dietario manuscrito, dice vivir en un tiempo pródigo en novedades, ante cuyo vértigo reacciona mediante la enumeración de todos y cada uno de los cambios, en su casa, en su calle, en su barrio, en su paseo cotidiano, en su Barcelona, en el contexto español de su época, con tantos conflictos con su vecino francés. Casi siempre da testimonio de algo que ha visto, como si fuera un periodista, pero también apunta detalles de la realidad barcelonesa que conoce de oídas o, cuando los hay, por la prensa.

Sorprende cómo periódicamente habla de obras públicas que hoy consideraríamos radicales, como la apertura de calles: «Hoy se ha comenzado a abrir en la calle Robador, en el huerto de Peixeres, a media calle, delante de la casa que habita Jaume Fontanals con su mujer Tona y familia, la nueva calle proyectada, directa a la de las Cabras, detrás del convento y la iglesia de las monjas Carmelitas Descalzas, con salida a la calle Hospital», escribe el 23 de febrero del mismo 1789. El centro de la ciudad se transforma aceleradamente y, como si intuyera la importancia de esos cambios, el barón consigna los detalles de cada metamorfosis, el nombre y apellido de cada uno de sus protagonistas, la coordenada exacta de cada obra pública, porque será el único modo de reconstruir los procesos cuya memoria difumina el tiempo. Se han puesto barandas nuevas en el paseo de la Esplanada y el barón escribe que son de hierro y que se han pintado de verde al óleo. Se abren zonas de juego para niños aquí y allá. Se pavimenta esta calle, se pintan de blanco las fachadas de aquella otra. Las casas crecen en altura. La población se multiplica y con ella lo hacen las casas, las construcciones: en pocos textos se puede sentir tan palpable como en los suyos el ritmo del progreso.

La Barcelona del Baró de Maldá está regida por el tiempo de las fiestas, sobre todo religiosas (la Navidad, la Cuaresma, el Carnaval, las procesiones, Sant Antoni Abad, los santos y patrones y mártires, las misas, Tot Sants); pero en él se interpone, incómodo, el de la historia: los crímenes, los atropellos protagonizados por soldados, la horca y el desmembramiento, las tropas, las nuevas leyes, las nuevas empresas de los indianos, las nevadas antológicas, lo que ha dicho o hecho el Rey, el Once de Septiembre, Godoy, las huelgas, las epidemias, el urbanismo perpetuamente convulso, los malditos franceses. Todo se junta en el devenir de los hombres, todo late al compás de las campanas, omnipresentes: cuenta el barón que en las procesiones, que eran vistas desde los balcones mientras se saboreaba un buen chocolate o una buena horchata hecha por las monjas, se mostraban a las huérfanas más guapas en edad de merecer, a ver si encontraban pronto marido.

El pasajismo o pasajerismo del Baró de Maldà es novedoso en su dimensión escrita, no en la meramente práctica, tan común en las urbes grandes y medianas durante los siglos XVIII y XIX, cuyos ciudadanos tenían como pasatiempos principales la conversación y el paseo. Los dos lugares favoritos de los barceloneses eran la Rambla y las murallas, desde cuyas alturas, gracias a las escaleras y las rampas, se podía mirar el campo, conocido como Pla de Barcelona, a lo lejos, mientras que las inmediaciones estaban ocupadas por el camino de ronda y el foso, tanto merendero de las clases populares como pasto de rebaños. La Muralla del Mar era la más ancha: constituía un pasatiempo habitual ir a sus miradores para ver cómo las olas explotaban contra su arquitectura en los días de tormenta y mala mar. La zona se llenaba de vendedores de naranjas, publicaciones populares, manzanas hervidas, galletas, trompetillas, muñecos, molinillos de viento, frutos secos. Eran especialmente llamativos los buscavidas que te alquilaban unos binoculares o un telescopio para que vieras con tus propios ojos a los pescadores de la Barceloneta, los cañones de bronce de la fortaleza de Montjuic o las banderas de los barcos que iban y venían por el horizonte.

El Baró de Maldà llamaba a la plaza Palau «Plaza de Noticias», porque siempre había en ella muchos «noveleros, gente de buen humor y curiosos de la noticias ocurrentes». Su Barcelona es una ciudad de tertulias. Nos habla de la de la plaza del Ángel, en la casa de un relojero, donde se reúnen ingleses, alemanes, suecos, daneses y sobre todo franceses de ambos bandos; de la del fabricante de sillas de la calle del Bisbe, famosa por sus broncas sobre política; de la de Troch, apotecario, en la calle Llibreteria, donde confluyen cirujanos, escritores y capellanes (sobrados de tiempo); pero las más importantes son de libreros. En esa época no se distinguía prácticamente entre libreros e impresores y, por tanto, editores y tipógrafos; en la ciudad de 1777 existían unos 34 establecimientos de este sector económico. A mediados del xix ya son unos cincuenta. El Baró de Maldà destaca la tertulia de la Casa de Ribas, en el centro («donde comparecen algunos señores eclesiásticos de primera distinción, es decir, canónigos y archidiáconos de la Catedral y también algunos clérigos y algún abogado y a veces alguno de los señores de la nobleza»). Y la del librero Esterling en el carrer del Call («la más sana, porque en ella se habla con moderación», regentada por «un germano-húngaro castizo, que sólo habla de lo que sabe»). Aunque también da cuenta de otra cerca del librero Ribas, la del librero Rafel de la calle de la Boqueria y la del librero Miquel de la calle Llibreteria. La competencia venía de parte de los farmacéuticos, también expertos en drogas.

Caminando, leyendo y, sobre todo, escribiendo, Rafel d'Amat hizo algo asombroso en su época: apropiarse de una ciudad. Ser el primero en apropiarse de Barcelona. El Baró de Maldà escribió su dietario con maniática regularidad desde 1769 hasta 1819: medio siglo exacto de vida consagrada a la escritura de su relación con la ciudad a la que estaba destinado. Cuando nació el *Diario de Barcelona*

en 1792 escribió que a partir de aquel momento ya serían
dos los que hacían un diario. Todos los cronistas barceloneses somos sus nietos o sus tataranietos, practiquemos o no el
pasajismo o pasajerismo, haya o no al respecto consenso:
herederos de su *Calaix de sastre en què s'explicarà tot quant
va succeint a Barcelona i veïnat des de mig any de 1769, a les
que seguiran les dels demés anys esdevenidors per diverti-
ment de l'autor i de sos oients, anexes en el dit Calaix de
sastre les més mínimes frioleres.* «Cajón de sastre», una expresión que según el diccionario refiere tanto al «conjunto
de cosas diversas y desordenadas» como a la «persona que
las atesora en su imaginación».

42

«El taller estaba situado en la calle dels Còdols, junto al pasaje del Reloj, y enfrente de la calle de la Rosa. A la sazón, los
aprendices empezábamos a trabajar a las seis de la mañana,
pero nunca sabíamos la hora en que terminaría la jornada»,
leemos en *Memorias de un librero catalán: 1867-1935*, de
Antonio Palau y Dulcet: «Los domingos, con frecuencia,
nos dejaban libres a las dos de la tarde. Mecánicas, diligen-
cias, fatigas. Todo por 2,50 pesetas a la semana, durante el
primer año; 3,50, el segundo; 5, el tercero, y 7 al cuarto. A
mí me ocupaban en la tienda y en el taller indistintamente».

43

Pese a los sucesivos intentos de aburguesarlo, el Raval continúa siendo más inmigrante que hipster, más barriobajero
que esnob, más Pijoaparte que Teresa. Ni siquiera la apertura de su rambla, que provocó la desaparición de las calles
Sant Jeroni y de la Cadena, con esas grandes terrazas de
restaurantes caros, ha logrado expulsar a los ancianos mur-
cianos o marroquíes —que siguen charlando como siem-

pre han hecho, sentados en los nuevos bancos y en los nuevos setos–, o a las prostitutas –que siguen apostadas, como siempre han hecho, en los portales de la calle Robadors–, o a los indigentes y los chatarreros –que trapichean, como han hecho siempre, por las plazas y los callejones del barrio–. Para bien o para mal.

Para bien y para mal.

Entre los muchos supervivientes tras tanta transformación se encuentra el pasaje Bernardí Martorell, que atraviesa la manzana de las calles Hospital, Robadors, San Rafael y Cadena, vecino ahora del faraónico Hotel Barceló Raval. Es el pasaje semicubierto más antiguo de la ciudad: fue inaugurado en 1848 y era la residencia del industrial Bernardino Martorell y Cortada. En la fachada que da a la calle Hospital, sobre el arco de acceso al pasaje, hay grandes plafones con alegorías del trabajo. Los trabajadores, la mano de obra, aunque recuerden a ángeles, son niños.

Poco, casi nada se sabe de él. De un nieto suyo, Bernardí Martorell i Puig, que nació en el domicilio familiar del pasaje Bernardino número 1, segundo piso, construido por el abuelo sobre el espacio que anteriormente había ocupado una fábrica de su propiedad, sí sabemos que llegó a ser un célebre arquitecto y tenemos indexada toda su obra. Pero del patriarca, fabricante de hilos y tejidos, debemos contentarnos con las versiones contradictorias. Federico Bravo Morata, en *Los nombres de las calles de Barcelona*, interpreta que su proyecto burgués era en realidad progresista: «El pueblo, apegado como siempre a lo convencional, vio al principio con malos ojos la desaparición de sus fértiles pedazos de huerta, no comprendió que la industria avanzase sobre la agricultura en una zona que, irreversiblemente, estaba destinada a ser ciudad y no campo». Pero, supuestamente, cuando los trabajadores vieron que el jornal en la fábrica era superior al del campo, entendieron que la apuesta de Martorell era ganadora: «Merece el pasaje, por no decir que lo que merece realmente es una calle de más alcurnia». En su *Històries i llegendes de Barcelona*, en cambio, Joan Amades no dibuja un retrato tan amable. Era un «patrón muy duro y cruel con sus obreros», que estaba convencido de que a los trabajadores les bastaba con «pan y cebolla para vivir». En una revuelta le amenazaron de muerte, el cañón en un pecho sin más protección que la camiseta de algodón, la camisa de seda, el chaleco también de seda, el reloj en su bolsillo, la americana y la levita, la bala le iba a reventar el corazón si no prometía dejar de explotar a sus empleados. Por eso cerró la fábrica, creó una colonia obrera lejos de este barrio conflictivo y construyó en este lugar su residencia familiar.

Esa historia se sitúa en el contexto que Narcís Oller retrata en su novela *La papallona* –donde por cierto se menciona el «passatge d'en Bernardino»–: una ciudad que en los años 60 del siglo XIX es más de artesanos y trabajadores manuales que de obreros de una industria todavía por eclosionar. Son los años previos a la burbuja financiera que experimentaron Barcelona y Cataluña durante las dos décadas siguientes, gracias a que la filoxera arrasó los viñedos franceses y permitió la expansión de la industria vinícola catalana, hasta que la plaga penetró también en estos territorios a través del Empordà. Un insecto de menos de un milímetro que se reproduce a la velocidad del vértigo y, transformado en nube, clava sus miles de aguijones en las raíces de las cepas, chupando su savia, secándolas. En paralelo, nace el romanticismo catalán, la Renaixença, la conciencia de que debe recuperarse la lengua y la cultura catalanas, en clave nacionalista.

Este pasaje Bernardí Martorell fue de hecho sintomático tanto de la economía como de la cultura catalanas de la época. En sus primeros años de existencia, según evoca Víctor Balaguer en *El regionalismo y los juegos florales* (conferencia impartida en Calatayud en 1897, donde fue recibido como «poeta bilingüe laureado»), acogía en los días señalados, «veladas literarias, que fueron, si no recuerdo mal, las primeras reuniones de esta clase que se dieron en Barcelona». A mediados del siglo, evoca, había dos grandes grupos literarios: el liderado por Milà i Fontanals, que congregaba a los mayores y se reunía en el benemérito Ateneo, y el de los «bullangue-ros» o jóvenes, cuya sede era el Café Nuevo de la Rambla. Fueron estos los que impulsaron las «veladas literarias», es decir, los encuentros de tarde y noche entre hombres y muje-res letraheridos, con asistentes habituales como las poetas Jo-sefa Massanés e Isabel de Villamartín, o los escritores progre-sistas Luis Cutchet y Francisco Camprodón. Fue en ellas donde se fue configurando la idea de organizar un concurso literario: «Así comenzó el renacimiento literario».

Es extraño que hable con tanta distancia de esa casa, porque era la suya. En las bases del certamen literario que impulsaron Antoni de Bofarull y el propio Balaguer, los *Jocs Florals*, publicadas en la prensa de la época, se indica que los originales tenían que ser enviados al número 4 del pasaje, segundo piso, domicilio del secretario del jurado, Víctor Ba-laguer. También me intriga la expresión «de esta clase», por-que las tertulias y los salones, tanto en espacios públicos como en privados, tienen una larga tradición en Barcelona. ¿Quiere decir «mixtos»? ¿Está ocultando el miembro de la Real Academia Española y de la Historia, ya anciano, que en su casa de juventud se organizaron los primeros guate-ques literarios de la Ciudad Condal?

En su segunda vida, ya no poeta rebelde sino político asimilado, Cronista Oficial de la Ciudad Condal, sin sueldo pero con un asiento en el palco municipal, Balaguer decidió ni más ni menos que la toponimia del Ensanche en construc-ción. El poeta lo concibió como un manual de historia, como un palacio de la memoria de la historia nacional. Por eso las vías de la cuadrícula todavía se llaman como los grandes conquistadores y nobles medievales (Roger de Llúria, Bernat de Rocafort, Comte Borrell, Comte Urgell), como las posesiones peninsulares y mediterráneas del imperio de-saparecido (Aragó, Mallorca, València, Calàbria, Còrsega, Nàpols, Cerdenya, Sicilia), como sus instituciones emblemá-ticas (Consell de Cent, Diputació, Corts Catalanes) o como sus glorias culturales (Ausiàs March, Antoni Viladomat, Jaume Balmes, Bonaventura Carles Aribau). Extrañamente se quedaron sin topónimo Ramon Llull, que no tuvo calle hasta que la Diagonal llegó al mar en el siglo XXI, tal vez porque su obra más importante la escribió en latín, y el propio Víctor Balaguer, quien después de tener una plaza en Sants, demolida por la apertura de la Ronda del Mig, ahora da nombre a una calle un tanto torcida del barrio de la Salut, ya en Badalona, que hace esquina con el pasaje Peius Gener, como si hubiera sido condenado al exilio por la misma historia que tanto trabajo se tomó en reconstruir. Su compañero de batallas Luis Cutchet o Lluís Cutxet, periodista y tan creyente como Balaguer, en cambio sí tiene su pasaje: ese túnel enrejado que conserva una placa en recuerdo de la casa de baños de 1814 que allí hubo, situado junto al bar Pastís, uno de los últimos locales bohemios de la ciudad, enésima imitación parisina de esta ciudad tan mimética, por no decir copiona.

La historia textual del pasaje Bernardí Martorell podría seguir con un breve comentario de Mariano Tirado y Rojas en *La masonería en España*: a finales del siglo XIX vivía aquí un masón. Amades habla de un pintor especializado en realizar catálogos de tiendas y exvotos, que exhibía en el escaparate. También hubo un lavadero público y los primeros dispensarios antivenéreos, dependientes de las Juntas provinciales de Sanidad, «se instalaron en agosto de 1919 en Barcelona, en la plaza de las Ollas y en el pasaje Bernardino», dice Ramón Castejón Bolea en *Moral sexual y enfermedad: la medicina española frente al peligro venéreo (1868-1936)*. Durante la guerra civil llovieron aquí bombas incendiarias. En 1953 abrió en el número 12 la Librería Anticuaria E. Fraile. De modo que es verosímil pensar que el propio Evencio Fraile Pérez, su dueño, fue quien pintó una enorme calabaza de Tots Sants en la puerta de su establecimiento y quien un domingo, ante el pataleo desquiciado de un niño llamado Ramon Moix, que se negaba a aceptar entre berridos que la librería estuviera cerrada, bajó de su casa, abrió la tienda y le vendió el tebeo que su padre le había prometido comprarle y cuya promesa había olvidado. Ese niño –nos cuenta Joan de Sagarra en una crónica publicada a finales de 2007 en *La Vanguardia*– se convirtió en el escritor Terenci Moix. ¿Iría alguna vez a la peluquería que menciona A. G. Porta en su novela *El peso del aire*?

«La Reina del Raval», recuerda Sagarra en otro texto del mismo año, «era una prostituta que apoyaba su culo en la pared de una escalera de la desaparecida calle Cadena y desafiaba con la mirada a las *señoras* que, luciendo sus joyas y sus abrigos de pieles, iban a cenar a Casa Leopoldo a la salida del Liceu». El destino de Barcelona, que se decidió durante la segunda mitad del siglo XIX, podría haber consistido en la colonización burguesa de los actuales Barrio Gótico y Raval. Eso que ahora llamamos la *Ciutat Vella*. A esa intención respondieron el trazado de la plaza Real, la inauguración del Liceo y de otros teatros principales o la carísima construcción de pasajes como el Bacardí, el del Crédito, el del Reloj, el de la Banca, el de la Paz o el Bernardí Martorell, que acabó siendo vecino de Casa Leopoldo, uno de los restaurantes históricos de la ciudad, a medio camino entre la Rambla y el Paralelo, abierto en 1929 y mitificado por escritores como Juan Marsé, Maruja Torres y Manuel Vázquez Montalbán, quien ahora da nombre a la plaza vecina. Pero tras el derribo de las murallas y la progresiva apertura de vías de comunicación –de personas, de vehículos y de aires–, como la calle Princesa o la Vía Laietana, el laberinto de reminiscencias góticas fue vencido, como sus pasajes afrancesados, por *lo exterior* (por el acceso directo al aire de los sueños). Al pasaje lo venció la higiene.

El vigilante del Bernardí Martorell me cuenta que su misión, por las noches, es evitar que entren las putas con turistas borrachos desesperados por una mamada. Que su misión, por las noches, es evitar que el suelo quede sembrado de condones anudados.

44

«Razones del ocaso de los pasajes», leemos en el *Proyecto de los Pasajes*: «Aceras ensanchadas, luz eléctrica, prohibición para las prostitutas, cultura del aire libre».

45

Entre la naturaleza y el paisaje y los parques y los huertos urbanos se abren milenios de agricultura, de caminar para trasladarse y de pasear para admirarse, de educación de la mirada. Desaparecieron los bosques y los prados; se midieron y dividieron y subdividieron los campos y se sembraron y se regaron y se abonaron; se domesticó, se injertó y se experimentó con la genética; se urbanizó alrededor y encima de los campos, que a medida que iban siendo reducidos se iban convirtiendo en huertos, en jardines, en parques. Cada vez menos verde y más piedra. Cada vez más lejos el verde, más terrosa, menos multicolor, más pedrosa, más remotamente verde, más adoquín y ladrillo y asfalto y cemento y alquitrán y vidrio especular o transparente, menos verdosa, más alejada, cada vez más lejos. Pardo, desdibujado, más lejos, más. En el horizonte, cuando las humaredas y la contaminación y la bruma de la ciudad dejan ver el horizonte. Progresivamente gris, casi fósil, sino fósil ya, definitiva.

Geológicamente, esta ciudad se divide en dos hemisferios, el inferior –de formación deltaica, a causa de los ríos Besós y Llobregat– y el superior –silíceo y calcáreo, por las sierras de Marina y Garraf–: el agua y la roca. Una falla provoca la diferencia de nivel, de entre cuatro y diez metros, que separa Ciutat Vella del Eixample. Desde Gran Vía hasta el mar la morfología está constituida por un manto aluvial. Ese escalón entre ambas Barcelonas se puede observar en los pasajes Sert, con su inclinación de tobogán hacia el pasado, y Manufacturas, con sus veintiocho escalones que descienden hacia una ciudad con menos sol y menos aire; o en el interior del Museo del Diseño de Glòries, con esas escaleras mecánicas que salvan el desnivel del barranco; o, más lejos, en las obras de la nueva estación del AVE en la frontera con Sant Adrià del Besós.

Los pocos parajes que han permanecido húmedos durante siglos, en una Barcelona que se iba progresivamente secando para hacer su terreno provechoso y edificable, constituyen un archivo fundamental de la flora y la fauna previas a la acción urbanizadora del hombre. La geoarqueología ha analizado tanto los procesos de desforestación durante la Edad Media, para impulsar sobre todo el cultivo de cereal y la ganadería, como los estratos de polen fósil en lagunas y torrentes del Llano de Barcelona. Ha podido así reconstruir la vegetación originaria: si ahora predomina el pino y la encina, antes de la existencia de Barcino era el roble el árbol emblemático de la zona, cuando todas estas tierras estaban llenas de lagunas y de corrientes de agua. A medida que se fueron secando, otras especies con menos necesidad de riego ocuparon el lugar. Pero las primeras hogueras neolíticas se hicieron con leña de roble: las primeras columnas efímeras que negaron, verticales, el horizonte.

Durante dos mil años la ciudad domesticó la naturaleza: la convirtió en campo, en paisaje. Desde los huertos y jardines romanos hasta los actuales grandes parques, Barcelona ha construido y destruido decenas de espacios vegetales. Los de la Edad Media fueron sobre todo monásticos y reales. En el interior de la ciudad destacaba el del Palacio Mayor, un jardín maravilloso, dividido en cuatro zonas gracias a dos caminos empedrados que se cruzaban, separando cultivos, flores, árboles frutales, parras y cepas, jaulas de pájaros o estanques para los peces; en la actual Vía Laietana, hasta la desaparecida riera de San Juan, se extendía como apéndice extramuros el Huerto Condal, donde vivían los leones del rey, quien cazaba en el coto de Valldaura. Se calcula que eran cerca de dos mil los huertos y jardines de Barcelona y sus alrededores, entre públicos y sobre todo privados, durante los siglos XVI y XVII. En ellos se regaban por igual los geranios y las tomateras, los limoneros y las hierbas medicinales, porque eran valoradas por igual sus propiedades aromáticas y visuales, sensoriales y prácticas.

Cuando en el siglo XVIII se amplió el perímetro de la muralla y la Rambla se convirtió en un paseo solicitado, quedaron atrapados cientos de esos lugares en el interior urbano. Los del Raval albergaron durante décadas bailes, meriendas y orgasmos, hasta que la industria fue ocupando el espacio destinado a la vegetación. Frente al monasterio de Sant Pau estaba el más famoso de todos los huertos y jardines populares, conocido como «de la Bomba» por su sistema mecánico de extracción de agua. A finales de siglo el gran Jardín Botánico, junto a la muralla, entre Sant Antoni y Sant Pau, cercado por rejas de hierro y pilares de piedra y ordenado geométricamente, era el lugar favorito de nuestros primeros botánicos, los pobres ilustrados de este país sin Ilustración. Francesc Curet los enumera en el volumen de *Visions barcelonines* consagrado a los paseos, parques y jardines. Habla de las fuentes y las estatuas de los jardines semipúblicos, pues para su acceso sólo se exigía moderación y decoro, como el Botánico, de propiedad municipal; o como los de Francesc Tomàs, Josep Ramon o Damià Barrera, que habían ido podando y acicalando los huertos precedentes y habían importado de Italia una estética del ocio, la escultura y la contemplación.

«De aquellos jardines colgantes, que eran llamados *pensils*, similares en cierta manera y en tono menor a los célebres de Babilonia», escribe Curet: «podemos hacernos una idea contemplando las casas que quedan en la calle del Rec, con sus porches acogedores que soportan la gran terraza que sirve de vestíbulo aireado de la parte soberana del edificio». Todavía existen, sobrevolando las tiendas de diseño y las terrazas del Born, como invernaderos al aire libre. El agua llegaba en diagonal desde Sant Martí de Provençals, donde está a flor de piel y donde entonces la agricultura todavía podía encontrar nuevos campos de cultivo, aunque las fiebres afloraran periódicamente para disuadir a los emprendedores. El Rec Comtal conectaba el exterior rural con el interior urbano, el arrabal con la ciudad noble, como un cordón umbilical que penetraba en Barcelona por un recorrido paralelo al de la futura avenida Meridiana. Puede reseguirse su ruta invisible desde las inmediaciones de la estación del Clot: vista a través de Google Earth, la calle de la Sèquia Comtal muestra en la parte trasera de sus maltratados edificios decimonónicos, entre aparcamientos asfaltados y pequeñas arboledas, el difuminado contorno de la acequia milenaria; desde lo alto del muro trasero de la librería Pebre Negre todavía podía verse a finales de 2015 el surco en la tierra.

El Rec Comtal corría a menudo en paralelo a la antigua carretera de Ribes, que ahora se llama calle del Clot y calle de Ribes, dos diagonales que nos llevan directamente hacia el Arco de Triunfo y la calle del Rec Comtal. El curso líquido proseguía en dirección al mar por otra calle que conserva el rastro en su nombre, la del Rec, que atraviesa el Born; pero aquí, en la del Rec Comtal, tras el polémico hotel de Núñez y Navarro, otro topónimo revela la dimensión verde del tejido urbano: pasaje de l'Hort dels Velluters. En este vial en zigzag, en cuyo centro hay un edificio de viejísimos talleres y unos artesanos del regaliz, estaba el huerto de los artesanos del terciopelo.

46

«Un tipo llama a su médico para saber unos resultados, y dice el médico: "En fin, sr. Jones, tengo una noticia buena y otra mala"», leemos en la novela gráfica *Aquí* de Richard McGuire, viñetas de salón del siglo XX asediadas por viñetas de paisajes forestales de siglos pasados: «La buena es que le quedan veinticuatro horas de vida». «¡¿Ésa es la buena?! ¡¿Y cuál es la mala?!». Y el médico contesta: «Que debería habérselo dicho ayer». Y uno de los personajes que escuchaban el chiste en el sofá del salón empieza a toser y a toser y a toser, y cae de espaldas, víctima de un infarto.

47

La calle Dels Mestres Casals i Martorell, cuyo nombre anterior era de la Claveguera, se encuentra a pocos pasos de aquí. Fue uno de los muchos cambios que introdujo el alcalde Porcioles en los años 50 –como explican Jaume Fabre y Huertas Clavería en *Carrers de Barcelona: com han evolucionat els seus noms*– entre otros el de Baixada de la Presó por Baixada de la Llibreria. Casals y Martorell eran dos buenos maestros de la escuela que había en Sant Pere Més Baix: «pero la petición de suprimir el nombre de Claveguera, que recordaba que fue la primera calle de la ciudad donde se hizo una alcantarilla para canalizar el escatológico torrente de Merdançar, venía de mucho antes. En junio de 1927 la Cámara de la Propiedad ya había instado al cambio de nombre, que resultaba malsonante».

En el blog *Bereshit* encuentro la historia del huerto que estaba entre Trafalgar y Sant Pere Més Alt, detrás del Palau de la Música: el huerto D'en Favà, al parecer atrapado ahora en suelo privado, inexistente a los ojos del paseante o pasajero, a causa de la especulación urbanística. Fue un lugar de encuentros furtivos, amorosos, sexuales, en el siglo xviii. Barcelona estaba llena de esos huertos con voluntad de merenderos: aunque tuvieran sus metros cuadrados agrícolas, muchos eran simplemente un terreno con sombra donde cocinar un arroz el domingo o invitar a los amigos a una verbena. También los había vinculados con la producción de aromas, perfumes, hierbas medicinales, huertos farmacéuticos de tierras fértiles, bien regadas. Para el cristianismo, que es una religión urbana, el pagano era el campesino, el hombre que en su aldea o en su casa de campo, lejos de un poder central y castrador, practicaba en secreto los rituales de la tierra, del solsticio, de la fertilidad materna, politeísta. Pero esas creencias, de hecho, también circulaban por la ciudad domesticada, de dios único y terror político: en los huertos, en los jardines, en los parques, los canales líquidos alimentan un conocimiento antiguo y mágico, fértil, humus.

Durante el siglo xix no sólo cayeron las murallas en las cercanías de estas calles, también desaparecieron dos monasterios: el de Sant Francesc de Paula y el de Sant Pere de les Puelles (que fue reducido a iglesia). Cuando Lluís Almerich habla de la calle Sèquia en el volumen tercero de su *Història dels carrers de la Barcelona vella*, subtitulada «guía sentimental» y publicada en 1950, evoca los molinos que probablemente había en las cercanías de este segundo monasterio, el de las Doncellas, que ardió dos veces (en 1909 y en 1936): «El agua del Rec Comtal fluye aún por las calles del Rec Comtal, Basses de Sant Pere, plaza de Sant Agustí Vell, Tantarantana, Blanqueria y Rec, dividiéndose entonces en dos ramales, uno que se vierte en la Barceloneta y otro que se vacía en el interior del puerto».

Desde el actual Arco del Triunfo hasta la Barceloneta se extendía la Explanada, antes y después de las murallas, cuyo paseo era de los más populares y el más ancho de la ciudad tradicional. El Baró de Maldà lo menciona una y otra vez, porque era un gran pulmón urbano y una zona de tráfico constante de personas y mercaderías y noticias. En el Born abundaban los lavaderos, pero el del Rec Comtal, que había estado allí desde siempre, tal vez fuera el más famoso. Entre su ropa mojada y su ropa al sol, en la Explanada corrían los chismes, acudían los vendedores de romances y novelas, tejían los esparteros, cortaban el pelo y afeitaban las barbas los barberos que se habían visto obligados a dejar la Rambla, esquilaban sus ovejas los pastores gitanos y jugaban los niños al trompo o a la gallinita ciega.

Todo eso ocurría a pocos pasos del Jardín del General, entre la actual estación de Francia y la calle Comercio, el prototipo inconsciente del futuro parque de la Ciutadella. Su puerta neoclásica –según evoca Curet– era de mármol blanco, como algunos de los bancos de su interior. El parque estaba todo el año en flor, pues iban plantando regularmente las flores que convenían a cada estación; y convivían en él los árboles de sombra y los frutales. Los surtidores marcaban las pausas del paseo. La joya de la corona era la colección zoológica: «animales de bosque y de pluma, peces y aves acuáticas; pero con aquellos ejemplares contados ya había suficiente para dejar boquiabierta a toda Barcelona». Ocurrió que un día llegaron las ratas desde los almacenes del cercano mercado del Borne, acostumbradas al grano y la verdura y el pescado enterrado en hielo y sal, e hicieron estragos en las jaulas. La dirección del jardín decidió entonces combatir el problema con gatos. Pero los gatos no sólo atacaron a las ratas, también se comieron a algunos pájaros. La solución fue puesta finalmente en manos de un boticario de la calle Ample, que exterminó con un veneno manufacturado a las criaturas sin distinguir víctimas de victimarios. Lo mismo ocurrió con el jardín, pues tras la inauguración del faraónico parque de la Ciutadella se decidió que también podía ser suprimido: se juzgó conveniente destinar su espacio a la apertura de calles, a la construcción de más edificios y más casas, más piedra, menos verde.

Al otro lado de la ciudad, tras pasar los huertos de Sant Bertran y Poble-sec, en la montaña de Montjuic, además de algunos merenderos ajardinados de lo más selectos, como el de la Font Trobada o Vista Alegre, con sus glorietas y sus parterres, había otro tipo de huertos y jardines muchísimo más populares, muchos de ellos nutridos por una fuente (la Font del Gat, la de Satalia, la D'en Pessetes, la del Geperut, la del Parc de Baix). Espacios más o menos marginales donde merendar y charlar, por la tarde, y bailar y beber y follar si había suerte, por la noche, a la sombra de las parras o de las estrellas, mucho antes de que existieran las discotecas. Cualquier rincón húmedo de la ciudad, fuera o dentro de los muros, era bueno para albergar una válvula de escape. La Font del Lleó en Pedralbes. Los pozos de Sant Gem y el Ninot. La Font del Carbó y el parque de la Salud. La Font del

«Cuento» en el Guinardó y la del Paradís en el Carmelo. Además de sombra y flores y fuentes, en ellos se ofrecía anís y se alquilaban parrillas y perolas y se vendía leña, porque así somos los seres humanos, plantamos los árboles para quemarlos, una y otra vez.

48

«Nada podemos hacer mejor en las actuales aflictivas circunstancias que emplear nuestros ocios y nuestros dineros en socorrer a nuestros semejantes. El que quiera asociarse a mí, me encontrará mañana en la primera mesa del café del pasaje Bacardí», leemos en la *Revista Hispano-americana* del 27 de septiembre de 1865: «En la edición de la tarde del mismo día, apareció en el diario que insertó el comunicado la adhesión de otro bienhechor; al día siguiente se reunieron ocho personas en el sitio designado; a los pocos días eran sesenta y nueve, y este número crece cada día».

49

Charles Baudelaire les dedicó un poema. Parecen maniquíes, escribió. Parecen maniquíes vagamente ridículos. Terribles, singulares, semejantes a sonámbulos. En el pasaje Madoz –que no es propiamente un pasaje, sino más bien una galería que comunica la plaza Real con la calle Ferran– se hizo famosa a finales del siglo xix una orquesta de ellos: de ciegos. De músicos ciegos. Unos músicos ciegos que tocaban, por la voluntad, el sombrero acumulando centavos, clink, clink, metálico goteo de limosna, otro clink y uno más, en el mismo espacio que un siglo antes había ocupado un convento de frailes capuchinos y que entonces daba acceso a la plaza más señorial de la ciudad. Las orquestas de ciegos eran habituales tanto en Barcelona como en el resto de Europa desde muchos siglos antes: la música era una de las pocas opciones de que disponían para integrarse en la sociedad. Muchos de ellos vivían en la cercana calle de los Ciegos de la Boquería, cerca de las comadronas que el maldecir popular tachaba de brujas. En los grabados de la época se les ve, en grupos de ocho o nueve o doce, cogidos del brazo o agarrados al hombro de un compañero, avanzando por la Rambla, hacia arriba o hacia abajo, en fila, los ojos abandonados por la chispa divina mirando hacia el cielo, nunca hacia el empedrado, desorientados o soñadores, divinos y atroces, como en *La parábola de los ciegos* de Pieter Brueghel «El Viejo», un pintor que en pleno siglo XVI, cuando sus contemporáneos se empeñaban en retratar la belleza, los arquetipos clásicos, lo modélico, insistía en dibujar con precisión simplemente lo humano.

Sempronio nos cuenta, en *Barcelona a mitja veu*, que él vio allí a las últimas orquestas de ciegos, de tanta tradición local: «Las piezas principales del programa solían ser *Poeta y aldeano* y *El anillo de hierro*». En la esquina del pasaje con la plaza, prosigue el cronista, se encontraba el Bazar de los Andaluces, una tienda de artículos de dibujo y pintura. En aquellos pocos metros Furest vendía las mejores camisas; las hermanas Carvajal, el mejor surtido de cigarros cubanos; y *madame* Blanquisse, los nuevos sombreros de París. En la Plaça Reial nació, de hecho, la expresión «casa de barrets» como sinónimo de burdel: al poco de inaugurarse la plaza se abrió un prostíbulo disimulado en una sombrerería; todos los sombreros valían lo mismo, de modo que si un cliente quería pagar con una moneda de valor más alto se sobrentendía que conocía los servicios de la planta superior. Pocos metros separaban el Eros del Tánatos: en la esquina contraria al pasaje Madoz se encontraba el museo del taxidermista, aquel legendario local del número 10 donde podían verse gorilas y zebras y leones y zorros, congelados en la muerte como si estuvieran vivos, quietísimos pero vivos, aunque la familia Palaus se hubiera comido la misma noche de la taxidermia toda la carne, guisada con sus vísceras.

Antes de ser un monumento a la burguesía ascendente, tras el derribo del antiguo monasterio capuchino –porque el escenario burgués se levantó sobre la religión arrasada– se instaló en esta plaza Real un circo, cuya atracción principal era un elefante que al parecer disparaba con una pistola y bebía vino. Por él fue conocida durante mucho tiempo como plaza de L'Elefant. Su muerte, probablemente por alcoholismo, provocó el unánime duelo municipal y es un precedente olvidado de la de Copito de Nieve, el gorila blanco, el único ejemplar de gorila albino que se ha conocido, que falleció en 2003 de cáncer de piel. Tras ser adquirido, tras pago de 15.000 pesetas, por el zoólogo Jordi Sabater Pi, Copito de Nieve fue portada de *National Geographic* y vivió casi un año en un piso del Eixample bajo los cuidados de la esposa del subdirector del zoo como si fuera un bebé humano. Fue presentado al alcalde Porcioles el 19 de marzo de 1967 y desde entonces y al menos hasta la llegada de Johan Cruyff al banquillo del Barça, fue la máxima atracción barcelonesa junto con la Sagrada Familia. Italo Calvino lo describió en su novela *Palomar* como una montaña de carne y pelo blanco, con una máscara facial de color rosado y humano, de gigante triste, mirada de resignación por ser el único ejemplar del mundo de una forma no escogida, no querida, tantísimo cansancio por llevar a cuestas todo el peso de la singularidad.

Es el último ejemplar de la tradición de los animales famosos de Barcelona. El primero tal vez fuera la Ternera Marina del Hostal Falcó de la Rambla, que apareció hacia 1801: para esta ciudad separada del mar por una muralla tenía más sentido como ternera extraña que como foca. La tradición prosiguió con otros dos elefantes, el Baby y la Júlia. Conocido popularmente como «el Avi», Baby fue un barcelonés ilustre entre 1882 y 1914, sucesor natural de su precedente alcoholizado. Era propiedad de Josep Vallés Codolar, que reunió en Horta la primera gran colección moderna de animales de la ciudad; su venta hizo posible la primera casa de fieras de la ciudad y la posterior apertura del zoológico del parque de la Ciutadella. Tras su desaparición ocupó su lugar simbólico la mencionada Júlia, donada en 1915 por el sultán Muley Hafid a la Ciudad Condal tras adquirirla por tres mil pesetas. Fue tal su fama que inspiró un himno de Àngel Guimerà y Amadeu Vives, rápidamente memorizado por todos los niños de la época. Murió, como tantas otras bestias urbanas, probablemente de hambre, durante los estragos de la guerra civil.

50

«Callejeando por Barcelona aprendo dónde se puede vacilar y dónde te pueden romper la cara», escribió Loquillo en *Barcelona ciudad*: «Pateamos las Ramblas buscando algo que nunca encontramos. La cosa es estar».

51

Los cinco animales fueron atracciones de gran popularidad. Lo mismo ocurrió con la apertura de ciertos pasajes: se convirtieron en lugares de visita obligada que estaban en boca de todos. Pese a ser el primero, no fue el Bernardí Martorell sino el Bacardí, inaugurado siete años más tarde, por su ubicación en la atractiva y flamante plaza Real, el que mereció más expectación en su época. Amades nos recuerda que aquí debajo permanece el fantasma de las callejuelas (de la Cuina, del Llorer y del Joc de la Rutlla) y del picador («contribuyó notablemente al fomento de la equitación entre la sociedad más selecta de aquel momento») que desaparecieron para que existieran estos metros cuadrados de lujo inverosímil, que nadie parece advertir cuando sube o baja por la Rambla, por su presencia fantasmal, en segundo plano desenfocado. El mosaico de 1858 dejaba, prosigue el folklorista, boquiabiertos a los barceloneses. Ese cielo de vidrio que ahora se encuentra en la parte superior del pasaje y que también fue destruido durante la guerra civil, estaba entonces al nivel del primer piso, oscureciendo la obra de los pintores italianos, que vinieron expresamente de su país para realizarla; por eso decidieron elevarlo.

Fue Ramon de Bacardí i Cuyàs, nacido en 1791 y fallecido en 1866, quien supervisó las obras y dio el apellido familiar al monumental conjunto diseñado por Francesc Daniel Molina. Era hijo de Baltasar Bacardí i Tomba, nacido en Barcelona en 1752 y fallecido en 1822, quien era hijo a su vez de un humilde sastre. El patriarca hizo su fortuna invirtiendo en inmuebles tras la demolición de edificios religiosos: especulando. También eran suyas las huertas de la Ginebra, en la Barceloneta, donde se construyó la primera plaza de toros de la ciudad. Su hijo fue director del Monte de Piedad, de la Caixa de Barcelona, y propietario de la Fonda Cuatro Naciones. Si es que he entendido bien la genealogía, entre tanto artículo contradictorio.

La plaza Real está bien documentada. Un bastonero, Cecili Gasòliba, que era también crítico literario, celebraba en su tienda tertulias muy animadas. Durante el primer tercio del siglo xx los establecimientos del pasaje cerraban a las tantas de la madrugada. En el Restaurante Suizo, que desapareció el 30 de marzo de 1949, se dice que tramó su golpe de estado Primo de Rivera y allí se le concedió a *Nada*, la primera novela de la escritora Carmen Laforet, una de las ficciones fundamentales sobre Barcelona, el primer premio Nadal de la historia. Es de suponer que Pere Pruna, amigo en su juventud de Picasso en París y después pintor religioso y franquista, también frecuentara su terraza («El cadáver de este famoso pintor ha salido de su domicilio de la noble, aunque algo degradada plaza Real, no lejos de la calle de la Paja, donde vino al mundo en 1904», leemos en el obituario que publicó en 1977 el diario *El País*). Las numerosas referencias en la prensa y la literatura al Museo de Ciencias Naturales aluden en realidad al famoso local de taxidermia. En los últimos años del franquismo y los primeros de la democracia, artistas como Pepe Ocaña y Nazario eligieron la plaza Real para vivir en ella; también la escritora Maria Aurèlia Capmany y el arquitecto Oriol Bohigas.

En los primeros meses de esta investigación, hace ya varios años, antes de empezar a escribir (que es otra forma de investigar) este libro que viene y va como las corrientes acuáticas, ante las dificultades para encontrar documentación incluso sobre pasajes como el Bacardí o el Madoz, que son los más célebres, el escritor y profesor Antoni Marí me facilitó el número de teléfono del propio Bohigas, a quien llamé para preguntarle por bibliografía sobre los pasajes, por números monográficos de las revistas de arquitectura que él dirigió o donde él colaboró, y me dijo, desde su casa de la plaza Real, el rumor de los turistas como ruido de fondo:

–No hay nada, absolutamente nada escrito sobre los pasajes de Barcelona.

Y con los años comprobé que era casi verdad.

52

«Poco tiempo antes, en la vitrina de Can Bergé, una librería francesa de la rambla del Mig, cerca del pasaje Bacardí, en uno de mis itinerarios, había visto una portada amarilla que decía: "Paul Verlaine – Choix de Poésies – Avec un portrait de l'auteur"», escribió Carles Soldevila en *Del llum de gas al llum elèctric: memòries d'infància i joventut*. Y añade medio siglo después Joan Daniel en su novela *La guerra dels cornuts*: «Había conocido una chica en la librería francesa de la rambla del Centre, cerca del pasaje Bacardí. La publicidad del señor Louis Bergé en la prensa barcelonesa precisaba "Cette librairie ne vend ni journaux, ni revues, ni livres allemands"».

53

A un lado y otro de la Rambla estuvieron durante siglos los dos espacios principales de reclusión de las mujeres barcelonesas: los burdeles y los conventos. La emergencia en el medioevo del arrabal, del barrio más allá de la muralla, significó la proliferación de instituciones religiosas y de prostíbulos también en el este urbano. Según nos informa Isabel Segura en *Guia de dones de Barcelona*, en la Edad Media la prostitución estaba bien regulada y hacía dialogar ambos ámbitos. Era obligatoria la presencia en cada burdel de un administrador que fuera hombre, había que pagar impuestos a la Corona catalano-aragonesa, las muchachas debían tener entre doce y veinte años y no podían comer ni beber en la calle. El Consell de Cent recordaba periódicamente esta ley, pues es de suponer que las mujeres no se dejaban confinar fácilmente y buscaban sus clientes por toda esta zona. Como durante la Semana Santa la prostitución estaba prohibida, las mujeres eran internadas esos días en los conventos vecinos.

Las monjas franciscanas de Santa Isabel eran vulgarmente llamadas «elisabets»: siglos más tarde todavía perdura ese coloquialismo en la calle y el pasaje Elisabets. El convento fue cedido en 1835, con motivo de la supresión de las órdenes religiosas, como instituto de enseñanza. Parece ser que su destino era femenino, pues en el xx acogió la sede el Institut de Cultura i Biblioteca Popular per a la Dona, creado por Francesca Bonnemaison, centro cultural y centro de estudios que ofrecía una enseñanza adaptada a las necesidades de las mujeres trabajadoras, con una intensa actividad hasta la guerra civil. Sobre las ruinas de los espacios religiosos se erigieron tanto los centros de la futura emancipación como los nuevos burdeles. Porque las exquisitas calles comerciales, las nuevas plazas y los pretenciosos pasajes de la Ciutat Vella implicaron también la emergencia de locales de prostitución, para la clientela local y para la que llegaba en barco.

El pasaje de La Paz, urbanizado en 1871, vía natural entre el puerto y la plaza Real desde entonces, con su elegante arco de entrada y sus cenefas en las paredes y sus faroles decimonónicos, fue la columna vertebral de ese comercio de cuerpos entre los siglos xix y xx. Como dice Ferran Sagarra i Trias en *Barcelona, ciutat de transició (1848-1868)*, en él se observa cómo la operación urbanística comenzó con gran ambición, siguiendo el modelo de los pasajes franceses, pero no acabó de concretarse: hay casas magníficas, pero «el resto de edificios son almacenes, bien alineados, eso sí, pero que desentonan con el resto». De modo que enseguida quedaron espacios en blanco, no ocupados por familias adineradas, que permitieron la penetración de artesanos, de gente humilde y de negocios no respetables. Las primeras madames y los primeros chulos regentaron locales pequeños, pero durante la Primera Guerra Mundial la neutralidad española transformó radicalmente el pasaje y las calles adyacentes.

Empezaron a llegar por mar, junto con los marinos habituales, refugiados, exiliados, desertores, exmilitares, diplomáticos, artistas, escritores e incluso espías, cuyo alojamiento –al menos para las primeras noches– era lógicamente por estas coordenadas. Podemos imaginar que muchos de esos foráneos de hecho entraban en la ciudad a través de un pasaje, el del Dormitori de Sant Francesc, cuyo nombre se debe al supuesto paso de otro extranjero ilustre, San Francisco de Asís, que al parecer pernoctó en el antiguo convento en su paso hacia Santiago de Compostela (el edificio desapareció dos veces: en el siglo XVI engullido por el mar y en el siglo XIX incendiado por la masa despeñada y ciega). La nueva demanda implicó una nueva oferta, más cosmopolita y sofisticada. Dos de los locales que aparecieron entonces tuvieron tanto impacto que ingresaron en la mitología barcelonesa: el Xalet del Moro, aquí, y Madame Petit, en Arc del Teatre –uno más de esos pasajes sin «pasaje» en el nombre–, liderado por una supuesta empresaria francesa, como supuestamente franceses eran tantos fotógrafos de las inmediaciones en las décadas anteriores, que introdujo entre nosotros conceptos novedosos, como el del *ménage à trois*. En el Raval se multiplicaron en las décadas siguientes otros locales míticos, de atmósfera más gitana o flamenca que china, que hicieron las delicias de turistas también franceses como André Breton, Georges Bataille o Jean Genet; sin embargo la zona no era conocida como Barrio Francés o Barrio Gitano, sino como Barrio Chino.

Por su importancia en la historia textual del passatge de la Pau, merece un párrafo exclusivo y final el Xalet del Moro, que en el número 3 ofrecía a destajo pornografía orientalista. El propio edificio, como recuerda Lluís Permanyer, era neomudéjar, esa corriente arquitectónica que se extendió por Barcelona justo antes del casi monopolio modernista. Sus paredes de estética islámica y por tanto iconoclasta acogieron a principios del siglo xx una casa de baños con calefacción, aguas dulces y saladas y hasta sulfurosas, baños a vapor y sobre todo turcos. En la publicidad de la revista *La Actualidad*, en 1916, se anunciaba la implantación de «baños rusos y tratamientos para la curación radical del reuma, gota y artritis». Cerró poco después de la Primera Guerra Mundial. Y el local se transformó en burdel de *Las mil y una noches*, pues las meretrices iban vestidas de bailarinas e incluso alguna había especialista en la danza del vientre. Allí se celebraron innumerables fiestas, algunas esponsorizadas por magnates europeos que pasaban en Barcelona los peores años de la Segunda Guerra Mundial. Junto con otros burdeles, el Xalet del Moro fue cerrado en 1956. El edificio albergó un taller mecánico, que supuso la destrucción de su ornamentación interior, y resistió hasta finales del siglo pasado.

Hoy ya es sólo texto.

54

«Había varios burdeles famosos: el del pasaje de la Pau o el del pasaje de la calle Muntaner, donde se estrenaron muchos de los políticos actuales. También estaba la Casa Árabe, que era muy *kitsch*», leemos en el testimonio del escritor Francisco González Ledesma que recoge David Barba en *100 españoles y el sexo*: «Casi todos sus clientes eran de confianza; había relaciones de cariño con las prostitutas.

Ellos les enseñaban los retratos de sus hijos, en un ambiente que casi podía confundirse con el de una relación matrimonial. En el burdel Emilia, situado en Nou de la Rambla número 12, se celebraban entrañables certámenes de poesía».

55

En el centro del despacho de los arquitectos Enric Miralles y Benedetta Tagliabue hay una mesa en forma de cerebro. Una gran superficie semejante a un archipiélago nuboso, con bisagras que permiten cambiar la disposición de los módulos, según las particularidades de cada reunión, de cada proyecto. Un gran cerebro cubierto de maquetas de edificios hechas de cartón o de madera. La mesa tiene nombre: se llama *Inestable*.

–La diseñó Enric y condensa su pensamiento –me cuenta Marzia–, sólo hay cinco en todo el mundo, tiene una dimensión lúdica, como casi todas sus obras, físicamente es como un juego de construcciones, y en el nombre hay un juego de palabras... La mesa de Inés es... inestable... –se sonroja.

Hace ya un rato que doy vueltas por la sede de la fundación Enric Miralles, en el entresuelo, y por las oficinas del despacho, en el primer piso del mismo número 10 del pasaje de la Paz, con sus suelos originales y sus escalones rotos, recién fregados. He constatado que aquí todo el mundo llama «Enric» a Miralles y «Bene» a Tagliabue. Que todos son jóvenes, guapos y guapas, sobradamente preparados e internacionales: tal vez predominen el español y el italiano, pero también hay quien habla en inglés y en portugués. Y que una cuarta parte de ellos se desplaza por la ciudad en bicicleta: hay diez aparcadas en el sótano y unos cuarenta empleados. El almacén impresiona tanto como la mesa en forma de cerebro. Como un Tetris tridimensional de madera, aquí se acumulan, perfectamente archivadas en sus cajas, cerca de mil maquetas, acompañadas de los bocetos, planos y fotomontajes que también documentan el proceso de gestación

de cada proyecto. Escritos en mayúsculas con rotulador negro un sinfín de topónimos invitan a dar la vuelta al mundo:
Xian, Shangai, Madrid, Edimburgo, Kuwait, Lleida, Napo-
li, Lille... Parece la bodega de un barco.

–Ya te contará Bene que para nosotros es muy importante
trabajar con las manos –prosigue Marzia, que coordina la
Fundación y creo que es también italiana, señalándome una
estructura de mimbre que crearon los alumnos del último taller que se organizó aquí para alguna universidad extranjera,
entre las columnas de hierro fundido, verticales como los dos
grandes ficus del fondo, tras el vidrio de los ventanales.

No es casual que las maquetas estén en la base de todo.
Aunque arriba, en las oficinas, la sala más grande –que coincide con la fachada del pasaje– sea la de los arquitectos que
trabajan en sus ordenadores portátiles, junto a la mesa cere-
bral se encuentra el taller de maquetas. Cuando lo he atravesado, me he encontrado con un chico joven que sostenía una
con la mano derecha mientras con la izquierda la secaba con
un secador de pelo.

–Nosotros somos arquitectos y creemos en la artesanía.
Producimos los proyectos, damos forma a las ideas, sobre
todo a través de las maquetas. Por eso nuestro despacho es
como una casa de muñecas. Hace tiempo que dejamos de dibujar los planos a mano, sólo hacemos croquis, esbozos, el
resto lo diseñamos con el ordenador, pero nos mantenemos
fieles a las maquetas. Queremos seguir siendo materiales –me
dice Tagliabue.

Después de saludarme en el sótano, la melena abundante
y los ojos sonrientes aunque afilados y la falda de flores de la
famosa arquitecta han desaparecido durante una hora para
reaparecer en la terraza («hace un tiempo precioso, mira
qué sol, hay que aprovecharlo»), donde su asistenta Gabriela, de una eficacia, belleza y juventud que sólo había
visto así reunidas en las series de televisión, nos ha servido
sendos vasos de agua («apóyalos en este cajón, Gabi, que es
de una exposición de Barbies, nosotros hicimos la Barbie
viajera, esos agujeros del cajón son binoculares, tanto la

muñeca como ellos me recordaban mi infancia, por eso los diseñamos así»). Aquí tendrá lugar la media hora de entrevista, antes de que nos interrumpa una llamada por Skype desde Lanzarote.

Nació en Milán en 1963, estudió la licenciatura en Arquitectura en Venecia y se doctoró en Nueva York. Se mueve mucho. Ríe mucho. Repite palabras como «maravilloso», «genial» o «perfecto» con un eco italiano. Inspira creatividad y desorden y confianza.

–¿Por qué decidieron Enric Miralles y usted abrir su taller en este pasaje?

–En los 90 los profesionales no trabajaban en el Gótico, lo hacían en el Eixample, por Diagonal, también en Sarrià, pero no aquí. Yo venía de Venecia y lo que me gustaba de Barcelona era precisamente la parte antigua. Lo encontramos enseguida, fue el segundo edificio que visitamos…

–Es curioso que sea el único proyecto suyo del que no hay maqueta…

–Porque lo ocupamos enseguida, quitamos los altillos, rascamos las paredes, encontramos estratos de todas sus épocas, dibujos, escenas pintadas, grafitis, mosaicos, grietas, decidimos cuáles serían visibles y cuáles ocultaría la pintura, inventamos ese sistema de franjas –señala la pared de la terraza, donde también hay gruesas rayas que muestran cómo eran las paredes a finales del siglo pasado, igual que las hay en el vestíbulo, en el almacén, en la sede de la fundación y en las distintas secciones del despacho–, y en tres meses ya nos habíamos trasladado. Fue visto y no visto. No hubo casi proyecto previo. El propio edificio es su maqueta.

–¿Cambió este espacio su forma de trabajar? ¿Cómo lo hizo el propio pasaje?

–Nos hizo reflexionar sobre qué significaba vivir en espacios recuperados. No es lo mismo imaginar un edificio nuevo en el interior de un edificio actual, con techos estándar, que hacerlo aquí, con estos techos tan altos. Eso te inspira…

–Deja de mirar hacia las nubes y me mira a los ojos–. Nunca había pensado en eso que me preguntas, la verdad, lo del pasaje, habría que ver en nuestras arquitecturas huellas de él, puede haberlas. ...Hicimos, ahora lo recuerdo, un proyecto de galería comercial en Leeds, que no se llegó a realizar, ahí habría una huella. Y en el Parlamento de Escocia, claro que sí, el acceso de los parlamentarios parece un pasaje. Pero te confieso que nunca lo había pensado...

–He revisado el registro de todos los libros de la biblioteca de Miralles que se trasladaron desde la calle Avinyó hasta aquí y me ha sorprendido no ver en él *Las ciudades invisibles...*

–¿Existe esa lista? ¿De verdad? ¡Qué maravilla! Yo la verdad es que me estoy volviendo cada vez más desmemoriada, por eso he creado la fundación, para que recuerde todo lo que yo estoy olvidando... *Le città invisibili* es un máster, hay que leerlo en la carrera, te abre todas las puertas de la mente. Lo tenemos en casa, en la edición italiana, por eso no sale en ese registro. A mí me gusta especialmente porque en todas las ciudades de Marco Polo está Venecia, que es mi ciudad. Enric estaba enamorado de ese libro, lo leía en sus clases en la facultad, lo comentaba con sus alumnos, porque le fascinaba la relación de todos esos escritores, los del grupo Oulipo, con la arquitectura.

En una de las paredes de una de las oficinas están, de hecho, en estantes consecutivos, todas las cajas de las diapositivas que él usaba en el aula, cajitas de colores que nadie ha abierto desde que murió el 3 de julio de 2000, a los cuarenta y cinco años de edad, a los ocho años de haberse casado por segunda vez y con dos hijos pequeños de su segunda esposa.

–¿De dónde se siente? ¿De Venecia? ¿De Barcelona?

–Ya no sé de dónde soy. Me siento desarraigada. –Pone los brazos en jarras–. Pero mis relaciones profundas, claro, son con Barcelona y con Venecia, donde aprendí una cierta manera de vivir, con Venecia y con Barcelona, sí, pero sé que podría irme también de esta ciudad. –Deja de sonreír–. Venecia es una ciudad de niebla, de agua, de reflejos, es perfecta para la imaginación. Pero también es traicionera, en perpetua exposición, muy turística. A veces la odio. Como a Barcelona, que le está pasando lo mismo que a Venecia: todo lo que más me gustaba de esta ciudad, como estas calles, son ahora circuitos turísticos.

–Aquí hay varios proyectos suyos, pero no he encontrado ninguno en Venecia...

–Venecia vive de la imaginación, es muy difícil concretar allí un proyecto. Lo intentaron tantos grandes arquitectos: Le Corbusier, Frank Lloyd Wright... Nosotros tuvimos nuestro proyecto, la nueva Facultad de Arquitectura, fue aprobado, estuvo en obras, ¿te lo puedes creer?, en obras, y las paralizaron, por problemas políticos.

–Debe de ser extraño que haya fragmentos de su vida por todo el mundo. El otro día estuve leyendo la historia de «Kolonihaven», aquella casita de juegos que crearon para una exposición de Copenhague, que estuvo un tiempo en el parque de Diagonal Mar, que por cierto también es obra de ustedes, donde unos gamberros la quemaron, fue reconstruida y ahora se encuentra en los jardines del Palacio de Pedralbes. Leí que la diseñaron mientras veían jugar a su hija. Si cada proyecto tiene un trasfondo emocional, un contexto biográfico, ¿qué se siente al ver que tu vida, o al menos algunos fragmentos de ella, está por toda la ciudad?

–Era nuestra primera hija, todavía no había nacido el segundo. Tú no te lo imaginas –carcajada–, eso es lo maravilloso de tener hijos, descubres un mundo que ya había sido descubierto un millón de veces, pero para ti es absolutamente nuevo: de pronto los ves jugando, a las casitas, a las muñecas, y fue observándola como se nos ocurrió aquella forma, inspirada en el modo en que ella, con sus movimientos, daba forma al espacio. La pieza habla de nuestra mirada. De la relación entre padres e hijos, pero también entre la ciudad y la naturaleza, lo interior y lo exterior. Pero toda obra al poco tiempo ya es una forma autónoma, que ha dejado de hablar de ti. Fíjate en el Mercado de Santa Catalina, que está al lado de mi casa y lo veo constantemente: para la ciudad ese mercado ya existe naturalmente, pertenece a todos por igual, ya no es mío, cuando lo devuelves al público se separa de ti, para siempre.

56

«Un espectro a la orilla del mar, tan frágil, tan quieto, tan desprovisto de todo menos de su encanto», leemos en *Las piedras de Venecia* de John Ruskin (según la versión de Maurici Pla): «que muy bien podíamos preguntarnos, mientras mirábamos su tenue reflejo en el espejismo de la laguna, qué era la Ciudad y qué era su Sombra».

57

Todos estos metros cuadrados habían sido anteriormente almacenes, una sastrería y lujosos hogares de millonarios (según leo en los planos: propiedad de los señores Coma y Clavell). Gracias a la poética arquitectónica de Miralles y Tagliabue todavía se pueden ver fragmentos de frisos y de murales y de cenefas, aquí y allá, unidos por esas franjas que suben y bajan y se bifurcan, convirtiendo las paredes en circuitos impresos, en placas de memoria. La *Inestable*, por ejemplo, se encuentra bajo un impresionante artesonado de motivos florales y bodegones multicolores, todo el peso de la burguesía amenazando con desplomarse sobre esas frágiles maquetas de proyectos mentales.

En la entrada del edificio hay un enorme banco ondulante, donde varias personas pueden sentarse a la vez en posiciones diversas, idénticos a los del parque de Diagonal Mar. Y una estructura de madera o de caña que también recuerda a la maqueta gigante de un cerebro. Es un recuerdo de la ópera *Nunca por azar*, escrita por Valerio Ferrari, traducida por Maurici Pla y con música de Roberto Cacciapaglia, que se representó durante la inauguración de la nueva sede del despacho el 11 de abril de 1997: sobre los actores, que encarnaban a Agamedes, arquitecto del templo de Delfos, y a su esposa Epicasta, se proyectaban los dibujos que Miralles y Tagliabue hacían en ese preciso instante. El matrimonio compró el edificio entero un año antes, trasladó aquí su taller de la calle Avinyó y alquiló los pisos superiores.

–Hace cincuenta años que vivo en el Gótico y no sabía que había pasajes hasta que comencé a trabajar en este, el de la Paz –me dice con la fregona en la mano la portera, en el umbral, cuando ya me estoy yendo, pelo rizado, gafas, muy delgada, muy nerviosa, vestida con un delantal granate con tirantes–. Aunque en los 70 y en los 80 toda esta zona no era de paso, la verdad, era bastante conflictiva. Yo trabajaba en Aviñó desde 1990 y me vine para aquí de conserje porque me lo pidió Miralles. Hay que ver cómo pasa el tiempo, un cuarto de siglo trabajando para ellos. –Deja la fregona en el cubo y se mete las manos en los bolsillos del delantal, simpática y a su manera desafiante.

El suelo mojado brilla, iluminado por un rayo que ha conseguido, tras colarse en el vestíbulo, burlar los muros gruesos, las escaleras macizas de piedra, todos los ángulos barrera. Varios hilos de agua descienden por las losas y se meten por debajo de la puerta del almacén.

–Nunca me había fijado en que era un pasaje, pero sí que recuerdo de niña las lavanderas que había ahí afuera.

–Hay agua aquí debajo. Toda esta zona era de rieras y torrentes y lagunas...

–Ya me lo habían dicho –me corta–, los ficus que hay en la parte trasera, que los planté yo misma con unos esquejos que saqué de los que están en las macetas de los balcones, tan altos y tan lozanos, no se lo creerá usted, pero no los he tenido que regar ni una sola vez.

Le pregunto su nombre:

–Honorinda, para servirle a usted. Ayer fui a un entierro y me encontré en la misa a una señora del pasaje, Teresa, yo sabía su nombre desde hace tiempo, pero ella no sabía el mío: me lo preguntó, como acaba de hacer usted, y por primera vez en toda mi vida alguien me dijo que era bonito.

Aprovechando las risas, le hablo de los burdeles de antaño, del Xalet del Moro, de mediados del siglo pasado, de aquella época que sólo he podido conocer por los libros y la hemeroteca.

–Pues yo fui al Chalet del Moro cuando era muy joven –me cuenta bajando la voz–. Había espectáculo de calidad, como mujeres que hacían el amor entre ellas y *stripteases*, lo mismo que en el Bagdad, pero todo más exótico, no sé cómo decirlo, más sugerente. En la calle Regomir estaban las Cuevas, allí el show era gay, te tomabas una copa y veías la actuación, con los travestis y los chistes cochinos, todo muy divertido, más que en el Molino, donde todo era más refinado –la voz convertida en susurro–. Iba con mi hermano y después con mi exmarido... ¿Que cuánto hace? Pues yo tenía diecisiete y ahora tengo sesenta y dos, haga usted la cuenta. Y en esos lugares claro que había chicas que lo hacían por dinero, pero todo era sutil, distendido, en cambio ahí enfrente –señala el umbral, las palmeras– sí que había un puticlub de verdad.

Y Honorinda se calla.

Y yo me despido sin decirle que no cuadran las fechas, que es imposible que fuera el Chalet del Moro, porque las fechas nunca cuadran en la memoria.

Y me voy.

Y ella sigue fregando, tarareando en voz muy baja.

58

«Barcelona, tus hijos no te acaban de entender», leemos en el poema «Oda Barcelona» de Pere Quart: «Trabaja. Calla. / Desconfía de la historia».

59

Cuenta Pedro Voltes Bou en su librito *Notas sobre institu-ciones barcelonesas del siglo* XIX que el antiguo convento de religiosas de San Juan de Jerusalén, en la calle de la Riera de San Juan, se convirtió en el primer museo de la ciudad: «Las alas del claustro y piezas adjuntas se dedicaron a tal fin y convertida la planta baja del convento en "museo públi-co", como se le llamó, se destinó toda la planta noble a re-unir libros recogidos en los conventos destruidos, formando una biblioteca también pública». El último piso fue ocupa-do por la Academia de Buenas Letras y la Sociedad Econó-mica de Amigos del País. Ésa es la lógica del progreso urba-no: sobre la riera seca se erigió el edificio religioso; tras su desacralización, en él se inauguraron los archivos públicos fruto del saqueo; en lo alto de la nueva pirámide, se sitúan las instituciones que hermanan la cultura y el capital.

Antaño conocido como hort d'en Trentaclaus, es decir, huerto del Treintallaves, pues toda esta zona era hasta el si-glo XIX un puzle de casas, huertas y hornos de cerámica, metal y vidrio, la prolongación del pasaje de la Pau es el pa-saje Dels Escudellers, es decir, de los artesanos que hacían platos, cuencos y ollas de barro. En la crónica «Els cargols del carrer Escudellers», Theros recuerda que la familia del actor Pepe Rubianes regentaba una pensión en el pasaje de la Pau y que el niño mojaba en el aceite de los pollos el pan que su madre le daba de merienda. Los Caracoles, o Casa Bofarull, todavía hoy sorprende por ser un restaurante caro –fotos firmadas de ilustres visitantes– con un asador de po-llos a l'ast en la fachada. Sirve comidas calientes desde 1835, cuando los primeros de la saga se atrevieron a dejar Les Corts y emigraron a la ciudad amurallada para abrir una taberna donde comerciar con vino y aceite a granel, además de carbón, licores, petróleo y jabones, hasta que un día se decidieron a ofrecer caracoles con pan negro a los estibado-res del puerto. En el cambio de siglo se acostumbró a la clientela prometedora: los jóvenes Picasso, Casas, Opisso o Rusiñol frecuentaron los caracoles y los pollos, como lo harían después de la guerra escritores como Luys de Santa Marina, que hizo de su mesa en el primer piso la sede de una tertulia con Guillermo Díaz Plaja y Martí de Riquer.

El aburguesamiento de la zona no se completó a finales del siglo xix, ni en los dorados años 20 del siglo siguiente, ni con la democracia ni los Juegos Olímpicos ni la Rambla del Raval ni la Barcelona del turismo. En el pasaje de la Paz sigue existiendo, un siglo y medio más tarde, el mismo contraste inaugural: conviven un café más o menos tradicional, un café hipster, un párquing, un centro de meditación, el centro de salud del Gótico adonde acuden sobre todo inmigrantes e hijos de inmigrantes y la Fundación Enric Miralles.

El tiempo de la burguesía estaba representado –en el laberinto inconexo y fragmentado de los pasajes de inspiración francesa de la Ciutat Vella– por el sofisticado reloj, obra del maestro Albert Billeter, que daba nombre a otro pasaje cercano, el del Reloj, edificado por los banqueros Arnús y Codina. Como tantos otros prohombres de la época, fueron retratados por los fotógrafos Napoleon. La cronometría del dinero. Su testimonio milimétrico, fotográfico. En su despacho, Evarist Arnús y su bigotito con un rizo en cada punta recibían a los grandes burgueses de su época, que le confiaban la administración de sus fortunas. *La Exposición* (un boletín gratuito para los clientes de la Exposición Permanente en Barcelona, abierta de nueve de la mañana a diez de la noche, entrada por la calle Escudellers, frente a la de Aray, y salida por el pasaje del Reloj) anuncia el día 19 de febrero de 1870 que «Todos los días a las 3 de la tarde se fija la cotización de la Bolsa en uno de los cuadros del Pasaje». Inaugurado cuatro años antes, estaba cubierto por una claraboya que desapareció como el mítico reloj. Perviven, en cambio, las columnas de hierro de la Banca Arnús. Ahora hay vagabundos instalados al fondo y los charcos, que tardan semanas en desaparecer, reflejan la esfera blanca de un reloj moderno, un simulacro del antiguo, del perdido, aguas sucias de lluvia, esos charcos.

En el también cercano pasaje de la Banca, que entre la plaza Real y el mar da acceso a la escasa trama de pasajes, había un banco de verdad: ahora es el Museo de Cera, cuya cámara acorazada acoge la representación de un atraco protagonizado por Bonnie y Clyde, un atraco imposible y en pause, frente a la puerta de una cámara acorazada que nunca se ha podido abrir. El Atraco es la pesadilla recurrente del Capital. No es de extrañar que las sociedades crediticias y los bancos se refugiaran en pasajes como el del Reloj, la Banca o el Crédito, esos nombres que los señalan como tentáculos de la fiebre del oro, esos nombres que configuran un proyecto, una declaración de intenciones, un aburguesamiento que nunca se llegaría a concretar. Escribió Josep Maria de Sagarra en su novela *Vida privada*, ambientada en los años 30: «El pasaje de la Paz y las calles que daban a la plaza Real, que entonces ya se llamaba plaza de Francesc Macià, le sugerían una Barcelona comercial engalanada con un terciopelo de buen tono». Pero, si no era el traje nuevo del emperador, sí era un disfraz que ocultaba desnudez, intemperie.

Los banqueros y sus trabajadores eligieron para instalarse este barrio, el de la Ribera, llamado en aquella época de la Mercè, porque aquí todo estaba por hacer y el ambiente invitaba a la ambición, al ascenso. Se creó el Sindicato de Empleados de Banca y Bolsa en 1919, en el pasaje del Dormitori de Sant Francesc, y la sociedad de trabajadores La Defensa Obrera se fundó en 1926 en el pasaje de la Paz. La Aurora, casa regional de los aragoneses, también se instaló en el mismo pasaje (en el número 10 bis). El número 2 fue la sede de la Casa de Murcia, y a partir de 1929, también de la Asociación Socialista Femenina, El Meu Vestit –una cooperativa de sastres–, una sociedad de carpinteros y el Sindicato Profesional de Obreros Metalúrgicos. Todos compartían un piso, pese a la disparidad de intereses, para ahorrar en gastos. Leo en *Els Bombardeigs de Barcelona Durant la Guerra Civil, 1936-1939*, de Joan Villarroya i Font, que fue-

ron tres las bombas que aquí hicieron estallar en mil pedazos la paz.

Así, en los mismos pasajes nacieron varios bancos y varios sindicatos y varios burdeles, víctimas todos de las mismas bombas, instituciones emblemáticas y olvidadas, contradictorias y complementarias: como si la historia secreta
de la ciudad se entrelazara, se cosiera en esas galerías, en
esos túneles. Los modelos conscientes o inconscientes de las
Galerías Maldà, de las Galerías Condal, de tantos túneles
de metro convertidos en espacios comerciales, ni públicos
ni privados, de la avenida de la Luz, de las Galerías de la
Moda. El laberinto del capital y del semen, de la explotación
de las almas y de los cuerpos, de su liberación utópica, del
necesario deseo. A su alrededor acecha el eclipse. En el Born
y en el Gótico los pasadizos, los arcos, los porches antiguos;
los soportales y las columnatas del Paralelo y del paseo del
Born; las galerías metálicas de la estación de Francia, de la
estación del Norte, del Umbráculo del parque de la Ciudadela: todas esas estructuras eclipsan, empequeñecen, igno-
ran los pasajes cubiertos y semi-cubiertos barceloneses. Pocos. Insignificantes. Los colecciono.

60

«El 21 del corriente se perdió un gorro de señora, bordado,
desde la calle de Basea a la d'en Jupí, hasta llegar a la del
Regomí: la persona en cuyo poder se halle, se servirá avisar-
lo en la librería de Juan Francisco Piferrer, plaza del Ángel»,
leemos en el *Diario de Barcelona* del 26 de abril de 1809:
«Ayer se extravió un niño de tres años: quien lo haya recogido se servirá entregarlo a su madre, que vive en la casa de
doña María Farras; calle de los Capellanes».

61

Si te fijas en los pasajes, las calles, las manzanas y los barrios que los rodean cobran un nuevo sentido. Como la inmensa mayoría de ellos son peatonales, puedes detenerte en cada fachada, en cada rincón, en cada detalle. Y al salir del pasaje, donde todo es pequeño, donde hay menos variedad, descubres por contraste que en la sintaxis de la calle juegan un papel importante los grandes árboles, las farolas, la publicidad que cuelga de la farola, los carriles, la zona del aparcamiento en línea o la acera, los coches aparcados. Y que estudiar esos elementos es difícil, por el tráfico de peatones y sobre todo de vehículos, por el sinfín de obstáculos, por la ausencia de perspectivas que abarquen un posible conjunto. Pero acabas al fin encontrando el modo de detenerte, de concentrarte, de mirar, como acabas de hacer en esa calle transversal y en miniatura.

Entonces, por ejemplo, te acostumbras a distinguir entre plátanos, almeces, chopos negros, olmos, tipuanas, falsas acacias o palmeras, las especies arbóreas más habituales de la ciudad. Y en las fachadas de los edificios, te acostumbras a diferenciar entre esgrafiados –geométricos, vegetales o figurativos– y estucos –que simulan ser marcos, alféizares o zócalos–. Y no puedes obviar los cables que trepan por las fachadas, los aparatos de aire acondicionado, la ropa tendida, las antenas parabólicas.

De la lectura de las alturas desciendes naturalmente hacia la del suelo. Mientras que el asfalto y el alquitrán y los adoquines, con sus irregularidades y sus socavones y sus líneas blancas, verdes o azules, centran el interés de los conductores, como peatón atiendes sobre todo a las intersecciones entre la acera y el espacio motorizado. Las entradas de los párquings, los pasos de cebra, los semáforos. La acera también tiene su propia gramática, que se articula sobre todo a partir de las distintas texturas que van conformando los *panots*, esos adoquines de prensa hidráulica, hechos de cemento, arena y agua, cuyos cinco diseños principales son desde 1916 los característicos de Barcelona, pues recubren ni más ni menos que cinco millones de sus metros cuadrados. El rombo rodeado de cuatro círculos, las cuatro redondas, la tableta de chocolate, las circunferencias concéntricas y la flor. Mientras que los *panots* son las palabras del texto urbano, las tapas de la electricidad, el agua, el gas, el alcantarillado, las bocas de riego y las señales de tráfico son sus signos de puntuación. Cuadradas o redondas, rotundamente metálicas, siempre están de alguna forma decoradas, como si la calzada pudiera ser monótona, pero la acera siempre debiera incluir variedad, diseño.

62

«El problema parece haber sido éste: la desagregación de la ciudad clásica ha sido vivida como si fuerzas exteriores se hubieran introducido en ella, como si el triunfo de la máquina fuera totalmente extranjero por naturaleza para el universo urbano. Cuanto la amenaza se hacía más urgente, más intensa fue la reacción de mantener el ideal del monumento tradicional contra la "barbarie" nueva. Se construyeron obsesivamente, y como por exorcismo, edificios de piedra de sillería con motivos clásicos, neoclásicos o de un tradicionalismo ecléctico para oponerse al triunfo de la industria maquínica», escribió Marcel Hénaff en *La ciudad que viene*: «La negativa hacia la arquitectura de vivienda o de edificios públicos (ayuntamientos, prefecturas, escuelas), y hacia la utilización de materiales nuevos (hierro, fundición, vidrio, hormigón) significaba que la ciudad-monumento no quería saber nada de la ciudad-máquina. Sin embargo, como Giedion observa, se permitió que las nuevas energías se expresaran en sectores que no tocaban la idea tradicional de la ciudad: estaciones, almacenes, fábricas, mataderos, vestíbulos de exposición, puentes de los suburbios. Aquí el ingeniero debió hacerse arquitecto, y es él quien, en el siglo XIX, se encontró en la mayoría de las veces en el comienzo de la invención de las formas nuevas».

63

«Aquí se trata, sobre todo, de la *atención*», dice en el primer párrafo el narrador de «Los crímenes de la calle Morgue», el célebre cuento de Edgar Allan Poe, publicado en *Graham's Magazine* en 1841 y considerado el primer relato detectivesco de la historia de la literatura. Después nos presenta a C. Auguste Dupin, de familia ilustre pero empobrecida, ahora asceta, profundamente culto, cuya única afición no gratuita es el coleccionismo de libros. Por eso el narrador y él se conocieron «en una oscura librería de la rue Montmartre», donde ambos habían acudido –vaya casualidad– en busca del mismo volumen; y tras coincidir en varias ocasiones más, también por puro azar, decidieron vivir juntos, como tiempo después harían el doctor Watson y Sherlock Holmes.

Los dos bibliófilos se pasaban los días conversando, leyendo y escribiendo, hasta que se hacía de noche y entonces, cogidos del brazo, paseaban por la ciudad nocturna, vagando al azar, «mientras buscábamos entre las luces y las sombras de la populosa ciudad esa infinidad de excitantes espirituales que puede proporcionar la observación silenciosa». Con el tiempo esa observación se convirtió para el narrador en una acuciante necesidad, puro vicio. Entonces el cuento de Poe comienza a centrarse en pasajes: primero observan el Lamartin y pronto la trama los conduce hacia la rue Morgue, que en realidad es uno de esos «pasajes que corren entre la rue Richelieu y la rue Saint-Roch», después de leer en la prensa los detalles del misterioso asesinato que allí ha sido perpetrado.

Que al final se descubra que el asesino es un orangután –los clásicos son inmunes a los spoilers– es lo que menos importa. Lo relevante es que el cuento sea una sucesión de prólogos y de comentarios de texto que llevan, finalmente y sin necesidad de investigación in situ, a la resolución del caso en el lugar de los hechos. En el relato de Poe la ciudad es una babel de lenguas y, sobre todo, un discurso mediático: en el diario que narra el asesinato, en las noticias que los personajes discuten y analizan, en ellos está la ciudad como misterio, su lectura permite resolver el problema. Es decir, lo que es decisivo a mis ojos es que Dupin y el narrador tengan que atravesar tantas divagaciones, tantos textos, tantas calles, tantos testimonios, tanta conversación, tantísimo lenguaje para llegar finalmente a un pasaje. Y traducirlo. Y entenderlo.

Es por eso –entre otras tantas razones– que Edgar Allan Poe es considerado el padre moderno del pasajismo o pasajerismo (no hay consenso sobre el dichoso término). Aunque él use en su cuento el término «thoroughfares», cuya traducción más extendida es «vías» o «callejones» y que Julio Cortázar, pasajista o pasajerista ilustre, heredero de Poe y de Baudelaire y de Jean Cocteau, traduce quién sabe si equivocadamente por «pasajes».

64

«Allí está el Mediterráneo, el espíritu, la aventura, el alto sueño de amor perfecto», leemos en una carta de Federico García Lorca dirigida a Melchor Fernández Almagro: «Hay palmeras, gente de todos los países, anuncios comerciales sorprendentes, torres góticas y un rico pleamar urbano hecho por las máquinas de escribir».

65

Al igual que pasaste miles de veces por la puerta del bar Velódromo, hogar de tertulias intelectuales durante la segunda mitad del siglo XX, sin darte cuenta de que hacía esquina con el histórico y entrañable pasaje Lluís Pellicer hasta que comenzaste a viajar por la ciudad con la mirada dirigida por este proyecto, hasta hoy no te has fijado en que Els Quatre Gats, la cafetería más famosa de Barcelona con permiso del Café Zurich, también hace esquina con un pasaje. Cuando los pasajes te secuestran todo acaba estando relacionado de un modo u otro con ellos. Secuestro, obsesión, hipérbole: escribir un libro sobre un tema te convierte automáticamente en un exagerado. Y ahora estás haciendo cola a la puerta de Els Quatre Gats, como un turista más, mientras observas el pasaje del Patriarca, esos metros cuadrados sobredimensionados por la leyenda.

Desde París, en paralelo a las cigüeñas, no sólo viajaron con relativo éxito las ideas de revolución liberal, de novela realista o de pasaje cubierto; también lo hizo la idea de café modernista. El titiritero Pere Romeu había trabajado en Le Chat Noir y, coincidiendo con el cierre del célebre local de Montmartre en 1897, abrió aquí el mismo año Els Quatre Gats, su simulacro barcelonés, también taberna y cabaret, gracias al apoyo económico de los artistas modernistas Utrillo, Casas y Rusiñol –sospechosos habituales de este libro–. Escogieron como sede el primer edificio de Josep Puig i Cadafalch, la Casa Martí, neogótica, barroca, retórica, de ventanales policromos y arcos ojivales, primeriza; también fue la primera sede de una exposición del jovencísimo Picasso: Els Quatre Gats estaba destinado a hacer historia.

Al mismo tiempo el proyecto también estaba condenado a la intensidad, que es imposible de prolongar en el tiempo. Cerró en 1903. Durante esos pocos años exhibió en la misma pared, sucesivamente, dos obras del pintor y cartelista Casas: «Ramon Casas y Pere Romeu en un tandem», donde ambos amigos avanzan trabajosamente en una bicicleta siamesa hacia la izquierda con el perfil de Barcelona al fondo y unas hojas quietas en el ángulo muerto, y «Ramon Casas y Pere Romeu en un automóvil», donde ambos amigos avanzan hacia la derecha por un camino rural, las hojas de los árboles agitadas por el coche o el viento. El relevo de los cuadros se hizo, exactamente, en 1900.

Sólo puede ser tachado de gran ironía que la cueva de Casas y los cuarenta modernistas fuera ocupada, desde 1903 hasta 1936, por la academia de Sant Lluc, un círculo artístico también fundamental para entender el arte catalán del primer tercio del siglo xx, donde acudieron en su juventud todos los futuros vanguardistas, pese a la tendencia de la institución a la figuración, el realismo, el pasado. Bajo la tutela moral y catalanista del obispo Josep Torras i Bages, el Cercle Artístic de Sant Lluc había nacido en la última década del siglo xix y compartía con sus coetáneos bohemios la figura de Utrillo y la pasión por la pintura. En sus instalaciones coincidieron personajes tan distintos como Antoni Gaudí, Josep Maria Sert, Miró o Eugeni d'Ors. El Ateneu Barcelonès y Sant Lluc eran los dos centros intelectuales de la Barcelona del primer tercio del siglo xx. Nadie es de piedra y aún menos monolítico: en aquellos años convivieron las tendencias, las estéticas y las actitudes vitales, el novocentismo y el modernismo y las vanguardias (todavía no históricas), ese sinfín de contradicciones es lo que llamamos precisamente *modernidad*.

A Els Quatre Gats se entra por la calle Montsió, pero el edificio hace esquina con el pasaje del Patriarca, conocido hasta 1922 como de San José, cuyo acceso está vedado por una gran verja. Supongo que por eso lo he ignorado durante veinte años, porque casi siempre he pasado de noche. La otra esquina con la misma calle pertenece a la Casa Carreras, modernista como la Casa Martí, pero de construcción posterior (las obras se iniciaron en 1911 pero no se concluyeron hasta 1929). Si uno se asoma entre los barrotes metálicos ve las puertas traseras, las de los almacenes, de las grandes tiendas de ropa de la zona, a menudo con camiones que cargan o descargan; y, al fondo, el túnel medieval del carrer Espolsa-sacs que da a la calle Comtal, otro de esos pasajes que no se llaman «pasaje», cuyo nombre recuerda que aquí sacudían los frailes sus ropajes, esos hábitos parecidos a sacos que tenían prohibido lavar.

66

«Picasso acudía todas las noches a la hostería de Els Quatre Gats, dibujaba incesantemente mientras hablaba con sus amigos y, a última hora, subastaba los dibujos que había hecho entre los parroquianos», leemos en *Medio siglo de vida íntima barcelonesa* de Mario Verdaguer: «Éstos pujaban hasta ochenta, noventa céntimos, o una peseta, lo más. El producto le servía a Picasso para tomar un suculento chocolate con ensaimada mallorquina».

67

Toda esa información se encuentra en la superficie de la ciudad: en las placas y los carteles, en los folletos turísticos, en las guías y en los guías. Que en 1989 se abriera un café y restaurante en la bien restaurada Casa Martí, con el nombre Els Quatre Gats y con una reproducción casi perfecta del cuadro del tándem, entre fotografías y documentos enmarcados de los viejos y bellos tiempos, aseguró que se perpetuara la memoria de aquellos siete años dorados. El turismo también puede ser un motor del recuerdo, porque la presencia continuada de turistas mantiene vivo el discurso que convierte –tanto a oídos de los foráneos como de los nativos– el pasado en verbo, el pasado en realidad cada vez que se pronuncia. Por eso es preocupante que los circuitos turísticos no incluyan a ninguno de los casi cuatrocientos pasajes de Barcelona. Ni siquiera a los de importancia patrimonial, como el Bacardí. O los escasos semicubiertos del siglo xix, como el de Mallofré en pleno corazón de Sarrià, abierto hacia 1866 e iluminado por viejos faroles de hierro negro. O los que conservan torres modernistas y preciosos jardines, como el de Mulet y el de Sant Felip, en Sant Gervasi, inaugurados respectivamente en 1870 y 1877. O los de relevancia simbólica, como el del Crédito, donde el 20 de abril de 1893 nació Miró.

Los itinerarios que pasan por aquí se quedan en la puerta y no atraviesan el pasaje, aunque en los últimos años ya no sea frecuentado por vagabundos, sino por los turistas que compran óleos multicolor en sus galerías de arte o toman ostras con cava en la terraza del restaurante vasco que hay junto al Hotel Rialto. Una placa recuerda que en el número 4 nació Miró. Pero pocas veces repiten esa información voces en voz alta. Huertas Clavería publicó el año 2000 en *El Periódico* un artículo titulado «El pasaje del Descrédito» en que señalaba que había guías que descartaban entrar en el pasaje, porque «les causa desazón mostrar un lugar tan abandonado a su suerte». Añadía el cronista: «El enclave es un ejemplo diáfano de lo que pudo haber sido y no es, como dice la letra de un bolero». Siete años antes, en la celebración del primer centenario del nacimiento del pintor, el Hotel Rialto integró en su estructura parte del domicilio familiar, convirtiéndolo en una suite, la *suite Miró*. La habitación donde su madre lo parió, que conserva al parecer intacto el techo pintado con estrellas, nubes y planetas, es desde hace años el comedor de un domicilio particular, propiedad del Ayuntamiento de Barcelona, según leo en una noticia de 1993 de la hemeroteca del mismo diario: «El alcalde Pasqual Maragall confirmó ayer que la vivienda fue adquirida hace unos años por el ayuntamiento, y señaló que de momento "no hay nada decidido porque allí vive una familia y hay que estudiar sus posibilidades"». No encuentro en los buscadores nada que indique que esas posibilidades no sigan siendo estudiadas.

Esas grandes letras que dicen «Pasage del Crédito» en la boca de entrada eran, según Amades, de bronce dorado. El bronce permanece, oscurecido. Proyectado por el arquitecto Magí Rius i Mulet en 1879 por encargo de la Sociedad Catalana General de Crédito, el pasaje del Crèdit es un claro ejemplo de lo que se conoce como *arquitectura del hierro*, la traducción a la piel de la ciudad del entusiasmo por las nuevas tecnologías de finales del XIX. Ni que decir tiene que también se construyó tras la correspondiente destrucción de un recinto religioso. En el siglo XIX hubo en el número 10 otro hotel, precedente del Rialto, El Hotel del Crédito. Si en el pasaje de la Paz son las cenefas esgrafiadas de las paredes las que marcan el ritmo de los pasos, aquí son las columnas de hierro fundido, verticales, muy granates. Una vez que te fijas en ellas van apareciendo en otros colores por todas partes, a lo largo de la calle Ferran, en las calles del Gótico y del Born y de Sant Antoni, como testigos de ese momento en que el metal dejó de ser ocultado porque se volvió lujoso.

68

«Querido Miravitlles: Quisiera que tu falta de tiempo no te haga subestimar el valor histórico de esta carta. Espero ocupar en Barcelona el cargo de "comisario general de la imaginación pública"», leemos en una carta de Salvador Dalí: «Tan pronto como esté restablecido de un fortísimo *surmenage* (debido al gran esfuerzo de mi última exposición y a la finalización de tres nuevos libros) vendré a Barcelona para poner esto en marcha. Reservadme, si es posible, el gran edificio de Gaudí del Passeig de Gràcia (Casa Milà). Se trata de hacer algo sensacionalmente revolucionario y sin antecedentes en la historia de la cultura».

69

El padre de Joan Miró decidió instalarse aquí porque la zona convocaba a los mejores artesanos y joyeros, porque cada vez era más rentable negociar precisamente con el lujo.

En este pasaje tenía también su local Francesc Vidal, reconocido ebanista y decorador, que ofrecía un surtido catálogo de muebles propios y de pinturas, estatuas de bronce, tapices orientales y porcelanas japonesas. Aconsejado por su esposa Mercè Puig, políglota y con sólida formación musical, Vidal brindó a sus hijos la mejor educación que el dinero podía pagar: clases particulares de música impartidas por Enric Granados, Isaac Albéniz y Pau Casals (que se casó con una de las alumnas, Frasquita); y de arte a cargo de Enric Gómez Polo, Joan González y Arcadi Mas i Fontdevila. Entre sus once hijos estaba Lluïsa, llamada a ser la única artista barcelonesa que completó su aprendizaje en París, la única pintora profesional de finales del siglo XIX (retratista y profesora) y, según la leyenda nunca contrastada, la única mujer que expuso en Els Quatre Gats.

Esa muestra mítica no sería ocasional: sabemos a ciencia cierta que expuso en la Sala Parés y en otros lugares de prestigio, donde su obra fue mostrada y vendida. Pero tras su muerte en 1918 a causa de la gripe española, alguien decidió que el único modo de mantenerla en el mercado era que sus cuadros estuvieran firmados por un hombre. De modo que hasta principios de este siglo se pensó que «Retrato femenino» y «Mujer con labor» no eran suyos sino de Casas. De hecho, su canonización en vida fue posible porque los críticos vieron en sus óleos un «extraordinario talento masculino» y una «viril firmeza». Publicó, no obstante, tanto en *Feminal,* proyecto editorial liderado por la intelectual feminista Carme Karr, como en las revistas modernistas más conocidas, *Pèl & Ploma, Hispània, Àlbum saló* o *Quatre Gats.* No fue ni mucho menos la única pintora de la Barcelona del modernismo, pero sí la única visible. Por supuesto (secuestro, hipérbole) Lluïsa Vidal es el nombre de un pasaje. Por supuesto (vergüenza, tradición) hay muchos más pasajes con nombres de hombre que de mujer.

No soy viajero ni turista: soy pasajero. Una vez te convences de esa condición, de esa maldición, y te dejas llevar por el vértigo de los pasajes, todo está vinculado a través de ellos. Todo. Absolutamente todo. No sólo el del Crédito con los de la Banca y la Paz a través del comercio de monedas y cuerpos; no sólo el del Patriarca con el del Crédito o con el de Lluïsa Vidal, frente al Hospital de Sant Pau (paralelo a los de Graziella Pareto, Catalunya y Roure, muy cerca de otros pasajes, en esa zona densamente pasajista o pasajerista o como diablos se diga); sino también con otro todavía más lejano.

En el célebre Restaurante Maison Dorée, a principios del siglo pasado, cuando ya era un artista de prestigio y había pasado buena parte de su vida adulta en París, bohemia dorada, Casas conoció según cuenta la leyenda a una vendedora de lotería de dieciocho años, Júlia Peraire, que se convirtió en su amante, en su modelo, en su musa y –tras varios años de relación y pese a la oposición de su acaudalada familia, de fortuna indiana– finalmente en su esposa en 1922. Al parecer el pintor adelantó la redacción de su testamento a 1928 precisamente porque su familia no veía con buenos ojos la posibilidad de que ciertas posesiones quedaran en manos de una advenediza. Entre los terrenos que Ramon le dejó a su hermana Elisa se encontraban los de la antigua masía Can Garrigó, donde se seguía cultivando con provecho, en el barrio de Vilapicina. Allí decidió ella edificar al año siguiente las primeras casas que darían lugar al futuro pasaje de Santa Eulàlia.

Suelo de tierra. Callejón sin pavimentar. A un lado, las casas de estilo británico originales (en el número 9, cifras azules sobre cerámica blanca recuerdan 1930, pero de ese año sólo queda original en todo el pasaje una puerta de madera). Al otro, las viviendas añadidas y una vasta franja sin nada más que vistas al vecino párquing descubierto. Se contemplaron diversas fases de construcción, pero la muerte del artista en 1932 paralizó las obras. A partir de entonces y hasta 1958 se fueron vendiendo los solares y levantando las casas. El Plan General Metropolitano de 1976 decidió que había que arrasar con todo para construir dos bloques de pisos y una zona verde: el pasaje quedó apestado, es decir, afectado.

Los vecinos colgaron en 2012 una placa que cuenta la historia de la familia Casas. Dicen que no asfaltan la calle porque no pueden invertir en algo que les pueden arrebatar en cualquier momento. Así pasan las décadas, acostumbrados a ser una nota a pie de página de la historia del modernismo. Una nota a pie alejada de cualquier centro, en los arrabales de las periferias de las orillas de las biografías. Ésa puede ser la condición vital de un pasaje, pero no de una persona.

Por suerte, poco antes de que acabara de corregir este libro extraño que nunca acabaré en realidad, el Ayuntamiento decidió salvarlo.

70

«Una mujer intentaba ayer introducir fraudulentamente por el pasaje de Mercaders media libra de carne», leemos en *La Vanguardia* del 25 de mayo de 1895: «El empleado del resguardo de consumos que prestaba servicio en el fielato que existe en aquel punto trató de oponerse al propósito de la referida mujer, la cual, exasperada al ver que no lograba entrar la carne de matute, dio un fuerte bocado al empleado».

71

«El surrealismo nació en un pasaje. El padre fue Dada, su madre fue un pasaje», escribió Benjamin en nuestro libro de cabecera. Se refiere al de la Ópera. La fuente es *El aldeano de París*, de Louis Aragon, donde habla extensamente del Café Certà: «Fue en este lugar donde, un mediodía de finales de 1919, André Breton y yo decidimos que, a partir de entonces, nos reuniríamos allí con nuestros amigos, por nuestro odio a Montparnasse y Montmartre, así como por nuestro gusto por la ambigüedad de los pasajes». Esa crónica de los espacios reales y los soñados, ese manifiesto en defensa de la prostitución y de las peluquerías y de la poesía y de los intervalos, donde el poeta contrapone el pasaje de la Ópera («un gran ataúd de cristal») al parque Buttes-Chaumont («veinticinco hectáreas de terreno»), fue la semilla que germinó en el *Proyecto de los Pasajes*. «En su inicio está Aragon: *El aldeano de París*», admitió Benjamin en 1935: «del cual nunca pude leer, por la noche en mi cama, más de dos o tres páginas, porque el ritmo de mi corazón se aceleraba tanto que debía apartar el libro de mis manos».

Se podría dibujar una galaxia de creadores cuyas vidas estuvieron más o menos ligadas a esos espacios entre el camino y la calle. El narrador y ensayista Georges Perec escribió en *Especies de espacios*, otro libro que proviene del de Aragon: «En 1969 seleccioné en París 12 lugares (calles, plazas, cruces, un pasaje) en los que había vivido, a los que me unían recuerdos muy particulares». En *Los diarios de Emilio Renzi*, Piglia evoca el año que vivió en el pasaje del Carmen de Buenos Aires: «un pasaje que viene del pasado, zona de retaguardia, último bastión, última defensa». El poeta Agustí Bartra nació en una casa de la rambla de Santa Mónica, esquina con el pasaje de la Banca. El cronista Gaziel pasó parte de su infancia en el Mercaders, conocido como el pasaje de los médicos, pues en él atendieron a sus pacientes eminencias como Lluís Vila d'Abadal o el doctor Cardenal. El pintor Josep Maria Sert nació en el pasaje Sert y el ilustrador y poeta Apelles Mestres pasó los últimos y más extraños años de su vida en el Permanyer. El pasaje donde se crió, con otras familias de origen proletario y valenciano, el poeta y traductor José María Micó, en el 316 de la Gran Via, letra K, desapareció en los años 80. Son sólo algunos de los artistas que configuran una constelación posible como cualquier otra. Una constelación viva, poque a medida que caminaba y que escribía, sino es en el fondo lo mismo escribir que caminar, fui conociendo a letraheridos y creadores que son habitantes de pasajes, como el filósofo Xavier Antich, que vive en el del Crèdit; como el gravador Alain Chardon, cuyo taller se encuentra en el pasaje Masoliver; como el artista conceptual Ignasi Aballí, que lleva toda su vida trabajando en un estudio lleno de polvo duchampiano, en el mismo pasaje sin nombre del Raval que da a la puerta trasera de Horiginal, madriguera poética. No es extraño que la editorial Comanegra, especializada en libros sobre Barcelona, esté en uno de esos pasajes que no llamamos «pasaje». Me pregunto si Breton y Benjamin eran conscientes de que

Joan Miró, el pintor surrealista, el barcelonés universal, también nació en uno de ellos.

72

«De estatura media, corpulento, es un hombre corriente ataviado con un traje oscuro, cara regordeta, pelo a cepillo que grisea las sienes», leemos en *Manifiesto incierto*, *Vol. 1* de Frédéric Pajak: «y un bigote negro que aspira a ocultar los labios de un "epicúreo sensible". El grueso cristal de las gafas redondas le activa los ojos».

73

No nací en un pasaje. Me crié en un quinto piso sin ascensor, frente a un balcón que daba a un campo de fútbol y a una vasta extensión de invernaderos, donde la ciudad se volvía campo, huerto –una torre de vigilancia medieval y el mar al fondo–. Pero sí pasé la mayor parte de mi infancia y adolescencia y juventud en un callejón sin salida, o sin más salida que unos escalones llenos de grafitis, donde los quillos fumaban porros y no era cómodo el paso. Esa incomodidad era el pago del pasaje. El rito de paso. La aduana. El peaje. Desde las inmediaciones de la avenida Alfonso X el Sabio de Mataró todos los días, para ir al instituto, pasaba por esos escalones incómodos para acceder al nivel superior, la avenida América, que me llevaba por la mañana y por la tarde a las clases de literatura.

No nací en un pasaje, pero sí viví en uno. En Buenos Aires. Cómo he podido olvidarlo durante todos estos años de frecuentar los pasajes barceloneses y de buscarlos en París, en Nueva York, en Melbourne, en Madrid o en Bogotá, de preguntarme por los motivos de la colección, de la obsesión, de la tontería. El pasaje Zolezzi, del barrio de La Boca, a pocos metros del estadio de fútbol, donde hace más de diez años leí *Calle de dirección única* y escribí crónicas sobre Brasilia y sobre Santiago de Chile. Me doy cuenta ahora, mientras escribo, quiero decir, mientras leo, quiero decir, mientras camino: quiero decir: es lo mismo.

—Qué lástima que no nací en un pasaje —bromeo con mis padres, un domingo después de la paella—. Me vendría de perlas para el libro que estoy terminando.

—¿Cómo que no naciste en un pasaje? —me responde mi madre y me deja boquiabierto y patidifuso—. Bueno, naciste en el hospital de Tarragona, pero te pasaste el primer año de tu vida en un cuarto piso de la avenida Andorra cuya entrada estaba en un pasaje. Las cartas nos las enviaban al número 13 de la avenida, que era el modo de indicar nuestra dirección. Siempre me acordaré: escalera C, cuarto primera.

Lo busco en Google Maps y en efecto, ahí está: un callejón sin salida, paralelo a otros que también la cortan, de los cuales sólo uno de ellos tiene nombre: el pasaje Andorra.

¿Por qué ése sí y los demás no?

¿Por qué he tenido que hacer la bromita?

¿Por qué provengo de un pasaje sin nombre?

—Cada mes iba yo, contigo en el cochecito y con 5.000 pesetas en el monedero —prosigue mi madre, ajena a mis abismos—, a pagarle el alquiler a la dueña del piso, que tenía una librería.

74

«La ciudad es la realización del viejo sueño humano del laberinto. Esta realidad es la que persigue el *flâneur* sin saberlo», leemos en el *Proyecto de los Pasajes*: «El laberinto de casas que conforma la red de las ciudades equivaldría a la conciencia diurna; los pasajes (que son las galerías que llevan a su existencia en el pasado) desembocan de día, inadvertidamente, en esas calles. Pero después, al llegar la noche, bajo las ciegas masas de las casas de nuevo surge la espesa oscuridad».

75

Miró nació el 20 de abril de 1893, el mismo año en que se inauguró la Sociedad Catalana de Gas y de Electricidad y en que Santiago Salvador Franch mató a veinte personas tirando dos bombas desde el *paraíso* del Liceo. Su infancia en el pasaje del Crédito fue convencional y feliz. Como una premonición, justo ante la puerta del pasaje, en la calle Ferran o Fernando, estaba la tienda de arcas de Manyac, quien sería su primer marchante. Tuvo domicilios en París y en Mallorca, pero ninguno tan rotundo como el de aquel pasaje, donde vivió de niño y adolescente y al que regresó de adulto, convertido ya en un pintor conocido tras la guerra civil, sede del último taller que tuvo aquí, antes de trasladarse definitivamente a la isla.

Hay que imaginar a un jovencísimo Joan Miró enclaustrado en la casa familiar del número 4. Hay que imaginarlo angustiado porque su padre –con su mostacho de puntas rizadas, un tanto circense, y la pajarita que se puso para esa foto que lo ha sobrevivido– se negaba a aceptar su vocación de artista. Miquel Miró nunca apoyó a su hijo: le había costado demasiado esfuerzo dejar atrás el pueblo, conquistar la ciudad, convertir aquellos años de aprendiz en Reus en un establecimiento propio de orfebrería y relojería en el corazón artesanal de Barcelona, para que su hijo, nacido ya en la metrópolis, le retara en la siempre retadora adolescencia con una vocación que implicaba la noche y el exceso, en detrimento del día, la seguridad, el orden, un oficio como dios manda, porque a los catorce le dijo a su padre que él quería estudiar en la Llotja ni más ni menos que Bellas Artes.

El niño Joan había ido a un colegio de la calle Regomir, cercano del pasaje del Crédito donde nació, donde vivía su familia, donde trabajaba con tesón su padre. Los veranos los alternaba entre la casa de los abuelos paternos en Tarragona y la de la abuela materna en Mallorca. Pero a partir de los catorce no sólo se dividieron sus años, sino también sus días: entre las clases diurnas en la Escuela de Comercio y las nocturnas en las lecciones de dibujo en la Llotja, impartidas por Josep Pascó, que le enseñó el gusto por la composición; y por Modest Urgell, quien se convirtió en un segundo padre, alguien que sí entendía el maremoto negro e irreversible que es toda vocación auténtica. Se conservan dibujos datados en 1907 que dejan clara la influencia del maestro, traducción a realidad material de la admiración inmaterial.

Pero cumple diecisiete. Acaba sus estudios de comercio. Entra como empleado en el despacho de la droguería Dalmau i Oliveras. Su vida se rompe. En vez de rellenar los libros contables, garabatea, esboza. Son gestos de resistencia mínima ante un ambiente laboral de menosprecio constante hacia los trabajadores. Sólo el contagio de unas fiebres tifoideas, martilleado por una crisis nerviosa, romperá esa vida pessoana. Llega a Montroig para convalecer. El campo que su padre había conseguido desterrar de la vida de la familia irrumpe con el ímpetu de un virus informático en el disco duro del futuro planificado.

Allí todo comienza a desconfigurarse, a resetearse, a explotar.

Al año siguiente, desde Palma de Mallorca, envía una carta a sus padres: «Me he dedicado al comercio, sin tener ninguna vocación por él, solo dejándome guiar por ustedes, que no conocen bien a fondo mis verdaderas aspiraciones y yo, por otra parte, sin haber consultado antes mi corazón, y no escuchando la voz de mi conciencia de que llamaba por la pintura para la cual he nacido. Renuncio, pues, a mi vida actual para dedicarme a la pintura».

Puedo imaginar a Miquel Miró atusándose el mostacho recién recortado, mientras lee la misiva en voz alta, su esposa zozobra por el llanto, a su lado, desconsolada, rota, secretamente feliz.

Sant Antoni

PARAL·LEL

PARLAMENT

Poble-sec

PASSEIG DE L'EXPOSICIÓ

NOU DE LA RAMBLA

Montjuïc

1. Julià   3. Pere Calders
2. Martras   4. Serrahima

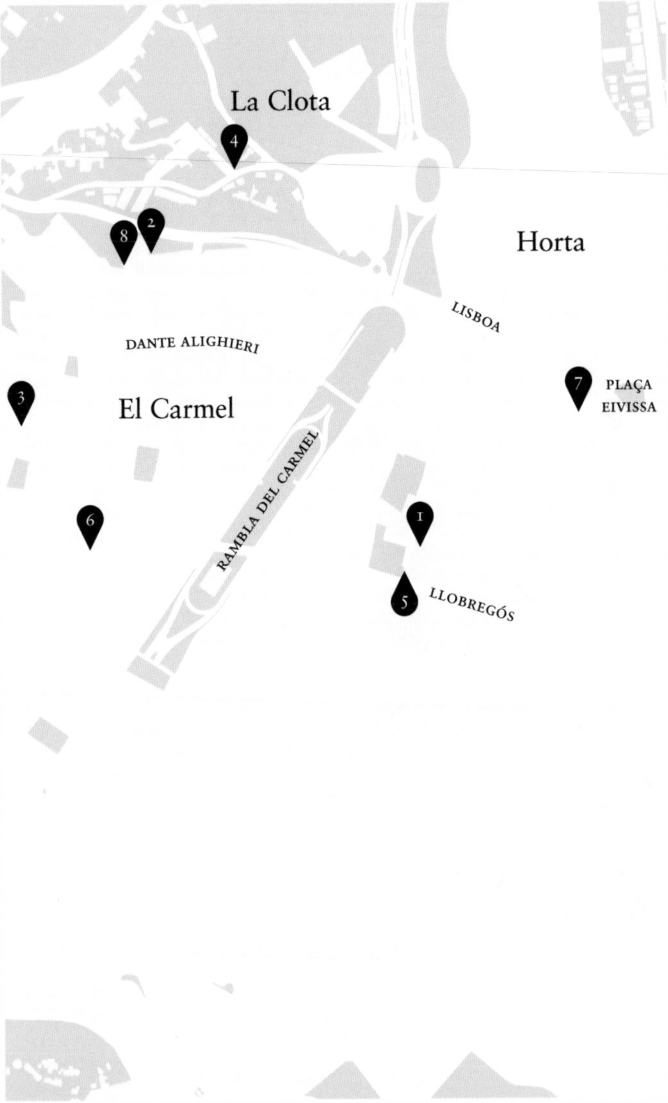

La Clota
Horta
LISBOA
DANTE ALIGHIERI
El Carmel
PLAÇA EIVISSA
RAMBLA DEL CARMEL
LLOBREGÓS
1
2
3
4
5
6
7
8

1. Aiguafreda
2. Andalet
3. Calafell
4. Feliu
5. Granollers
6. Lugo
7. Vila i Rossell
8. Xinxó

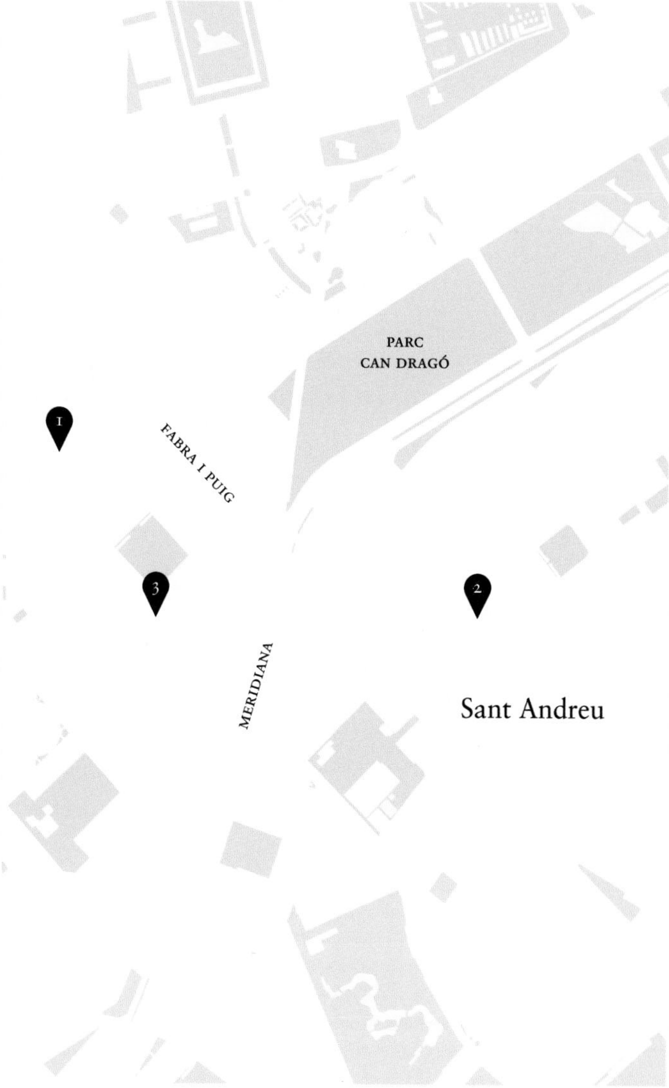

PARC
CAN DRAGÓ

FABRA I PUIG

MERIDIANA

Sant Andreu

1. Arquitecte Millàs
2. Irlanda
3. Santa Eulàlia

PLAÇA
CATALUNYA

PORTAL DE L'ÀNGEL

Raval

RAMBLA DEL RAVAL

RAMBLA

Gòtic

FERRAN

PLAÇA
REIAL

PASSEIG COLOM

PLAÇA
DRASSANES

1. Bacardí
2. Banca
3. Bernardí Martorell
4. Crèdit
5. Dormitori de Sant Francesc

6. Madoz
7. Patriarca
8. Pau
9. Rellotge

Pasaje Camí Antic de València.

Pasaje Granollers.

Pasaje Feliu.

Pasaje Robacols.

Pasaje Napoleó.

Pasaje Bernardí Martorell.

Pasaje del Rellotge.

Pasaje Mallofré.

Pasaje Bacardí.

Pasaje Pere Calders.

Pasaje de la Pau.

Pasaje del Crèdit.

76

«La calle Blomet es un lugar, es un momento, decisivo para mí. Allí descubrí todo lo que soy, todo lo que llegaría a ser. Robert Desnos todavía no había hecho célebre el Bal Nègre. La calle Blomet pertenecía al pueblo menudo de París. En el número 45, después de pasar un pasillo y la garita de la portera, se llegaba a un patio donde se alzaban una lila y algunos estudios modestos. El de Masson y el mío eran contiguos», leemos en la entrevista que Miró le concedió a Jacques Dupin en 1977: «Masson trabajaba febrilmente. Escuchando música, o en la algarabía de las conversaciones. Yo únicamente podía trabajar solo y en silencio, con una disciplina ascética. Masson jugaba a las cartas, al ajedrez. Yo no jugaba a nada».

77

Años después, cuando Francesc Galí le haya enseñado a dibujar tocando los objetos con los ojos cerrados, lo haya educado musical y poéticamente, lo haya llevado a caminar por los pueblos cercanos; cuando ya haya finalizado el servicio militar; cuando haya frecuentado el Cercle Artístic de Sant Lluc del pasaje del Patriarca, con Gaudí como compañero de dibujo, y haya alquilado un estudio en la calle Sant Pere Més Baix; cuando haya protagonizado su primera exposición individual en las Galeries Dalmau (que Josep Pla describió como una «especie de jaula con unos cristales en la techumbre» al fondo de un corredor), entonces Joan Miró se dedicará durante ocho horas al día a pintar «La Masia», en Montroig y en Barcelona, su primer gran cuadro, un lienzo que parece un alegato en contra de la vida urbana.

Estamos en 1921 y, como lo sigue pintando en su estudio de la calle Blomet de París, sin el paisaje al alcance de la mano, sale a pasear al Bois de Boulogne para recolectar las ramitas y las hojas que ocupan el primer plano del cuadro, porque en el arte casi toda la verdad es necesariamente impostura. Cuando termine la tela, conseguirá que Rosenberg, que comercia con obra de Picasso, le busque un comprador. Pero no hay manera de venderla y le propone seriamente que la divida en ocho fragmentos, que la convierta en ocho cuadros, porque los pisos en París son pequeños, porque siempre hay que empequeñecer la ambición exagerada. Miró le quita el cuadro de las manos. Sigue buscando. Entra en los ambientes de la bohemia norteamericana en París. Y su nuevo representante, Jacques Viot, le vende por cinco mil francos «La Masia» a Ernest Hemingway.

«Si has pintado *La Masia* o has escrito el *Ulises* y después continúas trabajando duramente», escribió más tarde el autor de *París era una fiesta*: «no necesitas para nada a una Alice B. Toklas». El mismo escritor que fue amigo íntimo de Adrianne Monier y Sylvia Beach, almas vivas y libreras de aquel pasaje con nombre de calle, la rue de l'Odéon, murió de un disparo en Idaho poseyendo aquel cuadro que le enamoró cuando era joven y parisino.

Miquel Miró sí falleció cristianamente –como suele decirse– en Montroig el 9 de julio de 1926. Su hijo regresó de París y pasó los meses siguientes haciéndole compañía a su madre y pintando. Durante ese mismo verano se producen las primeras ventas al galerista René Gaffé. Dos años más tarde, su cuarta exposición individual en París, en la galería Georges Bernheim, muestra 41 obras y las vende todas. En 1929 se casó con Pilar Juncosa en Palma de Mallorca. Su padre no pudo ver, por tanto, con sus minuciosos ojos de orfebre, que la renuncia radical había merecido todas y cada una de las penas.

Convertido ya en un pintor importante, tras participar en los manifiestos y escándalos surrealistas y haber expuesto en España, Francia y los Estados Unidos, cuando llega enero de 1932 Joan Miró decide instalarse de nuevo en casa de sus padres, en el número 4 del pasaje del Crédito, en cuyo último piso tiene su propio apartamento y estudio. Aquí diseña el telón y el vestuario de *Juego de niños*, una producción de los Ballets Rusos de Montecarlo, por encargo del coreógrafo Léonide Massine; pero pasa los meses de marzo y abril en esa ciudad para acabar el proyecto y supervisar la instalación y las funciones. La obra se representará el año siguiente en el Liceo: podemos imaginar a Miró, huérfano, bajito y sólido como un soldado de plomo, caminando desde su casa por la calle Ferran en dirección a las Ramblas, con su esposa del brazo.

En las cartas siempre se refiere a Barcelona como «Ciutat» y a su estudio del pasaje del Crédito como «el Passatge». Cuando en 1936 estalla la guerra civil lo abandona y se instala en París. Aunque viaja por todo el mundo, de Londres a Tokio, al compás de las inauguraciones de exposiciones individuales o colectivas, se encuentra en la capital francesa cuando el 26 de enero de 1939 las tropas nacionales ocupan Barcelona. Durante algunos meses Francia parecerá un lugar seguro, pero en septiembre estallará la Segunda Guerra Mundial y a finales de junio del año siguiente se producirán bombardeos en Normandía y Joan Miró descartará el exilio en Inglaterra o en los Estados Unidos o en América Latina y decidirá, en cambio, refugiarse con su familia en Palma de Mallorca.

Es extraño. El ejemplo perfecto de arte degenerado, el artista que había participado en el Pabellón de la República Española de la Exposición Universal de París, el escritor en catalán, el catalán que se jacta de ser solamente catalán, vive desde el primer momento en la España de Francisco Franco Bahamonde, Caudillo de España, secreto guionista de *Raza*, por la gracia de Dios. No sólo eso, sino que reproduce la triangulación vital de la infancia: Mallorca, Montroig, Barcelona. Aquí alquila un apartamento en la calle Folgarolas número 9, pero mantiene el estudio del pasaje, las raíces, el recuerdo del padre.

Breton escribió en *Constelaciones de Joan Miró* que, en el contexto del verano de 1940, cuando la condición del arte en Europa llegó a niveles de una extrema precariedad, que el pintor creara esa serie poco después del desembarco aliado significó «el primer mensaje de orden artístico que llegaba de Europa a América desde el principio de la guerra». Lo hizo en el sur de Francia, de camino hacia España. Poco después comenzó a trabajar en otra serie –titulada *Barcelona*– en que las estrellas se convierten en monstruos, caprichos de las guerras. No hay espacios urbanos en esas litografías, sino gente que llora y grita, gente que flota y se retuerce, grandes cabezas exageradas con ojeras negras que derraman negritud.

Se conserva una fotografía de Joaquim Gomis de 1944 que muestra la biblioteca de Miró en su casa del pasaje del Crédito. El *Ulises* en versión de Valéry Larbaud, Ramon Llull, Freud, la poesía surrealista. Hasta mil quinientos volúmenes, muchos de ellos dedicados por sus autores. Otra imagen muestra el interior del taller: las paredes son blancas y sobre la cabeza del pintor pende un foco moderno; ni rastro de artesonado, de retórica, de piso burgués.

Lo cierto es que en los años 40 cuidó de su madre enferma y sufrió el aislamiento de algunos de sus contactos internacionales, que no podían entender que renunciara al exilio. Seguramente porque eso es Joan Miró: un hombre moderno que consiguió ser profundamente libre para poder decidir dónde quería vivir, y ese lugar no era otro que el que hubieran elegido sus tradicionales padres. Y porque en esos momentos era también un hombre terriblemente asustado, por la guerra, por la posibilidad del desarraigo, que piensa en su madre anciana. En una entrevista de 1978 en *El País Semanal* confesó: «Yo volví a España en 1940 y me encontré sin nada. Vivía, ésta es la verdad, de la generosidad de mi madre, en el más estricto anonimato y con el miedo a cuestas de que todo iba a derrumbarse».

78

«En 1939 empezó una nueva etapa en mi obra que tuvo sus fuentes en la música y en la naturaleza. Fue por la época en que estalló la Guerra Mundial. Sentí un profundo deseo de escapar. Me encerré adrede dentro de mí mismo», leemos en una entrevista de James Johnson Sweeney publicada en *Partisan Review*: «Hoy en día raramente comienzo una imagen a partir de una alucinación como hacía en los años veinte o, después, a partir de *collages*. Lo que hoy es más interesante para mí es el material con el que estoy trabajando. Me proporciona el impacto que me sugiere la forma, precisamente como las fracturas en una pared le sugerían formas a Leonardo».

79

En la carta que en 1939 le dirige a Josep Lluís y Moncha Sert se despide de ellos con esta frase: «No os escribo en catalán para facilitar el trabajo a la censura».

En las misivas de los años siguientes Miró habla del racionamiento, de los tres meses de 1942 durante los cuales no ha habido pan en Montroig, de la tarjeta de tabaco que le regala a Joan Prats para que se haga cargo él de su ración, pues en el pueblo tendría que hacer para ello larguísimas y enojosas gestiones. Pero también habla de que están haciendo obras en la casa del pasaje, para el gran taller del tercer piso; al tiempo que se construye su estudio en Mallorca. La mayoría de las cartas las escribe en catalán, en la época en que está colaborando en la revista clandestina *Poesia*, que dirige Josep Palau i Fabre. En muchas de ellas menciona cenas en casa con Joan Brossa o J. V. Foix.

En España seguía el programa diario que años antes él mismo se había impuesto: se levantaba a las seis de la mañana, se bebía un café acompañado de un poco de pan, trabajaba hasta las doce, momento de realizar un poco de ejercicio físico –correr, boxear– antes de un almuerzo frugal, el segundo café del día, tres cigarrillos exactos, una siesta de cinco minutos, paseo o charla hasta las dos, y desde entonces hasta las ocho pintura y más pintura, después cena, música clásica o lectura de poesía, Rimbaud, Jarry, Blake, los místicos.

Una disciplina con mucho sentido común y poca *rauxa*. Toda la luz y la diversión y la fantasía de sus cuadros podían convivir con una vida gris, monótona, como el franquismo circundante.

Poco antes de morir, Miró le dedicó a Modest Urgell, su primer maestro, unos dibujos hechos con bolígrafo azul que muestran unas líneas horizontales, gruesas como ríos pintados por un niño, con estrellas, soles, letras. Se titulan «Paisaje. Homenaje a Modest Urgell». El horizonte los unía: el de Miró era el mismo que encontramos en tantos lienzos de Urgell. Pero él lo había desnudado de todo ornamento: había alcanzado lo esencial gracias al camino que comenzó a principios del siglo XX, cuando desde el pasaje del Crédito caminaba al atardecer hasta la Llotja y se sentaba frente al caballete y aprendía a dibujar.

Desde un pasaje es imposible ver el horizonte.

80

«De nada sirvió el *grito* de la sirena a las tres de la madrugada. Según un comunicado de la propia tienda, la peletería Eden Lun, ubicada en pleno Eixample, sufrió la madrugada del pasado jueves un robo valorado en más de un millón de euros», leemos en *La Vanguardia* del 21 de octubre de 2006: «Los ladrones forzaron, siempre según este comunicado, la entrada del local y sin inmutarse por el ruido del sistema de emergencia, desvalijaron el establecimiento situado en el pasaje de los Campos Elíseos, justo detrás del Hotel Majestic, en lo que parece un golpe preparado y ejecutado por una banda profesional. En el comunicado se indica que la policía llegó al lugar 15 minutos después del aviso de robo. Los agentes se encontraron con la puerta abierta y la tienda vacía. Cada prenda era de alta costura, con más de 200 horas de trabajo sobre pieles de visón, chinchillas, cibelinas y *breitschwanz*».

81

Uno de los primeros jardines populares modernos de Barcelona –si es que consideramos también con ese nombre todo lo que durante siglos estuvo más allá de sus fronteras– fue la Fuente de Jesús, donde con el tiempo y por su sombra y frescura surgió un pequeño núcleo, aledaño al pueblo de Gracia, que a principios del siglo XIX contaba con un merendero en verano, bocadillos, dulces, refrescos y chocolate. Se hizo tan popular la peregrinación en domingo que cuando en 1820 se abrió el Paseo de Gracia, la calle no hizo más que proseguir con la tradición que ya estaba perpetuando la gente. Ahora el cadáver ya descompuesto de la Font de Jesús descansa en paz bajo la calle Aragón.

Para abastecer el nuevo paseo, que hasta el derribo de las murallas era eso, un paseo, un jardín alargado, como lo fue a principios del siglo el de la Explanada y el Jardín del General, antes de que el Plan Cerdà y la Ciutadella acabaran con ellos, había un vivero de árboles en la esquina con la actual Gran Vía, con una fuente natural de agua, que atrajo también a la población, ávida de recreo, y provocó la aparición de quioscos de limonada y helado. Sobre el Criadero Municipal, pues ése era su nombre, nació en 1863 con gran ambición el Prado Catalán, con tres teatros, restaurantes, heladerías y cafés, que sobrevivió poco más de dos décadas, antes de sucumbir ante la insaciable voracidad de la especulación barcelonesa.

Durante algunas décadas, en fin, el Paseo de Gracia tuvo a lado y lado, en lugar de manzanas de suntuosos edificios modernistas, fuentes y jardines y viveros y teatros. Subiendo desde Portal del Ángel, a la izquierda veías el Teatro Zarzuela, el Teatro Tívoli, los Jardines del Tívoli y de la Ninfa; y a la derecha te encontrabas primero con el Criadero Municipal o el Jardín de las Delicias; después, con la Fuente de Jesús; y finalmente con el gran parque, botánico y de atracciones, de la segunda mitad del siglo XIX: los Campos Elíseos. De todo lo que hubo allí, de sus árboles y setos, de sus fuentes y casetas de tiro, de sus enamorados y sus ladronzuelos, de sus espacios para la música y el baile, de sus sombras y sus charcos, de sus levitas y sus vestidos con volantes, de sus negocios frustrados y sus paseos dominicales, de sus rosales y sus surtidores de fantasía sólo quedan algunos dibujos y algunos nombres: Teatre Tívoli, pasaje Dels Camps Elisis.

El pasaje de los Campos Elíseos es el único vestigio, sino el eco de un eco del gran parque del Eixample, antes de que el Eixample devorara sus parques como Saturno hizo con sus hijos. Proyectado por Josep Oriol Mestres, entre 1852 y 1881 en unas ocho manzanas, entre las actuales Paseo de Gracia, Aragón, Rosellón y Roger de Llúria, contó con unas instalaciones y una oferta de ensueño, dignas del copiado París. A los teatros y las salas de baile y los restaurantes y cafés se les añadió una fonda para turistas, una ganadería para alimentar las corridas de toros, glorietas y estanques, espectáculos con caballos y con gimnastas y con payasos y con acróbatas en la plaza central. Camino por el pasaje mientras miro en el móvil grabados y fotografías que muestran a parejas aparatosamente engalanadas, él con sombrero de copa, ella con sombrero de ala ancha, que reman en el gran estanque; o una montaña rusa mastodóntica, de madera, la primera que se instaló en la ciudad; o los faroles que iluminan el baile nocturno; y los árboles, cuántos árboles, al amanecer, entre los restos del baile de la noche anterior, aquello debía de ser un concierto de pájaros.

Entro en el número 8, en la capilla del Santo Sacramento, en uno de cuyos oratorios se reproduce la cueva de Lourdes. Simulacro de un oasis en las últimas radiaciones de otro oasis. Simulacro del eco del recuerdo de un milagro. Por un momento creo que siento algo: un temblor, un recuerdo ajeno, la antigua vegetación, el tacto de la brisa de un baile de verano, aquella fe, tal vez. Pero no, ha sido el metro, que ha pasado, subcutáneo.

82

«Central Park no es sólo la principal instalación recreativa de Manhattan, sino también el testimonio de su progreso», leemos en *Delirio de Nueva York* de Rem Koolhaas: «Una conservación taxidérmica de la naturaleza que exhibe para siempre el drama de cómo la cultura la deja atrás».

83

El escritor y profesor W. G. Sebald les explicaba a sus alumnos que narrar el tiempo presente invita a la comedia; y en tiempo pasado, a la melancolía. Yo escribo en presente sobre el pasado de las ciudades y es difícil no caer en la nostalgia. Podríamos llamarla *la hipoteca Baudelaire*. Hace un siglo y medio que los cronistas urbanos la llevamos pagando en inagotables plazos.

Desde su poema «El cisne», en el contexto del París de *Las flores del mal*, una ciudad cuyo presente es una plaga de mendigos, prostitutas, niebla, ratas y desolación, la literatura urbana siempre se ha lamentado por lo que ya no existe. Un lamento absoluto y a menudo acrítico, que no tiene nunca en cuenta que lo que se ha perdido es en realidad casi siempre un patrimonio relativo, un patrimonio cuestionable que se corresponde con aquello que ha vivido y sentido cada autor cuando era joven. Baudelaire recuerda en ese poema una casa de fieras pretérita y, cerca de ella, un cisne bañado en polvo que, estirando el cuello hacia lo alto, huérfano del lago donde algún día vivió, parece reclamarle al cielo toda aquella agua que ya no le pertenece.

Como la de Sherlock Holmes, la del poeta francés es una mirada detectivesca, porque el flâneur prefigura al detective, mira la metrópolis para detectar en ella ausencias, misterios. Busca en la superficie de la ciudad lo que ha sido asesinado o está a punto de serlo. Pero al contrario del detective, que busca el bien común, el interés general, el poeta flâneur es egoísta, melancólico, autobiográfico: sólo le importa constatar la erosión de la ciudad que un día creyó poseer y que ya no existe.

«Baudelaire nos habla así del hombre que se sumerge en una multitud como en una reserva de energía eléctrica», leemos en *Das Passagen-Werk*: «Angustia, repulsión y horror despertó la multitud de la gran ciudad en los primeros que la miraron a los ojos». A simple vista, medio siglo más tarde, la mirada de Benjamin puede parecer la de un arqueólogo o la de un forense: la ciudad como sucesión de estratos, como museo o yacimiento, como cadáver que debe ser diseccionado, drenado, analizado microscópicamente, para que se convierta en el mapa que nos lleve a la guarida de quien la ha asesinado. Pero no es así. Su mirada no hace énfasis en la muerte, sino en la vida: «El *páthos* de este trabajo: no hay épocas de decadencia», prosigue: «De ahí que toda ciudad (por encima de fronteras) sea para mí bella, y también que todo discurso acerca del mayor o menor valor de los lenguajes me resulte inaceptable». Para ello dice el filósofo que su método será el montaje literario, que él se borrará, que dejará que un coro hable por él.

Un coro de voces muertas: cada una conoció y amó y perdió o ganó una ciudad distinta.

Un coro de pasajes: una galaxia sinfónica.

Benjamin liquida para siempre la hipoteca Baudelaire a principios del siglo XX, pero son tantos quienes se empeñan en ignorar esa liquidación luminosa y en seguir llorando lo que sólo ellos perdieron: demasiados.

«Quien sigue huellas», dice en otro pasaje de su *Proyecto de los Pasajes*, «no sólo tiene que observar, sino ante todo tiene que haber observado». Por eso Douglass fue capaz de ver, tras haber observado detenidamente la superficie de Marte, la galaxia que oculta en su interior todos y cada uno de los árboles. Dendrocronólogo urbano, los pasajes son las muestras que extraigo con mis brocas anulares, mis testigos de todas las Barcelonas posibles, fragmentos vivos de una ciudad muy viva, regada desde siempre por savia y sangre y ríos subterráneos, puro futuro de huellas futuras.

Toma conciencia de que todos perdemos ciudades. Deja entrar a la comedia en los terrenos pantanosos de la melancolía. Es difícil reírse de la destrucción de una gran propiedad colectiva; y sin embargo algunas destrucciones deben celebrarse. Y las construcciones que las relevan. Que algún día también desaparecerán. A causa de nuevas suplantaciones. La ciudad es una rueda oruga y una rueda de la fortuna. Por suerte, esta ciudad no es la mía. O no del todo. Yo no me crié aquí. En el 95 % de estas calles, de estos pasajes, no había estado hasta el momento en que decidí escribir este libro. Constituye una gran ventaja, esa distancia. Evita que me ponga pesado. Me aleja de Baudelaire y su insoportable hipoteca; me acerca a Benjamin, extranjero en París, pasajero de paso, pero sin su soledad, sin su tristeza, sin su condición judía, sin la amenaza del nazismo, sin su suicidio. Por suerte.

84

«Las ciudades sólo lo fueron de verdad cuando tenían murallas, y establecían un lugar cerrado, excluyente. Desde que perdieron sus murallas, las ciudades pasaron a ser campo», leemos en *La Historia* de Martín Caparrós: «Antes eran un corte en el espacio; ahora son una continuidad –porque ocuparon todo el espacio: el corte es lo que no es ciudad. Las ciudades son ahora dueñas del espacio, y lo que no es ciudad es sólo paisaje».

85

Alemanas, orientales o americanas; ambarinas, rojizas o casi negras; huevos, ninfas o adultas; casi ciegas, fotofóbicas y por tanto nocturnas; de largas antenas, alas membranosas y patas corredoras, esas cucarachas tan familiares para los barceloneses son insectos rastreadores profundamente urbanos. Se han adaptado como ningún otro animal a todos los espacios de la ciudad: las casas, los negocios, las calles o las cloacas donde encuentran la escasa agua que les pide el cuerpo, migajas, azúcar, cuero o pegamento para su apetito omnívoro, refugio en las grietas de la realidad: todo lo que precisan para sobrevivir.

Y son supervivientes natas. Como sus tráqueas están en el tronco, pueden vivir varios días sin cabeza. Convivieron con los dinosaurios de un modo parecido a como lo hacen con nosotros: alimentándose de su mierda. En comparación con ellas, las ratas de alcantarilla, que llegaron a Europa desde China durante la Edad Media, constituyen una plaga joven, menor, muchísimo menos invasiva. Junto con los ácaros del polvo, los mosquitos tigre, los insectos de la semilla de plátano, los picudos rojos que destruyen desde dentro las palmeras, las cien mil palomas o las seis mil cotorras argentinas, las cucarachas y las ratas son plagas estables de Barcelona, su población animal indeseable, el lado oscuro y marginal que se contrapone a las cuatrocientas mil mascotas de sus ciudadanos, sobre todo gatos y perros, pero también pájaros enjaulados, peces en acuarios, pequeños roedores en ruedas circenses que nunca cesan de rodar, reptiles en terrarios, bichos queridos, seres deseados que son la luz, el texto principal; bajo él, las plagas, esa corriente continua que se desliza negrísima como notas a pie de página, como reverso que completa y da sentido, oscuridad.

86

«Turín es una ciudad que invita al rigor, a la linealidad, al estilo», leemos en «El escritor y la ciudad» de Italo Calvino: «Invita a la lógica y, a través de la lógica, abre la vía a la locura».

87

Fue en los siglos XVIII y XIX, porque las ciudades comenzaron a perder sus centros, porque las murallas empezaron a ser derribadas y el humo lo invadió todo, cuando las librerías y las bibliotecas pasaron a ocupar un nuevo lugar sagrado. Un lugar que estaba siendo abandonado por las iglesias. Porque la basílica representa el mundo, incluso el Más Allá, tal vez la Ciudad de Dios, pero ya no la ciudad nuestra de todos los días. La topografía de la librería y de la biblioteca, en cambio, es eminentemente urbana. Aunque el planeta Tierra se condense en ellas, son calles sus pasillos, son plazas o ágoras sus cafeterías o sus zonas de lectura o sus mostradores, ese símbolo tanto de la conversación como de la transacción de capital, otro tipo de intercambio. En la metrópolis policéntrica y contaminada e inabarcable el ciudadano ya no podía orientarse, alelado por el laberinto en expansión, pero en cambio podía hacerlo en la biblioteca o la librería, una ciudad en miniatura. Una librería o biblioteca que seguía manteniendo su *cardo* y su *decumanus*, su horizonte estable, su cartografía predecible, sus fronteras bien delimitadas (aunque éstas fueran ahora escaparates: claraboyas, pasaluz). Su necesario ombligo.

En algunas ciudades modernas que conservan su antiguo trazado, la continuidad entre la topografía fundacional y el archivo libresco puede observarse tanto en la presencia de universidades, museos, bibliotecas y librerías en el centro histórico como en la propia toponimia. En Nápoles, por ejemplo, el *decumanus* inferior se corresponde con la Via San Biagio dei Librai (la calle, por cierto, donde nació Giambattista Vico). Alrededor de la intersección entre el *decumanus* principal, la Via dei Tribunali, y el *cardo*, la Via Duomo, no sólo encontramos instituciones oficiales del saber, sino también algunas de las librerías todavía más emblemáticas de la ciudad, como la Dante & Descartes o la Colonnese.

Y la prolongación de la Via dei Tribunali, una vez se atraviesa Port Alba, ha sido tradicionalmente la calle de las librerías napolitanas, siempre tan unidas a los distritos universitarios. Se me ocurren pocas plasmaciones urbanísticas tan elocuentes de la idea de cordón umbilical: el antiguo *decumanus* se prolonga a través de una de las puertas de la muralla y une, a través de un pasaje flanqueado por decenas de librerías, la vieja ciudad con la nueva.

En la Barcelona medieval, el *cardo* pasó a llamarse Llibreteria. Es el paisaje del *Quijote*. La ciudad de las imprentas, un eje irregular y culto que comenzaba en la Boquería, proseguía por el carrer del Call (la genética hebrea, la cultura del libro), atravesaba la plaza de la Constitución (hoy Sant Jaume), tenía su corazón en la calle Llibreteria y terminaba en las calles Tapineria, Argenteria, Dagueria, Ciutat y Basea. Pese al entusiasmo del caballero andante, en el siglo XVI en Venecia había 150 talleres tipográficos, y en toda la península ibérica, 30. El principal librero y editor barcelonés del Renacimiento fue Joan Guardiola, cuyo local se encontraba precisamente en la calle Llibreteria. En el siglo XVIII estaba en la misma calle la imprenta de los editores del *Diario de Barcelona*, la casa Brusi, competencia directa del Baró de Maldà. Se vendían entonces también en ella y sus inmediaciones faroles de papel: tenían que ser blancos, estaban prohibidos los de colores, para que no sirvieran como contraseña para el crimen, la política o las malas costumbres.

En las librerías se comerciaba, de hecho, con todo tipo de objetos de papel, como abanicos o patrones de sastre o farolillos para los bailes populares. La industria gráfica iba mucho más allá del libro. A mediados del XIX la librería de Jaume Subirana Canut estaba en la plaza Sant Jaume, y pronto en la calle Portaferrissa. Y La Hormiga de Oro se abre en 1885 en la calle Ciutat, poco antes de que en la rambla de Santa Mónica se inaugure la imprenta y la editorial donde trabajaría Sebastià Carner, padre del poeta Josep Carner.

La manufactura de volúmenes sobrevivió hasta mediados del siglo XIX, cuando los talleres familiares (los Brusi, los Pife-

rrer, los Estivill, los Garriga, los Aguasvivas) fueron incorporando las innovaciones técnicas: la xilografía, la litografía, la
fosa de tipos. 1850 también es una fecha simbólica en otro
proceso de cambio: la mudanza de las librerías al señorial
carrer Ample, más cerca de las Ramblas como nuevo eje comercial y prestigioso de la metrópolis. Así, los libros comenzarán a comprarse en Escudellers, Ample, Carme, Unió y
Nou de la Rambla, porque las imprentas se habrán mudado
al Raval y a otros rincones de Barcelona, como el pasaje de
l'Hort dels Velluters, donde estaba la imprenta y litografía
de Joan Jutglar. El desplazamiento hacia el Raval duró aproximadamente medio siglo. A finales del xix, el centro de Barcelona ya no está en la parte baja de la Rambla, sino en plaza
Cataluña y el Paseo de Gracia, de modo que la industria gráfica se traslada a la villa de Gracia. Con los impresores lo hacen los fotógrafos, que también tenían su propia zona gremial
en los alrededores de la plaza Real y de la rambla de Santa
Mónica, presidida por los Napoleon.

Durante todo el siglo xx las librerías más importantes
estarán en los alrededores de ese centro moderno; pero en el
siglo xxi la subida del precio del suelo y de los alquileres,
por la irrupción de las grandes franquicias internacionales,
comenzará a expulsar a las librerías de las cercanías de la
plaza Catalunya. En estos momentos muchas de las más emblemáticas están en los barrios, cerca de las bibliotecas municipales, porque durante las últimas décadas la ciudad ha
consolidado una densa red policéntrica de cuarenta bibliotecas públicas. Es importante que el ciudadano, aunque no lo
sepa, tenga a mano un depósito de sentido.

88

«El señor Xavi de Cor Eixample agradece la mejora que se
ha producido en el estado de la limpieza del pasaje Tasso,
pero lamenta que ahora sea un punto de encuentro los sába-
dos de 6 a 8 por parte de cabezas rapadas, que cada vez son

más», leemos en el *Acta del Consell del Barri de la Dreta de l'Eixample* del día 2 de febrero de 2011: «Ensucian y destrozan el mobiliario y persiguen a los jóvenes del barrio, hacen pintadas nazis».

89

Al ver el número 10 del pasaje Tasso, al ver ese palacete modernista literalmente engullido por edificios de construcción posterior, imaginé que en él había una historia. Y, en efecto, la había, porque las historias están en todas partes, porque vivimos rodeados, acosados, superados, agobiados, asfixiados por tanta historia, por tantas historias, cuya saturación, su exceso ingobernable, las vuelve invisibles ante nuestros ojos.

El 10 de diciembre de 1932 el Colegio Cottolengo del Padre Alegre abrió sus puertas, en ese local, a un centenar de niños pobres, dos años después de que falleciera su fundador. *La Vanguardia* del 29 de marzo de 1935 informa de que aquel fin de semana se llevarían a cabo en la escuela ejercicios espirituales para señoritas, por la mañana en castellano y por la tarde en catalán. En el mismo diario, dos décadas más tarde, el 8 de agosto de 1957, se lee que la institución educativa y religiosa fue apoyada «por el santo obispo doctor don Manuel Irurita y Almandoz, martirizado por la horda en 1936» y fue posteriormente «arrasada por la revolución». El colegio sobrevivió en el pasaje una década casi exacta: hasta el 3 de octubre de 1942. Ahora el Cottolengo del Padre Alegre, Casa de la Divina Providencia, domina desde las alturas las vistas del Parc Güell, en lo alto del carrer de Molist, precisamente: en el pasaje de la Sagrada Familia. Llegué hasta allí, cuando exploré los caminos de La Salud, a través de otro pasaje, extremadamente pintoresco, una pasarela que discurre entre árboles, flores y un muro con grafiti, la calle de Santa Elionor. Y en la pared del edificio religioso me encontré este mensaje: «Buscad el Reino de Dios y su Justicia y todas las demás cosas se os darán por añadidura».

Pero, pese a las apariencias, la historia no estaba en esos metros cuadrados entre el Paseo San Juan y la calle Roger de Flor, ni en el pasaje de las alturas, sino en el nombre, o mejor dicho, el apellido. Porque el pasaje Tasso no se refiere al poeta italiano Torcuato Tasso, sino al tipógrafo, editor, impresor y librero Lluís Tasso i Goñalons, propietario de los terrenos en que se abrió ese pasaje y cuyo destino barcelonés, de hecho, estuvo también siempre ligado a los pasajes (en esta ocasión, lo prometo, no exagero).

Nacido en Mahón, su primer trabajo fue a los catorce años como aprendiz en una imprenta de la ciudad menorquina; empezó a estudiar medicina, pero su vocación tenía que ver con la tinta y no con la sangre. Llegó a Barcelona en 1837, con dieciocho años y por tanto menor de edad, y enseguida consiguió un puesto de cajista o tipógrafo, que le permitió ahorrar mientras se carteaba con su novia Maria Antònia, hija de su antiguo patrón, con quien se casaría en la isla en 1840 y a quien al año siguiente se traería consigo a la Ciudad Condal. Cuando unos cinco años más tarde, probablemente tras recibir en herencia las cuatro prensas manuales de su suegro, Tasso abre su propio taller, nace una de las dinastías culturales más importantes de la historia de esta ciudad, tres generaciones consagradas a la difusión de la ilustración y la letra.

Tras un breve período en la calle Manresa, el local de Tasso estuvo en otra calle que dejó de existir: la Basea. Fue un núcleo de impresores, como cuenta Romà Arranz Herrero en *Megalomania i obsolescència. Temporalitat de l'art a l'època de la seva reproductibilitat tècnica*, pues también alojaba los talleres de Josep Maria Grau y Leopold Domènec. Según parece, Tasso se alió tempranamente con los hermanos Llorens, propietarios de la Librería Española de la calle Ample 26 y de su otra sede madrileña, y con los dueños de otras librerías tanto catalanas como de la capital: la Librería Histórica, La Publicidad, la Cuesta. No podemos saber si esa expansión se debió a una misión cultural o a un afán de medrar; lo más probable es que fuera por ambas razones.

Lo cierto es que los libreros poseían su propio gremio profesional en Barcelona desde 1553, la Cofradía de Sant Jeroni dels Llibreters, que sólo aceptó a los impresores, pese a la insistencia de éstos, ya bien entrado el siglo XVIII. De modo que en la memoria colectiva que un impresor fuera además editor y librero se juzgaba como un progreso en términos de prestigio. Es probable, de hecho, que la Librería Histórica, en el eje mágico de Llibreteria y a partir de 1851 en la actual plaza Sant Jaume, perteneciera a Tasso. En esos momentos ya está publicando obras de historia de Francia de gran tamaño y calidad, porque ha asumido la edición como un imperativo moral: «Engáñense tristemente los que creen que la sociedad española sólo apetece lecturas frívolas y de efímero entretenimiento», escribe nuestro hombre en el prólogo a *Las Glorias Nacionales* de Gerónimo Zurita y Ambrosio Morales, «la nobleza del alma y las pinturas sublimes son saludados con entusiasmo duradero». Por eso difunde «las obras más admirables del ingenio de los hombres» y lo hace «por la cuarta parte de lo que en otras ediciones cuesta la sola encuadernación».

Desconocemos el grado de sinceridad de esa campaña cultural, pero sí sabemos que impulsó el ascenso social de Lluís Tasso, pues en la década de los 50 ingresa en la alta sociedad barcelonesa, gracias a que sus ganancias no han dejado de crecer. En 1854 traslada la imprenta al Raval e incorpora una máquina de vapor a los procesos de producción. Desde la calle Guardia impulsa dos importantes colecciones en el sello Sociedad Editorial, «La Maravilla» y «El Plus Ultra», que le permiten incursionar en el mercado latinoamericano con atlas, libros de historia y obras de Cervantes, Zorrilla, Dumas o Walter Scott. La sociedad era librera y transnacional, realmente hispanoamericana: estaba formada por la Librería Española, La Librería de Plus Ultra (rambla del Centre, 15), la Librería Relatores de Madrid (regentada por Emili Font), la de Don Antonio de San Martín de la calle Victoria, la Enciclopédica de la calle O'Reylli de La Habana y la Nueva de la calle 25 de Mayo de Montevideo.

Lluís Tasso no sólo publicaba en castellano, también lo hacía en catalán. El Círculo Artístico Industrial se creó en 1855 y en 1858 el cargo de bibliotecario recayó en él –por supuesto– el mismo año en que en el local del número 22 de la calle del Carmen empezaron a impartirse clases de lectura y escritura, carpintería o física general –se había plantado la semilla de la futura Escola Industrial–. Once años más tarde, Tasso, Sert y un centenar de industriales crean el Fomento de la Producción Nacional, una plataforma proteccionista tanto de los intereses internacionales como de los locales. Los negocios van bien, muy bien. La expansión es imparable. Por eso en 1862 la imprenta se traslada a un local de Arco del Teatro con cinco plantas, en el interior de una manzana que reclama la apertura de un pasaje para el tráfico de los caballos, necesarios para el transporte del material gráfico. El pasaje Tasso. Sótano, una enorme planta baja para la pesadísima maquinaria, sobre todo a vapor, y el almacenamiento de papel, y cuatro pisos de 240 metros cuadrados. A la escala –imagino– de su ego y de su ambición.

90

«Ya no necesito los gestos ampulosos, que intentan abarcarlo todo, del héroe del teatro universal», leemos en *Crónicas berlinesas* de Joseph Roth: «Yo soy un paseante».

91

El patriarca murió en 1880, pero la sucesión había comenzado en 1875, con la muerte de Maria Antònia. No obstante, hasta que no desapareció la influencia –supongo que castrante– del padre, el hijo no pudo llevar a cabo sus propios proyectos: a los pocos meses ya estaba en quioscos la revista *LI*. Lluís Tasso, más intelectual que su padre autodidacta, con mayor formación, se reivindica a partir de entonces como editor de revistas ilustradas y será uno de los fundadores del Institut Català de les Arts del Llibre; su hermano Torcuato tiene todavía mayor inclinación hacia la literatura, traduce del francés a Cyrano de Bergerac y a Dostoievski, e incluso publica un par de libros de poemas y reflexiones, además de un folleto descriptivo titulado «Guía del viajero de Barcelona», que edita por supuesto Lluís.

El nuevo dueño no tenía mano izquierda con los trabajadores. Su carácter autoritario condujo enseguida a un conflicto sindical con la Sociedad Tipográfica de Barcelona, de tendencia anarquista, que revolucionó la Barcelona de 1882. Al empresario no se le ocurrió nada mejor que amenazar con el despido a los afiliados a la sociedad. Ante semejante abuso, unos veinticinco trabajadores decidieron renunciar a sus puestos. Tasso contrató a nuevos operarios. Se sucedieron las cartas, las réplicas y las contrarréplicas en los diarios metropolitanos. Tras una asamblea en un teatro con 350 asistentes, el sindicato expulsó a los tipógrafos de Tasso que no habían dejado sus puestos. No en vano el colectivo fue una de las fuerzas motoras de la conciencia obrera en España. El propio Pablo Iglesias era tipógrafo: el anarquismo no existiría sin la circulación impresa, había que nutrir no sólo las conciencias, sino también las bibliotecas populares, los ateneos obreros, las sedes sindicales. Entonces publicaciones gremiales de Madrid, Valencia, Palma de Mallorca y París empezaron a reproducir las listas negras de los esquiroles y a pedir fondos para ayudar a los cuarenta y dos trabajadores desempleados.

Nunca más volvió a haber estabilidad laboral en la imprenta de los Tasso. Tras la muerte de Lluís en 1906, su viuda Elena Matamala delegó en el marido de su hija Magdalena, Alfonso –al parecer facha y fachenda y noctívago y derrochador e incluso putero– la gestión de la empresa familiar, que entró en una lenta decadencia que se perpetuó hasta 1940. La CNT requisó la maquinaria y el local durante la guerra civil, para alimentar la necesidad de propaganda antifascista. Alfonso regresó a la ciudad una vez fue conquistada por los nacionales y, como dice Arranz: «La oportunidad de la venta le permitirá cerrar –con un beneficio de nueve millones de pesetas– el establecimiento casi centenario. Después desaparece sin dejar rastro».

No me extraña que a finales del siglo XIX se instalara en el pasaje un gimnasio, el Gimnasio Higiénico, que con el tiempo crecería en los locales de la imprenta. Se trataba de una academia de esgrima para ambos sexos, que impartía clases de ocho de la mañana a once de la noche, y que se anunciaba así en la prensa: «Con el sistema de enseñanza seguido en este establecimiento se evitan los dolores producidos por los ejercicios gimnásticos. Hay clases especiales para enfermos». Entre otros servicios, con su maestro de armas, proporcionaba la formación básica en florete para acometer un duelo de honor.

Junto al Arc del Teatre todavía sobrevive el pasaje Gutenberg, en homenaje al inventor de la imprenta de tipos móviles, un pasaje que antaño se llamó Tasso, en homenaje a su olvidado heredero barcelonés, quien ahora protagoniza otro pasaje, junto al Paseo San Juan, pese a que allí nunca hubiera talleres de papel, ni imprentas, ni editoriales ni librerías, aunque sí perviven casas que fueron colegios religiosos y escenarios de violencia, casas de aquella época en que la ciudad se ensanchaba empujada por la fuerza de la lucha de clases, una lucha sin cuartel. Del edificio de seis pisos que albergó la imprenta no queda nada. La última vez que pasé había desaparecido también una de las partes del pasaje. La mitad. El pasaje era, pues, una pared que tocar con la mano izquierda, de camino hacia Drassanes, mientras la mano derecha, huérfana, acariciaba el tacto del vacío.

De la nada.

92

«Fueron auxiliados ayer en la casa de socorro del distrito 4º: una mujer con un bayonetazo en el pecho por agresión; una señora que, al caerse, se produjo una herida en la frente; un herrero que presentaba magullado el dedo anular derecho, por golpe de martillo machacando hierro; un sujeto atacado de otalgia catarral; que le cayó encima de la cabeza una tabla», leemos en *La Vanguardia* del 21 de julio de 1881: «En la casa de socorro del distrito de Atarazanas fue curado durante la tarde un niño de once años, aprendiz de la imprenta de Tasso que tenía una herida contusa en la parte derecha de la frente y una contusión en la nariz, algo graves las dos».

93

«El primer interior de librería que conocí fue el de la Española, de la rambla del Mig, en los bajos del Hotel Oriente», recuerda Sempronio, periodista y dibujante, cronista oficial de la ciudad, en uno de los textos de *Barcelona era una festa*. Le llevó su padre, que a principios del siglo pasado colaboraba en *L'Esquella de la Torratxa*, una publicación periódica que, como *La Campana de Gràcia*, también era coordinada en aquel local «de dimensiones muy reducidas, sin más asiento que el reservado en exclusiva a Santiago Rusiñol, el dios de la casa, que diariamente y al caer la tarde tenía en ella su tertulia».

En los primeros años de la imprenta Tasso encontramos la que tal vez sea la semilla más importante de la historia de las librerías barcelonesas, pues en ella se formó como aprendiz Innocenci López Bernagossi, que abriría en 1855 en la Rambla y en la calle Ample la Llibreria Espanyola. Como recuerda Manuel Llanas en *El libro y la edición en Cataluña: apuntes y esbozos*, el éxito del negocio se debió tanto a la venta por miles de revistas (la más célebre fue *La Campana de Gràcia*) como a la publicación de algunos de los autores más populares de la época, desde Serafí Pitarra hasta Conrad Roure, pasando por Rusiñol –un fichaje de su hijo Antoni López i Benturas–. López Bernagossi mantuvo relaciones profesionales con los Tasso, que explican que publicaciones como *L'esquella de la torratxa* se imprimieran en los talleres del Arc del Teatre. El nieto del fundador –en esa genealogía inesperadamente *tassiana*–, Antoni López-Llausàs, fiel a la tradición familiar, fundó la Llibreria Catalònia, que era además imprenta, editorial y distribuidora, el sello que lanzó en 1932 ni más ni menos que el *Diccionari general de la llengua catalana* de Pompeu Fabra.

Para entonces la plaza Cataluña ya era el centro neurálgico y comercial de la ciudad. Pero en el siglo XIX la Librería Española, la Francesa o la Verdaguer, en las Ramblas, tomaban el pulso de la cultura urbana que hasta el siglo XVIII se había articulado sobre todo a partir de la calle Llibreteria. La Francesa fue nutriendo a los lectores de Barcelona de autores en su momento nuevos, como François Mauriac, Paul Morand, André Gide o Marcel Proust. Y en la Verdaguer compartieron tertulia escritores e intelectuales como Manuel Milà i Fontanals, Àngel Guimerà, Lluís Domènech i Muntaner, Narcís Oller o Jacint Verdaguer. Si entrabas en la calle Sant Pau podías conocer a Antonio Palau i Dulcet, literalmente enterrado bajo toneladas de papel encuadernado en aquel local más parecido a un almacén que a una librería, autor del *Manual del librero español e hispanoamericano*, en el que trabajó veinte años de su vida. Cuenta Sempronio que, hijo de un carpintero de Montblanc, autodidacta, murió con la pluma en la mano, inclinado sobre una pila de libros, y que sus colegas libreros decidieron liberarlo de su encierro de décadas mediante una procesión, el ataúd sobre sus enclenques hombros de lectores, por las calles de Mendizábal y Hospital, hasta la parroquia de Sant Agustí.

Sabemos que Ramon Vinyes, librero y dramaturgo, futuro exiliado, frecuentó la «trastienda del señor Vilaró», un comerciante de abanicos de la calle Ferran, reunión «designada cáusticamente la Penya del Paragüero». Allí trabó amistad con –entre otros– Prudenci Bertrana, el pintor Biosca y Ambrosi Carrion. Lo cuenta Sempronio en *Barcelona a mitja veu*, donde encontramos por cierto uno de los pocos artículos exclusivamente dedicados a pasajes del periodismo urbano, «Passatges, en el record», donde el cronista dice que lo que ahora se llama *galerías* antes eran «simplemente pasajes». Los niños jugaban, se escondían, se perdían en ellos. Soñaban particularmente con el de las Columnas, hoy desaparecido, que alojaba el Imperio del Juguete. En otro de los muchos libros que dedicó a esta ciudad, *Barcelona pel forat del pany*, evoca espacios donde esos niños, ya convertidos en adultos, seguían fabulando, jugando y coleccionando, con la coartada de la pasión por los libros.

«Los libreros de viejo, por definición, son *garlaires* y un poco sabelotodo, propensos a la tertulia y a la polémica», escribe. Fueron muchas las academias informales que se crearon en Santa Madrona, al pie de las barracas de los libreros. Una de ellas perteneció a Antoni Palau, hijo de Palau i Dulcet: «El hijo era más partidario de la discusión intelectual que del comercio en sí, y en su barra pontificaban de lo humano y de lo divino jóvenes tan distinguidos como el poeta Salvat-Papasseit». Inaugurado en 1902, el Mercat de Santa Madrona fue derribado por el Ayuntamiento en 1966. Los libreros fueron trasladados a veinte pabellones de la calle Diputació, detrás de la Universidad de Barcelona, bautizados como *Josep Palau i Dulcet* e inaugurados por el alcalde Porcioles. Allí estuvieron hasta principios de este siglo, cerca de uno de los ejes de librerías de viejo de la segunda mitad del siglo XX, el de la calle Aribau, donde Sempronio también sitúa las salas de billar y las timbas que frecuentaban los estudiantes, porque en los años universitarios son tan importantes las bibliotecas como los cafés, el deseo de conocimiento y el sudor.

De esos tiempos ya sólo queda Egea, la tienda de libros eróticos, revistas porno y películas X, el centro masturbatorio de la misma familia Egea que tuvo en los años 60, 70 y 80 hasta cuatro de las casetas del mercado hoy desaparecido y progresivamente olvidado, todas ellas consagradas a la venta de material pornográfico, siguiendo una tradición que se remonta a 1930, cuando el patriarca Egea abrió su puesto en Santa Madrona y recibió en pocos meses varias multas.

Algún día habría que escribir la historia de los libreros pornógrafos, quienes durante siglos nos han suministrado sueños húmedos para manosear en papel.

94

«Que mi tatarabuelo, Rómulo Bosch i Alsina, había sido presidente del Puerto de Barcelona. Que nació en una familia de la comarca del Maresme, donde decía mi padre que la ruta del César había recibido el nombre de Camí del Mig. Que fue décimo sexto hijo y primer Rómulo de una saga de cinco», leemos en *La familia de mi padre* de Lolita Bosch: «Que luego fue alcalde de Barcelona. Que tuvo hijos. Que la ciudad lo recuerda con una calle. Que la ciudad lo recuerda con un pasaje».

95

El pasaje Ròmul Bosch es la boca de un párquing.

La placa es señorial, el resto es vulgar: paredes desconchadas, manchas de aceite de coches.

Forma parte de otra constelación de pasajes: la de los violados, rotos, negados, interrumpidos y desaparecidos. Como el pasaje Canalejas, que ahora es un solar con rastros de pintura y óxido en las paredes que antaño fueron paredes de casas, donde vi a un hombre cogiendo higos con una caña de las ramas más altas de una higuera (que antaño estuvo en el patio de una casa y ya no). Como el pasaje de Sant Pere, que proseguía tras cruzar la calle Lepanto, y que fue cercenado. Como –cerca– el pasaje de l'Encarnació, al que los vecinos han prohibido el acceso mediante una reja, como ocurre en tantos otros pasajes de toda la ciudad, suelo privado que ha olvidado el secular derecho al paso, a menudo porque ya no hay otra orilla, otro lugar al que pasar. Como el de la Cadena, en la Barceloneta, al que sólo se puede acce

der a través de un bar. Como el de Casanovas, tan dramático: sobre el mapa parece un gusano partido por la mitad, la
calle Rosalía de Castro normaliza la manzana y sólo sobreviven la cabeza del pasaje (que da a Santa Carolina) y la cola
(que da a Travessera de Gràcia), de suerte que en la parte
superior quedan un par de casas de planta baja en una suerte de callejón sin salida y, en la inferior, una vulgar y aceitosa
entrada de párquing.

Una más.

Lo mismo ocurre en el pasaje de Conradí.

–No fotos, amigo –me dice una mujer joven, bueno, de
mi edad, rumana, desteñidamente rubia, la cara un poco
sucia, que empuja un carrito de supermercado lleno de tuberías metálicas.

En la casa quemada del pasaje varios compañeros suyos
guardan otros carros y su chatarra, que lanzan sin mira-
mientos por encima del muro, seguros de que no hay nadie
al otro lado. Un poco más allá, un grafiti dice: «Continua-
rem fidels a la utopia». Callejón sin salida, al otro lado de la
interrupción también hay un túnel negro, el aparcamiento
de un único coche.

¿Por qué estoy fotografiando esa boca negra, ese resto
sin sentido de un pasaje que ya no es? Porque el coleccionista te obsesiona, frenético, enloquecido: los quieres todos.
Pero a veces, como ahora, te cansas. Te interrumpes ante el
enésimo pasaje desaparecido, demediado o interrumpido.
Pierdes la paciencia. Desconfías del valor de su colección.
Piensas: por un pasaje que no vea, que no pise, que no foto-
grafíe. Pero siempre acabas yendo. A veces dudas de si vale
la pena atravesarlo, porque así te alejas del siguiente. Pero lo
atraviesas. Es la maldición del pasajero o pasajerista o paisa-
jeno, su bendición maldita.

Es por eso que, sin darme cuenta, un día cruzo el límite
entre Barcelona y Hospitalet de Llobregat: porque he visto
en el plano un par de pasajes y he ido a cazarlos para mi
colección absurda que ignora fronteras. Se confunden el uno
con el otro. El Pons y el Mata. Mientras los fotografío, un

chaval de piel casi negra, gitanísimo y gordísimo, me pregunta:

–¿Para qué son las fotos, campeón?

Ésa es precisamente la pregunta del millón, estoy a punto de responderle a modo de pareado. Pero digo, en cambio:

–Para mí, me han gustado mucho estas casas.

Aprovecho el permiso tácito para seguir disparando: las casas de Matas cuentan cada una con su jardín vallado, mientras que las de Pons muestran su fachada desnuda. A la primera llega en este preciso instante un carrito de Carrefour empujado por un viejo gitano con bigotazo de patriarca. Hace una hora que, en el pasaje Paca Soler, ante una casita preciosa de cal blanca y macetas en el balcón, con un carrito de supermercado y una furgoneta de chatarra en la puerta, otro gitano de mi edad, corpulento, sin camiseta, me ha gritado que nada de fotos, chico, mientras tres muchachas murmuraban entre risitas, a sus espaldas:

–Sólo si nos paga.

Y ahora Pedro, que parece africano, me cuenta que él vive aquí, que son tres pasillos paralelos. Y los fotografío. El hermano rico (Mata) y el hermano pobre (Pons) y el pasadizo con puerta de hierro, que está abierta, pero un vecino me prohíbe pasar, y tengo que conformarme con hacer las fotos desde afuera.

–Mi padre lleva aquí ya casi diez años, yo unos siete, ahí vive el vecino, que es payo, y aquí mi hermana.

–¿Cómo encontrasteis estas casas tan bonitas?

–Una agencia.

–¿Y os costaron baratas? Digo, si no estáis de alquiler…

–No, no, compramos. Fue antes de la crisis. Bastante baratas, ahora cuestan mucho más. Sería un buen negocio venderlas, ganaríamos bastante –se acaricia la barriga sobre la camiseta de tirantes negra–, bastante dinero.

Nos despedimos con un apretón de manos. Desde la perspectiva que brinda la calle Rosselló, como en tantos otros rincones de la ciudad, los pasajes parecen una aldea rodeada de metrópolis. La aldea de Ásterix y Obelix sitiada por campamentos de cuadrícula romana. Cuando ya he guardado la cámara se me acerca un hombre de unos cincuenta años, acento latinoamericano que no sé identificar:

–Perdone, ¿para qué son las fotos?

Le explico que estoy viajando por Barcelona; le muestro la guía, con todos los pasajes marcados; pero no sé encontrar una razón que explique por qué lo documento todo, la verdad. La mayoría de esas imágenes no las miraré nunca.

–¿Por qué me lo pregunta?

–Es que estas casas, las de los gitanos y las de detrás, las nuestras, son todas ocupadas.

Es ecuatoriano. Hace ocho años que vive aquí. Pero un par de meses atrás lo asustó una citación judicial. De pronto había aparecido un dueño, un heredero de la finca. Hubo juicio. Pero no pasó nada.

–El juez me dijo que no me preocupara de momento, que se equivocaron de vía, que primero es la civil y después la penal, y no a la inversa. Pero aunque vaya para largo, yo claro que estoy preocupado.

Hablamos un rato de América Latina y pienso en mis días en La Paz, Cuzco, Santiago de Chile, Rio de Janeiro, Brasilia, Caracas, La Habana o Ciudad de México, en los meses que pasé en el barrio porteño de La Boca, en todas las páginas que escribí sobre metrópolis hace más de diez años, en mi colección de ciudades, en ese texto que no dejo de escribir desde entonces. Es robusto. Paleta. Ha arreglado la fachada. Pasa Pedro, con su camiseta de tirantes, estampada la A de Anarquía a la altura de un corazón protegido por varios kilos de grasa. Me despido de los dos.

–Manuel Calle, para servirle.

–Jorge Carrión, un placer. Y mucha suerte.

96

«Desde Trafalgar, que fue el corazón de la industria textil, se puede hacer un recorrido por los dos pasajes que van a salir a la calle Alta de Sant Pere: son como dos túneles urbanos que sirven para atajar, y en los que uno puede tomarse un café, adquirir lotería, componer su reloj, ir de compras y respirar el aire del siglo XIX que se remansa allí...», leemos en *Barcelona y sus vidas* de Carlos Pujol: «Al lado del pasaje de Sert, el pasaje de la Industria es más oscuro y estrecho, con escaleras, bóvedas de aspecto más tenebroso y tiendecillas modestas; pero en uno y otro lugar hay puertas que dan no se sabe dónde, balconcillos, recovecos, rótulos del tiempo de Maricastaña».

97

En el extremo del pasaje Sert que da a la calle Trafalgar, las grandes vidrieras de Friendly Rentals muestran sin vergüenza a un sinfín de tele-operadoras en el trajín de alquilar y liberar apartamentos turísticos, en esos 350 metros cuadrados de comercio telefónico. Pero también permite ver la intervención del arquitecto Paul Sweeney, que conservó los materiales y las estructuras originales, las paredes de obra vista de ladrillo macizo, las vigas metálicas y las bovedillas de los techos, esos cinco pilares de hierro fundido. En pocos lugares se ve con tanta claridad la convivencia de la nueva Barcelona con la vieja.

El asador argentino de bifes jugosos; la agencia de abogados que tramita divorcios y cobra 50 euros por consultas express; el Café Nomad que podría perfectamente estar en Berlín, Estocolmo o Melbourne; el nuevo bar de vermuts en la esquina con Sant Pere Més Alt: la ciudad de este siglo. Las escaleras de paredes leprosas, cuyos poros son microtúneles del tiempo que te teletransportan al siglo XIX; la heráldica en los capiteles; las macetas que se derraman, vegetales, por todas partes; el hierro forjado, en hemiciclos paralelos, que abre y cierra el pasaje, los dos extremos de esa inclinación que une Trafalgar con San Pedro, como una rampa que conecta el Eixample con el Born; el conserje del edificio en que

nació Sert, con esos buzones y esos armarios de madera noble, tantas veces barnizada: la ciudad que va dejando de ser.
En fotografías de los años 80 todavía se ve, en la parte interior del soportal, en grandes letras blancas, una alusión al
pasado textil de la zona: «La Lanera».

En 1863, unas 4.000 personas trabajaban en la industria
metalúrgica y unas 3.000 en la construcción (unas 1.000 en la
de la impresión, unas 17.000 en la textil). En 1900 eran 5.000
los trabajadores barceloneses en el campo de la metalurgia y
8.000 los de la construcción, mientras que los del textil subían a 54.000. En el cambio de siglo la zona de la calle Trafalgar era conocida como el Eixample del Textil y los pasajes
eran pura ebullición. El Indústria y el Sert sobreviven de
aquellos tiempos: los demás son fantasmas. El ectoplasma
recubre los alrededores de la calle Sant Pere més Alt y Trafalgar: vincula ese tráfico continuo, esos bares y restaurantes
en manos de argentinos, esa agencia de alquiler de apartamentos para turistas, esa solitaria delegación de lotería en
pasaportes fronterizos, entre dos mundos. El del futuro es
mestizo y probablemente destructor: no tiene sentido, en pleno siglo XXI, que por la noche no haya forma alguna de pasar entre ambas calles sin recorrer cerca de medio kilómetro.
El del pasado tiene la textura del algodón y de la madera. En
un aparcamiento subterráneo de la calle Ausiàs Marc encontramos aún columnas que fueron árboles. No es de extrañar: el passatge de 1800, que une la calle del Carme con el
Mercat de la Boqueria, fue unas caballerizas.

Tanto en su interior como en su exterior (si es que los
pasajes tienen *exterior*, si es que esas vidrieras no son formas
modernas de los escaparates tradicionales), el pasaje Sert es
el único de los de la Barcelona antigua que ha conservado su
pátina burguesa, un aura de exclusividad. Mientras que en
el Bernardí Martorell, el Bacardí, el del Crédito se fueron
imponiendo la basura y la pintada, el vagabundeo y el trapi-
cheo, los pequeños milagros se fueron sucediendo para que
el Sert preservara la limpieza y la seguridad, los prohibitivos
precios.

98

«Los otros tres malhechores emprendieron la huida, diri-
giéndose hacia la Vía Layetana. Les salieron al paso unos
policías de la Delegación de la calle de Ortigosa, los cuales
se precipitaron sobre los fugitivos. Éstos, lejos de entregarse,
respondieron a tiros, consiguiendo acorralar a un policía en
el interior del pasaje de la Industria», leemos en *La Vanguardia* del 9 de marzo de 1935: «Uno de los ladrones, que llevaba un maletín, sacó de éste un cartucho, arrojándolo contra
el representante de la autoridad».

99

«En esta casa nació el 21 de diciembre de 1874 el pintor José
Mª Sert», reza una placa del extremo inferior del pasaje: «El
Ayuntamiento de la ciudad en el día del sello de 1966, dedicado al artista». El 23 de marzo de 1966 se emitió una serie
de sellos con motivos extraídos de su obra. Todavía no había entrado el franquismo en su crepúsculo y él era considerado uno de los grandes artistas vivos. Tan grande que sus
murales debían circular, jibarizados, por las redes postales
de España.

Mucho antes de su fama, mucho antes de que él decidiera
no trabajar en el negocio familiar e irse a París para ser un
pintor bohemio (de la bohemia dorada eso sí), mucho antes
de que existiera este pasaje entre dos calles modernas, a principios del siglo XIX un tal Francisco Sert y Artés abrió a pocos
metros de aquí su pequeño obrador de tejidos de lino, en el
número 55 de una callejuela estrecha de trazado medieval, la
Alta de San Pedro, y vecino por tanto del hogar familiar y de
la muralla. El roce hace el cariño y un vecino empresario,
Bonaventura Solà, se enamoró de Madrona, la hija del arte-
sano. Tras el cierre del taller paterno en los años 40, el her-

mano de ésta, Domingo, entró como aprendiz en la fábrica de mantones de seda del cuñado, en el número 21 de la misma calle. El chico trabajaba durante el día y estudiaba artes y oficios por las noches. Su jefe, mientras tanto, experimentaba con la seda, la lana y el algodón: nos consta que en los años 50 producía telas con tejidos de mezcla.

Tres años después de que Domingo se diplomara en Teoría y Práctica de Tejidos, en el aciago año de 1854, una epidemia de cólera irrumpió en la ciudad amurallada. Bonaventura y sus hijos se refugiaron en Sant Sadurní d'Anoia, pero su mujer (de armas tomar) y el hermano menor de ésta (que probablemente pensara que la crisis era su gran oportunidad) se quedaron al frente de la fábrica: duplicaron el número de telares durante lo que duró la epidemia, cuyo fin coincidió con la llegada del invierno, durante el cual se anunció el excesivamente postergado derribo de las murallas. La hazaña supuso la entrada en la sociedad de la empresa de Domingo y, poco después, de su hermano José. Tras la muerte de Solà en 1864 (o 1866, según las fuentes), la empresa pasó a llamarse *Sert, Hermanos*. Veinte años, marcados por un conveniente matrimonio, habían tardado los Sert en volver a ser propietarios de un negocio en el carrer Sant Pere Més Alt. No juzgaron necesario conservar en el nombre de la empresa el apellido de su fundador.

Domingo quedó a cargo de los hijos de su difunto cuñado: les compró los números 49 y 51 de esta calle, comunicados en la parte trasera con el inmueble del número 55, la residencia familiar. Así nacieron la fábrica y el pasaje. En aquella época la industria y la política se confundían como las fibras en la tela: los hermanos Sert, miembros del Partido Conservador, entraron –juntos o por separado– en la Patronal, en Fomento, en el Banco de Barcelona, en la Caixa d'Estalvis, en la Diputación de Barcelona y en las Cortes de España, mientras producían chales y mantones, pañuelos de todos los tamaños, tejidos y mantas y tapetes, alfombras y damascos, incluso zapatillas, prendas que exportaban a las colonias de ultramar. Abrieron otra fábrica en Sagrera. Y talleres de toda Cataluña –de Gracia, Mataró, Castellterçol y Taradell– trabajaron para ellos, hasta que fueron convertidos en centros de producción propia. De la pared del despacho de la gerencia colgaban las medallas obtenidas en exposiciones internacionales de Londres, Filadelfia y Viena.

Los Sert, de hecho, impulsaron la Exposición Universal de Barcelona de 1888 (para entonces ya había regresado el apellido Solà al nombre de la compañía, porque el *hereu* se había hecho mayor). Cuando la reina María Cristina vino a la inauguración con su hijo, el futuro Alfonso XIII, visitaron en varias ocasiones a la familia Sert y don Domingo jugó con el niño en su jardín del Ensanche. Ya monarca, él regresó en 1929 para inaugurar la última gran exposición universal barcelonina. Sesenta mil palomas se liberaron en la gran fiesta, la multitud entusiasmada por la exuberancia de los chorros de la fuente y por aquella explosión en forma de nube inesperada de palomas festivas y por la fuerza imparable que cobraba la ciudad, impulsada por cohetes hacia un futuro triunfal (cuando se cerrara el paréntesis franquista).

Josep Sert fundó el Institut del Desert de Sarrià, dedicado a Santa Eulalia, la auténtica patrona de Barcelona, asilo de obreros jubilados e inválidos, donde era obligatorio hablar en catalán. Esa iniciativa formó parte de una serie de acciones en favor de los derechos de sus obreros. En 1868, por ejemplo, los hermanos crearon un Montepío de Socorro que resultó providencial en las epidemias de fiebre amarilla de 1870 y de cólera de 1885 –la última que vivió esta ciudad–. Condecorado con la insignia de la Legión de Honor y la Gran Cruz de Isabel la Católica, premiado por la reina María Cristina con el título nobiliario de Conde de Sert, que dejó en herencia a su primogénito, propietario de una mansión de aire rural en la calle Bruc, Domingo Sert murió en 1897, padre de dos pasajes, el de Barcelona y el de la fábrica de Taradell, en Osona, que las fotos antiguas muestran como una calle de pueblo, de casas bajas y tejados a dos aguas, como si la ciudad y el campo estuvieran condenados a convivir siempre, en acto o en potencia. En su testamento pidió a sus herederos que continuaran con la industria de mezclas por el bien del país y de sus 1.500 empleados, entre ellos un centenar de niños que cobraban una décima parte del sueldo de los adultos.

En el negocio textil se involucraron tres de los seis hijos de don Domingo Sert i Rius y Maria Badia Capdevila, pues los otros tres eran mujeres: Francesc o Francisco, que dirigió la división comercial; Domènec o Domingo, que tuvo que renunciar a su vocación de letrado para dirigir como ingeniero industrial la división técnica; y José María o Josep Maria, oveja negra de la familia, de infancia enfermiza y frágil, imaginativo y fatalmente soñador –como muestra una fotografía donde se le ve ensimismado, pañuelo blanco al cuello, pantalones de Peter Pan, botas negras de tacón y un aro en las manos–, bohemio de vocación, con la mirada siempre puesta en París: en fin, qué se le va a hacer, artista.

100

«El mito de la ciudad insiste en el progreso, más grande y mejor todo el tiempo; la nostalgia habitual se funda sobre el remordimiento por el civismo y la familiaridad perdidos», leemos en *Bajos fondos* de Luc Sante: «El inconsciente de la ciudad es el depósito de todo lo que omiten esas dos actitudes, la historia reprimida del vicio y el crimen, la miseria y el tejemaneje, el pánico y la desesperanza, el caos y la saturnal».

101

Nació el 21 de diciembre de 1874 en el pasaje y fue bautizado a pocos metros de aquí, en el monasterio de las Puellas. Según cuenta su biógrafo Alberto del Castillo, a causa de su constitución débil el médico le recetó gimnasia, pero eso no evitó que en una caída se rompiera la clavícula derecha. El

yeso le obligó a utilizar la mano izquierda, lo que lo convirtió en ambidextro. Alumno de los mismos Jesuitas de Caspe
donde estudiarían Gaziel y Josep Maria de Sagarra, no de-
mostraba gran interés en las letras o las matemáticas, pero sí
que gustaba de garabatear, dibujar, retratar e incluso recor-
tar figuras de papel. Para protegerlo de la fatiga, el bachille-
rato lo cursó en casa, con un tutor privado y religioso, el
padre José Sellas. Y a los dieciocho el padre lo llevó a la fábrica, donde prosiguió haciendo lo que mejor se le daba:
dibujar. Algunos de aquellos esbozos fueron convertidos por
los ingenieros en diseños de tapices, tal vez para enmascarar
la desidia del heredero.

Por las noches, no obstante, moldeaba su vocación, tanto en la Llotja como en las lecciones particulares del pintor
Pere Borrell, que también contaba entre sus alumnos con
Adrià Gual, y en el Cercle Artístic de Sant Lluc. Sert se hizo
amigo de Utrillo, Rusiñol y Casas, los tres de la generación
anterior, los tres exbohemios parisinos, los tres modernistas
recalcitrantes convencidos de que lo nuevo existe y que lo
viejo se puede dejar atrás. Lo llevaron a los salones que diri-
gía en su hogar Isabel Llorach, la rica heredera de una mina
de aguas medicinales que supo crear uno de los centros culturales más importantes de la Barcelona del cambio de siglo.
Casas, hacia 1900, retrató a Sert al carboncillo con un sombrero negro, una barba mínima y un billete de tren en cada
ojo, dos trenes con un mismo destino: la luminosa París.

Tras la muerte de sus padres y tras una difícil negocia-
ción con sus hermanos, Sert al fin accedió a su bohemia de
oro. Una bohemia muy suya, con su taller cerca de Invali-
des, su tertulia en el Café Weber de la rue Royal y su rechazo
a Montmartre y Montparnasse, capitales del impresionismo
y del cubismo. Se inclinó por el modernismo y por la pintura
mural: su primera obra fueron unos enormes lienzos al carbón sobre fondo azul para el pabellón del Art Noveau de la
Exposición Universal de París de 1900. Pero, sobre todo, se
inclinó por ser fiel a sus orígenes pudientes y a su naturaleza
católica. En cuanto su amigo Torras i Bages es ordenado

obispo de Vic, le remite una carta en que le pide la decoración de alguna iglesia bajo su jurisdicción. El nuevo obispo le ofrece ni más ni menos que la catedral. Acepta hipnotizado. Se va a Italia para inspirarse. Le extasía la capilla de San Francisco de Asís. Regresa a París con tantas ideas en la cabeza y bocetos en la maleta que se olvida temporalmente de las tentaciones sociales y se pone, febrilmente, a trabajar.

Seguimos en 1900. Tardará veintisiete años en realizar la obra. En ese lapso de tiempo aceptó demasiados encargos, se codeó con las personas más importantes de su época, cubrió la Primera Guerra Mundial como corresponsal en París del diario madrileño *La Época* y se enamoró de Misia, la pianista y agitadora cultural y musa y coreógrafa e intelectual amiga e interlocutora de Mallarmé, Toulouse-Lautrec, Proust, Satie, Renoir, Colette, Coco Chanel, Picasso, Cocteau, Ravel o Stravinski, tal vez la mujer más fascinante de Europa en aquellos momentos, de quien se divorciaría en 1930, a los 56 años, enamorado de una joven princesa rusa de nombre Isabel Roussana Mdivani, que llamó a su puerta para preguntarle dónde podía alquilar un estudio donde ejercer su pasión: la escultura.

En 1905 Sert exhibió los bocetos del proyecto de la catedral de Vic en el taller de Casas en Barcelona y, dos años después, en el Salón de Otoño de París, al tiempo que firmaba el contrato con las autoridades eclesiásticas, con un compromiso de no más de cinco años de realización. Fue tal el eco internacional de esos proyectos que se multiplicaron las invitaciones: a decorar el Salón de los Pasos Perdidos del Palacio de Justicia de Barcelona, a realizar escenografías para el ballet de Hofmannsthal y Kessler y para la Ópera de París y para el Covent Garden de Londres, a pintar el Salón de Baile del Marqués de Alella en la Rambla barcelonesa, a hacer lo propio con el Salón de Música de la princesa Polignac de París, con el techo del comedor parisino de la Condesa de Bearne, con el Salón de Baile y la Sala de Música de la residencia en Kent de sir Saxton Noble, con el saloncito de la residencia de Charles Deering en Sitges, con el palacio del

Marqués de Salamanca en Madrid, con el tocador de la reina madre María Cristina en su palacio de Santander, con el pabellón de caza del barón Robert Rothschild en Chantilly, con un pequeño salón del palacio del señor Errázuriz de Buenos Aires, con la residencia de míster Joshua S. Cooden en Palm Beach o con la National Gallery Millbank de Londres. Pasaron 1912 y la Primera Guerra Mundial y buena parte de los dorados años 20: finalmente los lienzos fueron colgados en la catedral de Vic en 1927, once años después de la muerte de Torras i Bages, fuera de todos los plazos.

102

«El verano de 1935 el matrimonio lo pasó, como era costumbre, en la Costa Brava alternando las fiestas en el Mas con los paseos en su yate Saint-Alexis; los hermanos de Roussy les visitaban con frecuencia en el Mas Juny, con sus selectos anfitriones e invitados, se convirtió en un verdadero agente de propaganda de la costa gerudense», leemos en *Los lienzos de José María Sert* de Montserrat Fornells Angelats: «Tan amada por Sert que adquirió una máquina de blanquear con cal y la ofreció a todos los payeses y pescadores que quisieran enjabelgar su casa (aunque lamentablemente su iniciativa no tuvo el menor éxito)».

103

Como colaborador de la Generalitat y del Gobierno de la República, Sert fue el encargado de pintar la Sala del Consejo del Palacio de la Sociedad de Naciones en Ginebra, con escenas tituladas «La Humanidad destruyendo las armas» o «Las cinco partes del mundo, dándose la mano». Finalizó la obra en 1936, el mismo año en que se desataba la tormenta anticlerical que incendiaría la catedral de Vic. Sus lienzos, la gran obra de su vida, fueron consumidos por el fuego furioso. Esa catástrofe y el asesinato de varios amigos suyos hizo que, ya en marcha el sinsentido de la guerra civil, cambiara de bando y aceptara el encargo del cardenal Gomá, arzobispo de Toledo, de pintar un altar titulado «Por los mártires de España».

El *Guernica* de Picasso fue el gran protagonista de la Exposición Universal de París de 1937. Eclipsó otras obras del Pabellón de la República, como las de Miró, José Gutiérrez Solana o Alexander Calder, o documentación como la que reproducía los bombardeos sufridos por el Museo del Prado y los esfuerzos de restauración y traslado de su patrimonio, que llevó incluso a la idea de construir en Valencia un gran búnker donde almacenar las obras maestras de Velázquez, El Greco y Goya. El espacio, de estilo racionalista moderno, fue concebido por escritores como José Gaos, José Bergamín o Max Aub, y diseñado por los arquitectos Luis Lacasa y Josep Lluís Sert, sobrino del pintor.

Se ha escrito mucho sobre los pabellones enfrentados de Rusia y de Alemania. También sobre el Pabellón de la República, que ahora dispone de un espacio propio en el Museo Reina Sofía de Madrid. No acostumbra a mencionarse, en cambio, el hecho de que el Vaticano le cedió al gobierno de Franco uno de los tres altares de su pabellón, diseñado por Jean Droz, para que también estuviera representado en la exposición universal, pese a no ser un gobierno legítimo. Tampoco se acostumbra a mencionar que en el Pabellón Católico Pontificio se exponía la obra «Intercesión de Santa Teresa de Jesús en la Guerra Civil Española», con Jesús boca abajo en su cruz, la santa elevándose gracias a la fuerza de los obispos, y a lado y lado del escenario, en las columnas que sostienen el cortinaje de oro, dos elocuentes palabras: «Plus» y «Ultra». Obra de José María Sert.

104

«Ni los pueblos ni las calles debían seguir llamándose según los cambios adoptados a lo largo de la II República (del 14 de abril de 1931 al 18 de julio de 1936, si se prescinde del período bélico)», leemos en el artículo «Rotular de nuevo el espacio urbano: el ejemplo de la Barcelona franquista» de Antoni Ferrer: «La gran avenida de la *Diagonal* pasó a llamarse Avda. Generalísimo Franco».

105

Josep Maria Sert, tras la muerte de su segunda esposa, se obsesionó con salvar el patrimonio pictórico español, que en la lenta retirada de las tropas republicanas había quedado almacenado en castillos fronterizos entre Cataluña y Francia. Logró organizar un Comité Internacional de Museos y que fuera la Sociedad de Naciones quien custodiara las colecciones. En Ginebra coordinó el inventario y la clasificación de la obra de los grandes maestros españoles de todos los tiempos para una exposición en el Museo de Arte e Historia, en verano de 1939, en que hizo las veces de comisario. Ante la nueva amenaza de la Alemania de Hitler, movió de nuevo sus poderosos hilos para que el gobierno francés le cediera cuatro trenes de mercancías que permitieran, desde Ginebra, que las obras regresaran a España.

A la España del general Francisco Franco, ya Caudillo, donde prosiguió con las gestiones para recuperar patrimonio (la Dama de Elche, por ejemplo, en manos de los franceses) y donde comenzó a pintar de nuevo los murales de la catedral de Vic (algunas obsesiones nos acompañan toda la puñetera vida). Los expuso en el Palacio de Santa Cruz de Madrid en 1943, con motivo de la concesión de la Cruz de Isabel la Católica que también había merecido su padre. Dos años más tarde comenzó a consumirle la ictericia. Tenía 71 años. Inauguró por segunda vez su ilustración megalómana de la catedral de Vic. Fue enterrado allí, aunque muriera en Barcelona. De no haber fallecido, probablemente hubiera acabado decorando las ruinas del Alcázar de Toledo y el Pilar de Zaragoza. Para entonces ya había conversado con Albert Speer para ser el muralista de los interiores de los edificios que proyectaba erigir en Berlín.

Aunque en el momento de su muerte estuvieron con él sus tres hermanas, con quienes siempre tuvo un trato cariñoso, aunque a menudo epistolar, quien realmente lo acompañó en esos años finales fue Misia, su amiga hasta el fin, quizá la única persona que comprendió y aceptó sus contradicciones, su catolicismo extremo y su hedonismo sin par, su cosmopolitismo y sus raíces tan catalanas y tan españolas, su pintura que se debate entre el orden positivista y el caos onírico, entre el progreso colectivo y la farsa, su fe en la novedad y el progreso y su arraigo a la tradición y a los valores de siempre. Ella lo sobrevivió cinco años, hasta 1950. Cinco años anegada en el pantano de la morfina y escribiendo sus memorias en forma de carta al gran amor de su vida. Lo llama siempre «Sert». La última frase es como un puñetazo en la cara: «Con él desaparecía para mí toda razón de vivir».

Ella, que frecuentó a los mayores poetas y pensadores de su época, que intimó con Renoir y con Picasso, que conoció desde dentro el impresionismo y las vanguardias, que reformuló con los grandes coreógrafos la danza del siglo xx, que fue sofisticada y brillante, fascinación y elegancia, medularmente cosmopolita, escogió a un muralista religioso, a un antimoderno o un moderno anacrónico, a un hombre que nació en un olvidado pasaje cuando los pasajes ya habían pasado de moda, en la orilla de Europa. Nos dejó en herencia esa elección definitiva, que mantuvo hasta el final, tal vez debida a una frase que está ahí, perdida en sus memorias, a la espera de que alguien la ponga al final de un párrafo: «Sert tenía la virtud de hacer que una se sintiese inteligente».

Cuánto ego masculino debió de experimentar la pobre musa. Cuántos bigotes y mostachos y barbas heteropatriarcales debieron de intentar eclipsar su intuición y su inteligencia. Como compensación mínima fue una mujer quien la vistió por última vez, su amiga íntima, una inteligencia gemela: Coco Chanel.

106

«Sert, al morir, no dejaba ninguna fortuna», leemos en una nota de Francisco Sert a las memorias de Misia: «El dinero heredado de su padre, las grandes sumas cobradas por su trabajo –no superadas por pintor alguno en vida–, en su prodigalidad, las había derrochado».

107

El imaginario de Josep Maria Sert es orientalista y fantasioso: está poblado de esclavos africanos, elefantes, saltimbanquis, cosmonautas, títeres, todo enmarcado por cortinajes propios de un gran circo de proporciones imposibles, por momentos deforme, sin anclaje en ninguna realidad. Pero el imaginario de Sert es también serio y dramático: hombres que luchan por dominar las riendas de su destino, procesiones religiosas o históricas, composiciones dinámicas en que el trabajo en común, el esfuerzo colectivo, puede conducir hacia un bien mayor, en un decorado sobrepoblado de símbolos. Esos dos imaginarios pueden convivir en una misma obra por la unidad del estilo, ese trazo inconfundible, y por la voluntad de saturación barroca.

Horror vacui: pánico al vacío. En sus composiciones se observa la necesidad que la burguesía decimonónica tenía de acumular: inmuebles, objetos, títulos, joyas, obreros, fundaciones, premios, medallas, cargos, arte, mobiliario, vehículos, sirvientes, dinero, sobre todo dinero, reconocimiento. La abundancia conduce a la saturación. Si el hacendado o el estanciero domina sus posesiones con la mirada desde ese centro que ocupa el cortijo, la mansión, la masía, horizontalmente; el millonario metropolitano, en cambio, piensa en vertical o en red, cuando es imposible atesorarlo todo en el mismo lugar, piensa en cuentas bancarias y en bolsa, la desmaterialización de los bienes materiales. Una vez se evaporó la ilusión del pasaje como núcleo familiar, laboral y simbólico, como espacio vertical en que es posible reunirlo todo, los Sert, los Tasso o los Martorell se fueron disgregando. Esa ilusión de unidad total puede llamarse *siglo XIX*: a la evaporación progresiva, pautada por la aceleración tecnológica y por las guerras, la denominamos *siglo XX*.

108

«Sert, SA, hasta 1936, momento en que se disuelve. El uso residencial se veía diferenciado entre el edificio principal, Sant Pere Més Alt, 49-51, donde vivían la familia Solà y la familia Sert, y los edificios occidentales del pasaje, residencia de las familias de los trabajadores de la fábrica», leemos en «La trayectoria vital de una finca: Catifes Sert» de Dolors Carbó y Jesús Martínez Marín: «En 1941 pasa a ser propiedad de Hilados y Tejidos Comas, SA, dirigida por Buenaventura Comas Torres. La finca será propiedad de la familia Comas Torres hasta 1973, a través de distintas empresas: Inmobiliaria Augusta, SA, de 1942 a 1954; Buenaventura Comas y Cía, SRC, hasta 1956, año de la muerte de Buenaventura Comas Torres; y Viuda de Comas y Cía, SRC, hasta 1973 cuando muere María Nubiola Farnés. Dejan la finca en herencia a la Orden Hospitalaria de Sant Joan de Déu. Hasta 1990 no se decide vender una parte de la finca, que pasa a ser propiedad horizontal y que compraron los antiguos inquilinos de las viviendas. La finca empieza a perder población ya desde los años sesenta, sobre todo de clase trabajadora; en cambio, las viviendas del edificio principal son adquiridas por personas de clase media-alta, algunos de origen extranjero».

109

No me gustan particularmente los murales de Sert, aunque reconozco que verlos en directo es una experiencia impresionante; no me interesan su pensamiento ni su visión del mundo; pero me fascina su proceso creativo. Un proceso que desde el comienzo concibió como un trabajo en equipo. Su taller tuvo muchos empleados, pero algunos fueron fijos, piezas fundamentales del engranaje: Leonard Mancini, nieto de modelo y modelo él mismo, además de dorador, carpintero y técnico fotográfico; La Chatagneray, encargado de las ampliaciones de los bocetos y de preparar los lienzos; y Miquel Massot, compañero desde los tiempos del Cercle de Sant Lluc, transcriptor de los bocetos dibujados por Sert a las grandes dimensiones. Él estaba, por tanto, al comienzo y al final del proceso. En el momento creativo y en el momento de la corrección y de la personalización, cuando se encaramaba a los andamios y borraba los rasgos más académicos producidos por Massot, extremaba los claroscuros, inyectaba vida y expresión, digamos, *genio*.

Sert viajaba con una cámara fotográfica: estuvo en el frente durante la Primera Guerra Mundial, tomando instantáneas de las trincheras. Con el tiempo, además, empezó a coleccionar fotografías que compraba en sus viajes por medio mundo. Pero sobre todo usaba la cámara en el estudio. Un estudio de enormes proporciones, no sólo para albergar los lienzos hiperbólicos que su equipo y él producían, sino –sobre todo– para crear las escenografías que darían lugar a los bocetos y a las pinturas.

Tal vez por influencia de Misia y de sus trabajos con ballets, Sert amplió su equipo e incorporó a una costurera y a varios operarios que disponían –según la idea del pintor– maniquíes, vestuario, andamios, barras, animales disecados, tubos, muebles viejos, baldaquines, poleas, puestas en escena en las que a menudo también participaban modelos vivos, porque el artista necesitaba que junto a una procesión de maniquíes contorsionados, cada uno de ellos atravesado por una barra como si de una lanza se tratara, hubiera un rostro angustiado y humano. Como una constante, arropándolo todo, enmarcando la mirada: los cortinajes que remiten tanto a los orígenes textiles del pasaje Sert como a la máscara teatral, la necesidad de sentirse protagonista de una ópera cósmica, sin más límites que los de su ambición fuera de toda escala.

Mediante la fotografía, documentaba esas construcciones a partir de las cuales realizaría sus dibujos y estudiaba el repertorio infinito de la plasticidad de nuestros cuerpos. Los encuadres son a menudo forzados, originales, sorprendentes, propios de alguien que no cesa de investigar con su mirada. Sert a veces interviene la imagen con su lápiz, señalando líneas de fuerza o de fuga. Las instantáneas son hipnóticas: muestran mezclas abigarradas de maniquíes sin rasgos, desnudos y heridos, con figuras de tamaño real con caras de guiñol o de monstruo de feria, con hombres de carne y hueso desnudos, con caballos y burros de madera, con barcas, con jarrones enormes, en diversos niveles unidos por rampas o escaleras, todo ello atravesado por barras y tornillos para mantener la precaria estabilidad.

Los murales de Sert son antimodernos, pero –en cambio– sus arquitecturas efímeras, sus instalaciones, si hubiera tenido conciencia de ellas o interés en pensarlas y difundirlas, son absolutamente vanguardistas, dignas de figurar en todas las colecciones de arte contemporáneo.

En ese proceso hay una gran lección: para dominar la forma final hay que partir de las formas iniciales, analizarlas, fragmentarlas, domesticarlas, reducirlas, recomponerlas, hacer tuya esa radical reelaboración. Crear un gran mural, como producir una película o escribir un libro o componer una ópera o coordinar un proyecto transmedia, es enfrentarse a una forma que va evolucionando entre tus manos, vida que partió de la vida pero que estuvo durante un tiempo aletargada, rota en planos o páginas o escenas, casi muerta, hasta que respiró de nuevo, hasta que latió como un embrión, como un bebé, como un niño a la carrera, gracias a la formalización en una estructura, en una composición definitiva.

110

«Suelo llevar una idea en la cabeza durante años antes de decidirme a darle forma en el papel y muchas veces, en la espera, la dejo morir», leemos en la entrevista que Maria Corti le hizo a Italo Calvino en 1985: «De todos modos la idea muere, incluso cuando me decido a ponerme a escribir: desde ese momento sólo existirán las tentativas de realizarla, las aproximaciones, la batalla con mis medios expresivos».

111

¿Qué tienen en común los Sert, los Napoleon y los Tasso además de sus respectivos pasajes? Los orígenes humildes, la convicción de que la cultura se puede producir industrialmente y la construcción de un capital y de un prestigio a través de trabajo, trabajo y más trabajo. El más pomposo pasaje de Barcelona, el Bacardí, se lo debemos a la progenie de un sastre.

En muchos casos el matrimonio actúa como alianza comercial, familia y trabajo se abrazan y confunden en los hogares de los Sert, de los Napoleon, de los Tasso: el taller, la fábrica y la casa son mandalas en sintonía con la ciudad y con el universo. Talleres, industrias y hogares que actúan como laboratorios de la innovación. Los avances a mediados del siglo XIX en el diseño industrial, en la fotografía y en el diseño gráfico explican la explosión modernista, imposible sin décadas previas de gestación de cierto espíritu ético y estético burgués.

No es casual que Josep Maria Sert comenzara su carrera internacional en París, que la fotografía llegara a Barcelona desde Francia o que el 90% de las estampas, mapas y litografías que se incluían en las publicaciones españolas del siglo XIX –como explica Arranz Herrero– proviniera también del país vecino. Los pasajes también fueron una importación parisina. A través de dos vías: ambas guardan relación con los ojos. Los ojos de los viajeros, que los descubrieron en París y los describieron en sus crónicas, públicas o personales, en la prensa o en las cartas. Viajeros burgueses, pertenecientes a familias que estaban expandiendo sus dominios, que buscaban nuevos modos de ejercer su control del espacio familiar e industrial. Y los ojos de los lectores, que desearon los modelos arquitectónicos reproducidos en libros y en revistas. Arranz habla de *dependencia icónica*: no se me ocurre una expresión mejor. El concepto explica que el café más emblemático de la historia del arte catalán sea una copia de un café de Montmartre. Explica que Casas, Rusiñol, Miró o Sert, entre tantísimos otros, fueran a París a empapar sus miradas. Cuando Hans Christian Andersen visitó Barcelona en 1862 dijo que nuestros cafés eran mejores que los de París. Exageraba, pero conseguía ponerse en la piel de los barceloneses, sintonizaba con el deseo colectivo aún no manifiesto, pero quizá ya latente, que llevará a la invención del Barrio Gótico, a la explosión del modernismo, a un cierto cosmopolitismo finalmente: desde el siglo xix quisimos ser la París de España y, a finales del siglo xx, un modelo de legibilidad y diseño para cualquier ciudad del mundo. Que en todas partes envidiaran a nuestros más insignes genios con bigote.

Los mostachos se imponen en esas familias, las sombras masculinas lo eclipsan todo, pienso mientras camino por el pasaje Mercedes de Gracia, que debe su nombre a María Mercedes Güell y López, hija de Eusebio Güell, primer conde de Güell, e Isabel López Bru, hija del primer marqués de Comillas. Aunque fue fruto de la unión de dos de las familias más poderosas de esta ciudad, no heredó ningún título, ni siquiera tuvo capacidad ejecutiva en las empresas familiares. No sólo le arrebataron los títulos y el poder, por su condición femenina: hasta su apellido ha sido borrado del nombre de la calle, el pasaje y la rambla que supuestamente la recuerdan. Mercedes.

–¿Tiene que ir muy lejos a comprar? –le pregunté en catalán a la señora Margarida, que con su carro de la compra rojo subía trabajosamente la cuesta del pasaje–. Porque por aquí sólo veo tiendas de recuerdos.

–Ay, sí, hijo mío –me respondió–, tengo que bajar hasta la Travessera de les Corts, nos han dejado sin eso que ahora llaman *comercio de proximidad.*

Tras abrir la cancela y subir los tres peldaños de su casa, me contó que de niña, en los años 50, las casas del pasaje eran las mismas, pero que no estaban esos dos bloques de ladrillo visto, porque toda esa finca era una fábrica. Ella jugaba en el Parc Güell, pero hace años que no lo pisa. Los turistas comienzan a subir por la calle Larrard, llena de outlets, tiendas de suvenires y cafeterías, a las ocho de la mañana, y el tráfico no cesa hasta las siete de la tarde. Nunca se imaginó que Gaudí iba a ser tan famoso.

–A esa hora el pasaje y las dos calles sí que parecen parte del barrio de la Salud.

112

«El financiero Eduardo Pascual Arxé, encarcelado desde abril por el caso de los ERE de Andalucía, principal acusado del expolio del banco catalán Eurobank e imputado por crear una falsa red de mutuas fraudulentas, tiene problemas dignos de una película de espías de serie B», leemos en *Eldiario.es* del 15 de octubre de 2013: «Pascual había dividido el sótano de su vivienda en el pasaje Permanyer de Barcelona para ocultar una habitación secreta que albergaba precisamente la cámara acorazada con la documentación de los tres casos en los que es pieza clave».

113

El mostacho de Miquel Miró miraba hacia arriba con ambas puntas, como brazos levantados hacia el cielo en señal de amenaza o súplica o cabreo. Los de Lluís Tasso i Gonyalons y Lluís Tasso Serra eran más bigotes que mostachos, genética y estéticamente idénticos el uno al otro, como dos gotas de pelo, como si intentaran comunicar a sus clientes y contactos políticos la continuidad del apellido y de la influencia mediante la clonación del bigote: todo había cambiado con la sucesión y la herencia, para que todo siguiera igual. El patriarca Napoleon llevaba una barba muy arreglada, debía de ir al barbero a diario camino de su estudio fotográfico, consciente de la importancia de la imagen en el mundo que se avecinaba, esencialmente fotogénico. Más gordas o más afiladas, más orgullosas o más modestas, todas esas caras se parecen en términos de cabello y de vello facial. Pero ningún mostacho o bigote, en el conjunto de una cabeza barcelonesa de la segunda mitad del siglo XIX, se asemeja al del urbanista y visionario Ildefonso Cerdà: largo y desafiante como el de Fumanchú, pero mucho más espeso, más sumo que artes marciales, tan blanco y tan deshilachado como las dos matas de pelo que ponen su calva entre paréntesis.

En Barcelona los pasajes no habían nacido por razones estéticas, sino para ganar espacio al vacío: el arco permitía construir una nueva vivienda en medio de la calle. Por eso hay tantos en la ciudad antigua, cuyas murallas impedían otro crecimiento que no fuera vertical, fruto del ingenio y del instinto de adaptación y supervivencia. Una y otra vez tropiezo en mi discurso con la palabra «murallas». Siguen ahí, menos ruinas físicas que mentales: concepto que nos ayuda a explicar la ciudad, límite que en el fondo echamos de menos, porque sin él el concepto se vuelve inabarcable. El Ensanche fue posible, de hecho, porque al otro lado de las murallas, en dirección montaña, estuvo prohibido construir durante siglos por motivos defensivos. En caso de ataque o asedio no podía haber obstáculos que dificultaran la eficacia de los cañonazos propios. El perímetro de seguridad de Barcelona, por tanto, permitió su transformación radical. No había nada, más que algunas casas de campo, entre Barcelona y los pueblos cercanos, como Sarrià, Gracia o Sant Martí de Provençals.

Cerdà empezó a construir su propio futuro y el de la ciudad levantando el plano topográfico de los contornos urbanos. Tardó un año en realizarlo, con la ayuda de setenta y cinco hombres y su propio hermano. Lo expuso en el Saló de Cent a finales de 1855. Fue el primer paso. El segundo, todavía más contundente, fue su investigación sociológica sobre los trabajadores locales, que tituló *Monografía estadística de la clase obrera de Barcelona en 1856* y es el equivalente local de la *Situación de la clase obrera en Inglaterra en 1845* que Friedrich Engels escribió tras un exhaustivo trabajo de campo en Manchester. De los cerca de 25.000 obreros barceloneses, con jornadas de hasta diecisiete horas, casi 4.000 eran niños, obligados a trabajar hasta trece horas al día. El látigo era un instrumento más entre los que convivían en el telar. Dice Lluís Permanyer en su *Història de l'Eixample* que la estadística de Cerdà fue tan completa que le permitió formular una teoría matemática sobre la ley de la mortalidad: aumentaba según la estrechez de la calle y la pequeñez de la vivienda. El tercer paso, el definitivo, fue su obra maestra, que apareció una década más tarde. *Teoría General de la Urbanización y aplicación de sus principios y doctrinas a la reforma del Ensanche de Barcelona* es un estudio histórico de la ciudad, seguido del análisis de la realidad barcelonesa, apoyado en su conocimiento profundo de las condiciones de vida de sus habitantes. Sin una teoría elaborada no puede haber una práctica realmente efectiva.

En sus investigaciones Cerdà se pregunta qué es exactamente una calle, porque no le satisface la explicación más evidente: una vía de circulación. Estudia la historia de la calle y llega a la conclusión de que, desde sus orígenes, ha sido sobre todo un prólogo, un patio descubierto, una prolongación de la casa. Así nació, como el lugar por donde la casa se nutre de aire, de luz, de provisiones, de vistas, de visitantes. La unión de varios de esos prólogos o patios delanteros o patios traseros daría lugar, posteriormente, a la calle.

Ese vínculo es el principio sagrado de la urbanización.

114

«Un camino de cinco minutos, el camino que durante cator-ce años hice cuatro veces al día», leemos en *Fuera de aquí* de Enrique Vila-Matas: «Ése fue el gran camino, el camino in-augural, con sus límites y con sus mitos. La calle Rimbaud lo llamo. El camino de la vida».

115

El urbanista llega también tras un ejercicio de retrospección a ciertas ideas sobre el pasaje. Como le interesa la calle en todas sus dimensiones, incluida su altura, se pregunta por lo que llama «el cielo de la calle» y advierte que, históricamen-te, no siempre ha estado descubierto. Los romanos popula-rizaron el soportal, que heredó como una tipología el me-dioevo. El vuelo de los tejados, los balcones y los toldos son otras de las soluciones tradicionales para proteger la entra-da, la fachada o al peatón del frío o del calor, de la lluvia o de la nieve. Tras el estudio histórico, Cerdà se muestra rea-cio a la tipología del pasaje, esa importación de «los países del norte», que rechaza por motivos higiénicos (su cobertu-ra no deja pasar ni el aire ni la luz). Los acaba aceptando con muchos reparos: «Sólo en circunstancias muy especiales y bajo determinadas condiciones se autorizará la construc-ción de los pasajes». Pero más tarde rectifica, precisamente porque se da cuenta de que es una tendencia europea que responde a la intensificación de ese tráfico rodado que pone en jaque la experiencia tranquila del peatón. Además, el pa-saje expande la casa, reproduce en un falso exterior o un exterior relativo la paz y seguridad del hogar. Remite –falsa o genuinamente– al origen de lo urbano, antes de que las calles secuestraran la vida del ciudadano.

Pasajes como el Bacardí, por tanto, le parecen conve-nientes, porque descargan las grandes vías de las masas de peatones y los ponen a salvo de los accidentes ecuestres y rodados; además, «siendo debidos al interés y a la industria privada, han producido un beneficio público que nada ha costado ni cuesta al tesoro municipal ni al Estado», al tiempo que por su condición mercantil «acrecientan la riqueza pública». Aunque en realidad se trate de soluciones urbanísticas que parten en dos la joya de la corona de su plan maestro, la manzana, al tiempo que atentan contra su ideal de igualdad, preservan la medida humana –y ésa era su obsesión–. De modo que en 1865, cuatro años después de haberse edificado la primera casa del Ensanche, ya existe el pasaje Permanyer y en las décadas siguientes serán unos cincuenta, tanto en el centro como en Gracia y Sant Martí.

Su proyecto era descentralizador: todas las manzanas serían iguales, los edificios serían bajos, el protagonismo recaería en las personas y no en la piedra, el hierro o el mármol. Y sin embargo el Paseo de Gracia se convertiría enseguida en un nuevo centro. Y sus gigantescos edificios, modernistas o no, en vedettes del gran teatro de la burguesía. Y sus pasajes, en oasis de vegetación en un área de parques exterminados, reductos carísimos para los barceloneses más acaudalados. Pruebas de un delito colectivo: el de los propietarios y constructores y especuladores que abrieron pasajes para sortear las restricciones de las ordenanzas municipales, incrementando el perímetro edificable, para no respetar el centro público que debían tener todas las manzanas, para enriquecerse todavía más, privatizando los centros de manzana, boicoteando sistemáticamente el Plan Cerdà.

Cada vez que le cuento a alguien que estoy recorriendo obsesivamente, hasta memorizarlos con los pies, coleccionándolos, los pasajes de Barcelona, escucho los mismos topónimos, como si no hubiera otros, como si no existieran *los otros*, que son precisamente los que quiero míos, los que recorro a diario para apropiármelos. Me hablan del pasaje Permanyer. Del Méndez Vigo. De los interiores de manzana. Me hablan del Eixample o Ensanche, como si no fuera precisamente eso: lo que vino después, lo que ensanchó una textura previa. Tendemos a pensar la ciudad a partir del Paseo de Gracia, del modernismo aristócrata, de la cuadrícula que se convirtió en *modelo* porque grapó tanto los pueblos como las zonas espectaculares de la ciudad. Esos retazos de fenómenos históricos, de exposiciones universales y juegos olímpicos y fórums culturales fueron incorporados a la trama por el plan maestro: el parque de la Ciudadela, la plaza España, la montaña de Montjuic entera, la Villa Olímpica, toda la playa hasta el río Besós. La memoria de mis suelas insiste en cambio en una topografía proletaria o tomada por el pueblo, la de los oficios que dejaron de serlo, la de aquellos burgueses que se mudaron y que dejaron tras ellos túneles de ruinas, proyectos fallidos de una modernidad que no fue, que sigue queriendo ser.

116

«Levantar por cien veces, topográficamente, la ciudad desde sus pasajes y sus puertas, cementerios, burdeles, estaciones, tal como antes se hizo desde sus iglesias y mercados», leemos en el *Proyecto de los Pasajes*: «Las ocultas figuras de la ciudad hechas de asesinatos, rebeliones, sangrientos nudos en la red de calles, y los nidos de amor, y los incendios».

117

Adormideras, estramonios, laurel, acónitos, beleños, girasoles, narcisos, prímulas (también llamadas primaveras), rosas, naranjos, flores de la manzanilla, claveles, hortensias: ésas son las plantas que predominan en la decoración de las farmacias modernistas de Barcelona. Había varias en las inmediaciones de mi casa de la calle Ausiàs March. Pasaba por sus puertas, cuando iba a la panadería, al banco, a Correos, a l'Escola d'Escriptura de l'Ateneu, a la universidad, a las librerías del Paseo San Juan, a los pasajes que conectan Trafalgar con Sant Pere Més Alt.

La farmacia más antigua de la ciudad probablemente sea la Fonoll, en el número 52 de la calle paralela a ésta, Sant Pere Més Baix, aunque originariamente –desde 1561– se encontrara en terrenos arrasados para la erección de la Ciudadela. Fue en 1894 remodelada en clave modernista. La Nordbeck, en la calle Ausiàs March, 31, ahora llamada Aguilar, donde compraba el paracetamol o el suero fisiológico para limpiarle la nariz a nuestro primer bebé, se inauguró en 1905, como una obra radiante y modernista en un edificio de 1892 que, en cambio, era de estilo ecléctico. Toda la fachada de madera tallada y hierro forjado tapa la del edificio que la acoge: lo corrige. La antigua farmacia del Doctor Viladot, muy cerca, en el número 8 de la calle Bruc, hace décadas que no es farmacia, pero por suerte está en el Catálogo de Patrimonio y su artesanía debe ser preservada. Se encuentra exactamente entre mi casa anterior y la boca superior del pasaje Manufactures. El establecimiento abrió sus puertas en 1905, propiedad del licenciado Francesc Xavier Palomas i Bons, catedrático de Materia Farmacéutica Vegetal de la Facultad de Farmacia. La puerta está enmarcada por sendas columnas o árboles, cuyas mini raíces simulan desaparecer en el mármol y en cuya copa las flores palidecen, a medida que van perdiendo el pigmento que las pintó hace un siglo.

La mayoría de las plantas y flores que se representan en esas fachadas modernistas son medicinales. La adormidera y las plantas opiáceas eran muy valoradas en la época por sus efectos calmantes. El laurel, por su parte, está vinculado a la serpiente en la iconografía tradicional, y tiene propiedades estimulantes. La tercera planta más presente, la rosa, no sólo lo era por razones estéticas, sino también por ser utilizada como remedio contra la diarrea.

118

«Pero repentinamente Ora se siente rebosante de fuerza. Sólo quiero que te des cuenta de que a veces una mala noticia es realmente una muy buena noticia que no has llegado a comprender», leemos en *La vida entera* de David Grossman: «Y recuerda que lo que una vez quizá fue una mala noticia puede convertirse con el tiempo en una buena noticia, incluso en la mejor de todas. Dicho esto le suelta la mano y le pone en ella la rama de flores amarillo-sol que antes ha arrancado. Ven, Abram, sigamos andando».

119

En los pasajes cubiertos y semicubiertos, de origen francés, no se manifiestan las estaciones del año. Sólo las sugieren la ropa de la gente, las guirnaldas navideñas o las ventanas abiertas cuando llega el buen tiempo. Son ámbitos de la sombra y la penumbra. Los pasajes al sol del Eixample, en cambio, tan ingleses sin saberlo, transparentan en sus árboles la primavera y el otoño, son ambiguamente exteriores, no les dan miedo a los turistas. Los pasajes del siglo XIX son particulares pero están obligados a *servidumbre*: son de paso necesario. Pero sólo de día. Los de la Ciudad Vieja son decimonónicos, patrimoniales, pero están sucios y albergan peligro. Recuerdan con su persistencia que existió un proyecto de modernidad burguesa en Barcelona, un proyecto que construyó fincas igualmente ostentosas en todos los barrios de la ciudad, algunas de ellas atravesadas por pasajes igualmente señoriales. Pero en los del Ensanche, Sarrià o Pedralbes viven los ricos y en los del Barrio Gótico y el Raval, los pobres.

Tal vez la figura clave (si es que tiene sentido la expresión «figura clave») de la transición entre la vieja Barcelona y la nueva no sea Cerdà, sino Josep Oriol Mestres i Esplugas, a quien los grabados muestran con una barba blanca bien recortada y lentes de montura metálica, que fue uno de los miembros principales de la Comisión del Ensanche; y uno de los arquitectos finalistas del concurso de proyectos de la plaza Real, donde imaginó una audaz estructura de columnas de hierro fundido; y uno de los coordinadores del derribo de las murallas; y uno de los constructores y reconstructores del Liceo; y el autor de la primera casa del Eixample (la Casa Gibert, erigida en 1861 y derribada treinta años más tarde); y el arquitecto de la Catedral responsable de su fachada, entre otros fragmentos de ese frankenstein que llamamos *Barrio Gótico*; y el autor de Los Campos Elíseos; y, por supuesto, el asalariado de burgueses y aristócratas para quienes proyectó palacios y segundas residencias en toda Cataluña.

Ni gótico ni clásico, en ese eclecticismo que define tanto como lo hace el modernismo la Barcelona de la época –y de todas las épocas–, Mestres i Esplugas diseñó también esa torre de ladrillo que no puede verse desde la calle, porque no supera los veinte metros de altura del primer Ensanche, atrapada en el interior de la manzana que limitan Roger de Llúria, Bruc, Consell de Cent y Diputació, a la que accedo a través de un túnel de acceso público, uno de los miles de pasajes que nadie llama *pasaje*. La Torre d'Aigües suministró a los vecinos de estos edificios una agua muy celebrada por su calidad, a la que se le llegaron a atribuir virtudes medicinales. Una placa de los viejos tiempos reza todavía en la boca del túnel: «Manantial del agua de la Asociación de Propietarios». En estos metros cuadrados que en verano se convierten en la piscina del Eixample se puede percibir la conexión de la ciudad con su subsuelo líquido. Su represión. A finales del siglo XIX existió incluso una comisión especial para la domesticación de los torrentes, que programó la canalización de los cursos naturales en el interior de la red municipal de alcantarillado. En *La unificació municipal del Pla de Barcelona 1874-1897*, Ramon Grau y Margarida Nadal explican cómo se gestionó económicamente la domesticación del agua: «La carga financiera sería disminuida también per la venta de solares resultantes de la eliminación de los lechos fluviales, lo que orientaba indefectiblemente las primeras obras de canalización de los cursos de la parte más céntrica del Eixample: riera de Malla y torrente de l'Olla, del Mal y del Pecat».

Justo enfrente, cruzando la calle Roger de Llúria, te encuentras con una de las dos entradas del pasaje Permanyer, tan señorial la una como la otra, con esas rejas bien sólidas, sinónimos ambas de exclusividad y privilegios. Aquí vivieron, entre otros, Francesc Torrescassana, alumno de la Llotja y pintor orientalista; el escultor Damià Campeny, profesor de la misma institución; el dibujante y decorador Josep Pascó; el ideólogo catalanista y católico Josep Torras i Bages, mecenas de José María Sert; el pianista Carles Gumersind Vidiella, fabuloso intérprete de Beethoven, el único con placa que lo recuerde (una gran placa que da a la calle Pau Claris y que supone un agravio comparativo); y el humanista y letraherido e ilustrador y un poco genio Apelles Mestres, hijo del arquitecto Josep Oriol y padre putativo de tantos artistas del modernismo.

Por los extraños cordones umbilicales que unen la gimnasia barcelonesa con sus pasajes, tan sólo comparables con los que unen el surrealismo con los de París, no me extraña descubrir que aquí se abrió en 1961 el primer centro de medicina deportiva de España. Están locos estos pasajes.

120

«El más saludable desayuno se obtiene mezclando una o dos cucharitas en un vaso de leche del Jarabe de café concentrado Fortuny, de venta en todos los colmados y ultramarinos», leemos en *La Vanguardia* del 31 de enero de 1909: «Cirugía general. Doctor en Medicina y Cirujía por la Universidad de Berlín; ex-assistenzarzt (médico auxiliar) de la clínica quirúrgica del profesor Kóeher de Berna. Pasaje Permanyer, 7. Consulta de 3 a 5. Partos y enfermedades de las señoras».

121

En vez de pasear solo, en esta ocasión lo hago en compañía de Teresa Garceran, que trabaja en el instituto municipal de Parques y Jardines y ha publicado varios libros sobre paisajismo y jardinería, con quien he quedado en la puerta del pasaje Permanyer que da a Roger de Llúria. Mientras avanzamos, desde el otro extremo, el que comunica con Pau Claris, el vigilante o conserje viene lentamente hacia nosotros con una gran escoba de paja en la mano derecha, con la que empuja las hojas hacia el recogedor que lleva en la izquierda, mirándonos de vez en cuando por encima del umbral de las gafas.

La primera casa que nos encontramos, la número 14, era la de Apel·les Mestres. No hay rastro de sus arañas ni de sus hortensias. De su época, frente al patio de la casa, sólo queda uno de los casi quinientos ejemplares de cedro del Himalaya según el *Catálogo de Árboles de Interés Local*.

–Me sorprende que apenas haya en Barcelona árboles con más de un siglo de edad –le comento.

–Suponemos que los más antiguos de la ciudad se encuentran en espacios privados y no están documentados. Ten en cuenta que muchas de estas especies llegaron porque los indianos las hacían traer desde América o Asia. Por cierto que también desde otros continentes llegó el picudo rojo, el coleóptero que está matando a esa *Phoenix canariensis*.

Me señala una palmera triste, un árbol sin exotismo, un largo tronco que culmina en una corona pelada. Por él trepa un tubo negro.

–Las larvas de ese escarabajo perforan hasta un metro del tronco, que en las palmeras se llama estípite. Están exterminando las palmeras de Barcelona y de muchas otras ciudades mediterráneas. Por el tubo se le está aplicando en el ojo un tratamiento foliar. El otro tratamiento más habitual es con un taladro: se le abre una especie de vía, una piqueta de endoterapia, por la que inyectarle un insecticida biológico. Ahora se está experimentando con hongos que, a largo plazo, parecen ser la mejor forma de combatir la plaga.

Las verjas de las casas señoriales, todas idénticas, son originales. La arquitectura y la ornamentación se han mantenido aproximadamente intactas, quitando el pavimento de los patios anteriores o los sistemas de iluminación, desde que el arquitecto Jeroni Granell proyectó el pasaje en los años 60 del siglo XIX. La vegetación original, en cambio, ha ido cambiando a medida que lo hacían los propietarios. En el número 11 hay un ficus con sólo unas pocas décadas de vida y en el 10, dos cipreses de mediados del siglo pasado.

–¿Le puedo hacer una pregunta? –le digo al vigilante o conserje cuando acabamos por cruzarnos.

–Dígame usted.

–¿Cuál es la casa que está en venta? La he visto en una página web, creo que piden un millón ochocientos mil euros...

–La del número cuatro. –La bata que lleva es de conserje–. Ese señor es el propietario.

Señala a un hombre bajito, de unos cincuenta o sesenta años, con un anorak que le queda grande.

–Gracias, y otra curiosidad: ¿por qué la fachada del número 2 está manchada con pintura de colores?

–Esa pregunta es personal, no puedo responderla. –La bata se convierte en un uniforme.

–No me parece personal, pero bueno...

–Es que yo no estoy obligado ni a dejarles pasar. Este pasaje es propiedad privada. –De pronto: un uniforme de Securitas.

Dos tórtolas se posan en una morera podada. Transformado de nuevo en conserje con gafas, se aleja barriendo y nosotros continuamos observando. Como nos da la espalda, entramos en el patio de la casa en venta y Teresa me muestra la diferencia de tamaño entre las hojas más jóvenes y más viejas del ficus, que conviven como dos grandes estratos en la misma pared que da a la propiedad vecina.

–Es un ficus trepador, como las buganvillas y las hiedras que hemos visto en otras verjas.

Hay una telaraña como las que obsesionaban a Mestres.

De todas las casas del pasaje, la más vegetal es la del número 2, la sospechosa. Una bicicleta, atada con una cadena a la preciosa reja modernista de motivos florales, igual a la de la puerta de la calle Pau Claris, indica que alguien vive detrás de los restos de ese escrache. Me dice Teresa que el laurel es muy viejo. El dueño de la bicicleta, el vecino de la casa en venta, cada vez que vuelve a casa tiene que atravesar un pequeño bosque.

Por encima de la caseta del conserje o vigilante, con su cartel de «Pas únic a veïns», se alza una esbelta, delgada palmera washingtonia y, a su lado, una palmera canariense completamente muerta.

En las calles de Barcelona hay 150.000 árboles dispuestos en líneas rectas. La cuadrícula de manzanas tiene su eco en el damero arboleda. Algunas decenas de ellos son centenarios: en la mayor parte de los casos sobreviven, como las chimeneas de las fábricas eliminadas, ruinas vivas o testimonios de jardines privados o plazas públicas que también han desaparecido. Están catalogados. Son patrimonio. Esta ciudad tiene, por tanto, mucha más conciencia de sus árboles que de sus pasajes.

122

«Barcelona vivió durante muchos siglos dentro de murallas, hasta 1850. Seguramente fue un error derribarlas, en el sentido de hacerlas desaparecer. Si se hubieran conservado, ahora tendríamos un recinto monumental magnífico, como el de Caracassone, por ejemplo», leemos en *Refent Barcelona* de Pasqual Maragall: «El Centro Antituberculoso de Josep Lluís Sert, la plaza de Castilla, la calle Tallers y la ronda de Sant Antoni: es otra zona que puede monumentalizarse perfectamente dentro del plan global».

123

Dibujante, poeta, excursionista y viajero, autor teatral, horticultor, coleccionista, músico, hoy diríamos que también diseñador: a Apeles Mestres todo le interesaba, y todo lo hacía bien.

Las fotografías de su jardín de hortensias en esa casa que acabo de dejar atrás muestran exuberancia sin rubor: grandes y blancas como cabezas de sabios, como cerebros de gigante, como globos terráqueos iluminados por bombillas blancas. Cambió el modo de cultivarlas que se había practicado durante siglos: reivindicó la necesidad de que les diera la luz del sol y las regó, puntualmente, a la una de la madrugada; además de dedicarles tres horas todas las mañanas. La sombra la proporcionaba una palmera majestuosa; y la fachada estaba cubierta por la furia magenta de una buganvilla. Pero era en la terraza donde tenía el auténtico jardín, las mejores hortensias, las flores aromáticas, los cactus –que le había enseñado a diferenciar y cuidar su abuela en la vieja casa de ese Barrio Gótico que ayudó a inventar su padre– y hasta una pequeña superficie ritual, dedicada al cultivo de trigo, que segaba religiosamente una vez al año.

Allí, en el oasis artificial de su torre de marfil, observaba con precisión a las arañas: las dibujaba, las estudiaba, creía incluso amaestrarlas. Se dejaban acariciar por sus amigos. Pero no las consideraba obra suya. Afirmaba, en cambio, que no cambiaría ninguno de sus poemas, canciones, obras teatrales o dibujos por una de sus mejores hortensias. Formaban parte imprescindible de aquella casa que él concebía como una obra de arte total.

Su biografía nos lleva a varias de las palabras clave que se repiten cuando hablamos del siglo XIX cultural de Barcelona:

estudió en la Llotja; fue un habitual de las tertulias del Café Continental y del Suizo; publicó sus ilustraciones en *La Campana de Gràcia*, *La Publicitat* y *L'Esquella de la Torratxa*.

Entre sus libros del cambio de siglo destacan *Vobiscum*, que ilustró con imágenes de inspiración prerrafaelita y maquetó como si de un incunable se tratara; y el álbum fantástico *Liliana*, poblado de duendes y hadas, traducción libre de las gárgolas y el santoral a la luz de las velas que veía durante sus juegos y vagabundeos, de niño, por el interior de la Catedral, transportados a la naturaleza, al aire libre, a la luz y el color del campo que frecuentó siempre en sus excursiones.

Se encerró en esa torre con su esposa parisina en 1898, tras una crisis nerviosa que lo llevó a abandonar durante algunos años la literatura. Permaneció allí una década, dibujando de pie y escribiendo sentado, hasta que en julio de 1908 aceptó por sorpresa la invitación de su amigo Casas, quien lo recogió con algunas otras personas a bordo de su flamante automóvil –el mismo que aparece en su cuadro con Pere Romeu– y lo llevó al Parc Güell, para que se reencontrara con la naturaleza real que él había miniaturizado durante todo un cambio de siglo en su jardín.

En los primeros años en este nuevo domicilio convocó numerosas tertulias artísticas y se convirtió en uno de los maestros de los jóvenes modernistas, que vieron en sus libros con texto e imagen, diseñados hasta el último detalle, un camino abierto y con muchísimo futuro. Se quedó ciego en 1914, pero eso no fue excusa para no seguir creando, en un compromiso insobornable con la libertad: su poema «Atila», de 1915, se adelantó un año a la famosa consigna del comandante Robert Nivelle en la batalla de Verdún, «¡No pasarán!»: «¡No pasaréis! Y si pasáis / será sobre una superficie de ceniza: / tomaréis nuestras vidas, / pero no nuestra alma. / ¡Pero no ocurrirá! Hagáis lo que hagáis, ¡no pasaréis!». En 1920 fue condecorado con la Legión de Honor por su apoyo a la república vecina durante la contienda.

Murió durante la madrugada del 19 de julio de 1936, los

primeros disparos de la guerra civil española como sacudi-
da, despedida y telón de fondo.

124

«Las ciudades tienen una personalidad, un espíritu autónomo, un carácter casi manifiesto que corresponde a la alegría,
al nuevo amor, a la renuncia, a la viudez», leemos en *Brujas
la Muerta* de Georges Rodenbach: «Toda ciudad es un estado de ánimo, se propaga en nuestro interior como un fluido
que se inocula y que incorpora los matices del aire».

125

El mundo, para mí, era todo aquello.

Apelles Mestres no escribió ningún libro sobre su casa
del pasaje Permanyer, pero sí lo hizo sobre la casa de su infancia. Lo publicó en 1912 y se titula *La casa vella*, aunque
el subtítulo es menos literal y, por tanto, más interesante:
«reliquiario». Era, en efecto, muy vieja: el hogar de sus bis-
abuelos y abuelos y padres; en el corazón del barrio más
antiguo, con una arquitectura en que podían encontrarse
gárgolas medievales con cara humana y alegorías y ruinas
de muralla romana, rostros y rastros, vigas en el techo, rastros y rostros, patio de tierra, la torre gótica encabalgada en
la torre romana y el fantasma del vecino, el enterrador de la
inmediata Catedral, fantasma que aparecía –shakesperiano–
cada vez que hacían un hoyo en el jardín, cuando brotaba
un fémur o un cráneo o un diente entre las raíces del limone-
ro: rostros de rastros.

El padre de Mestres, Josep Oriol, gracias a su condición
de arquitecto de la Catedral, coleccionaba capiteles románi-
cos y góticos, que exhibía en los extremos del jardín. Pertenecían a los conventos de Santa Caterina y Sant Francesc, a
casas particulares, a edificios que habían ido desaparecien-

do. Cuando recogía o compraba o robaba o salvaba de la desaparición aquellos rastros y restos y ruinas y rostros del naufragio, no podía saber que aquella casa desaparecería y que de aquel mundo sólo quedaría un libro de recuerdos y reliquias, prosa de la memoria acompañada de acuarelas y dibujos a tinta, reconstrucción fragmentada, en blanco y negro y en color, de un mundo desaparecido, configurado no sólo por piedras, rejas, vigas o árboles, o por un plano que nos recuerda que la casa y el jardín y el antiguo cementerio ahora son un callejón que une el carrer del Bisbe con la plaça Sant Felip Neri, sino también por gallos sueltos y en jaulas, sombras alargadas o arácnidas, sábanas tendidas, gatos que toman el sol y hasta un niño inclinado sobre su pupitre, la pluma se desliza por el papel en blanco, no sabemos si escribe o dibuja, si es que dibujar no es escribir (y viceversa).

126

«Si tocas la peana sobre la que se levanta la estatua ecuestre del rey Carlos I, en Charing Cross, seguramente tus dedos rozarán los protuberantes fósiles de nenúfares, estrellas y erizos de mar», leemos en *Londres. Una biografía* de Peter Ackroyd: «La piedra portland del edificio de aduanas del puerto y de la antigua iglesia de Saint Pancras posee un lecho en diagonal que refleja las corrientes del océano, mientras que, en las paredes de Mansion House y del Museo Británico, ese mismo tipo de piedra alberga centenarias conchas de ostra».

127

«El pasaje Domingo mide 150 pasos míos», escribió en sus memorias un vecino de esta ciudad, Ramón Carnicer, como si la extensión del pasaje coincidiera con la de su biografía. En ellas recuerda a las personas más ilustres que conoció en estas casas, pero a mí me llaman más la atención las líneas que dedica a las figuras menores, la pequeña historia cotidiana: «Haciendo sonar una trompeta, situaba su carro a la entrada del pasaje por la calle de Valencia», leemos en *Pasaje Domingo. Una calle y 15 historias*, y entonces todas las «muchachas de servicio de la manzana, nada más oír la trompeta, trotaban escaleras abajo con su cubo, que era de cinc o de caucho». El basurero –alto, fuerte, rubiales de ojos claros–, devolvía el cubo vaciado «y era habitual que al hacerlo le diera un amistoso y sonoro azote en el nalgatorio, entre la sonriente y más bien teórica protesta de la azotada». Eso ocurría de día. De noche los azotes «eran más extremos, por la falta de circulación y la timidez de sus farolas».

En los años 50 del siglo pasado, prosigue Carnicer, los basureros no eran contratados por la ciudad o por el vecindario, sino que buscaban su sueldo en el reciclaje posterior de la basura que iban recogiendo por las calles que tenían asignadas. El servicio lo prestaban por las mañanas, de modo que por las tardes «se veía desfilar hacia las afueras una larga e intermitente sucesión de carruajes, arrastrados por mulos, caballos y jumentos que conducían los desperdicios a lugares donde se procedía a su clasificación (trapos, papel, metal, comestibles o elementos orgánicos convertibles en abono, etc.), para ser llevados a los almacenes o factorías del caso». A finales de año, el basurero felicitaba las navidades a los vecinos de su zona de recogida, regalándoles una litografía en color donde al parecer había alguna representación simbólica de sí mismo, junto con su carro y su bestia; en la esquina aparecía un pollo asado, una piña, un turrón, una botella de champán: algunas ideas para orientar el aguinaldo.

No están claros los límites entre el basurero y el trapero, que en catalán se llama «drapaire». Circulaba con su carro tirado por caballo o mula y, cuando se detenía, tocaba el triángulo o algún otro objeto metálico que colgaba de un lateral para alertar de su presencia a los vecinos. Recogía botellas, chatarra, ropa, papel y cartón, trastos viejos y hasta las pieles de los conejos que acababan de desollar las cocineras y las amas de casa. A los adultos les pagaba con céntimos; a los niños, con golosinas. Más de uno se enriqueció con el reciclaje. Recuerda Carnicer a un auténtico magnate de la época, apodado precisamente El Drapaire, con un habano y una copa de coñac en El Oro del Rhin, codeándose con burgueses, indianos y artistas del hambre.

Los nietos de aquellos nómadas del trapo son los actuales vagabundos de la chatarra. Aunque recorren incansablemente toda la ciudad, incluido el Eixample, sus guaridas están en las orillas, en las fábricas abandonadas y los pasajes cercanos a los ríos y a las rondas. En mis deambulaciones por la ciudad he regresado varias veces a la gran nave industrial de la calle Puigcerdà donde vivieron en 2012 y 2013 hasta trescientos chatarreros procedentes de África, América Latina y Europa del Este, que el dibujante Sagar y yo documentamos en viñetas. A finales de 2013 ya había sido arrasada. El solar es un páramo. Un desierto. Un campo de batalla. Sólo sobreviven (tal vez ahora ya no estén) los grafitis, aquella patera a la deriva, aquellos gritos («No somos animales, somos personas») y uno solo de los muchos edificios, el que atesoraba el almacén de Kheraba, su reino.

Pero los chatarreros siguen ahí. En otras naves, que van cambiando al ritmo de los desalojos. En pasajes de la frontera con Sant Adrià del Besós, como el Foret, que desemboca en una rampa aparatosa e inverosímil: el domingo que lo visité una familia de gitanos preparaba el arroz con mejillones en un fogón a butano, los niños jugaban con una pelota de plástico y los abuelos eran viejísimos, preolímpicos. Como el del Taulat, donde a través de una rendija de la valla opaca vi a una docena de metaleros rumanos, con sus mujeres y sus hijos; al menos tres casas de ese pasaje estaban okupadas en 2014, junto a la sede de la Sociedad Catalana de Colombofilia.

Mis oídos se han acostumbrado durante estos años a detectar a mi alrededor el sonido de los carritos de supermercado cargados de cartón o de metal, ese ruido inconfundible que no se puede disimular, esas ruedas que rasgan el suelo como si quisieran hacer gritar a la ciudad.

Esa banda sonora antigua y original, el eco de mis pasos.

128

«Hijo de Matías y de María, de treinta y tres años de edad, natural de Udine (Italia), casado, tupidor, domiciliado en esta capital en el pasaje Serrahima, número cuatro, piso segundo», leemos en *Documentación histórica del trosquismo español (1936-1948)*: «El que convenientemente interrogado si pertenece a la Sección bolchevique-leninista de España adscrita a la Cuarta Internacional, manifiesta que sí».

129

«Había una señora que a su sombra se dejaba *tomar de la cintura y luego del brazo* por uno de los italianos que hacían negocios en uno de los locales del pasaje», escribe Ramón Carnicer en sus memorias. Barcelona ha sido, tradicionalmente, la ciudad más italiana de España. Poco después de que unos artesanos traídos expresamente del país transalpino decoraran el interior del pasaje Bacardí, en 1871 vivían aquí un tercio de los casi cuatro mil italianos que residían en España. Muchos de ellos se dedicaban al ámbito de la hostelería, tanto en la dirección como en la cocina y la atención al público. También había un nutrido grupo de artesanos. En 1927 eran ya tres mil los italianos barceloneses, a causa de empresas como Martini, Hispano-Olivetti o Pirelli. Siguiendo el orden de las necesidades básicas, la comunidad se articuló tempranamente a través de una sociedad de socorro mutuo, a la que siguieron un colegio, una casa de actividades sociales y un centro cultural. A partir de la segunda década del siglo las empresas italianas se comprometieron con el funcionamiento de las instituciones que ya se habían instalado en el pasaje Méndez Vigo: el Colegio Italiano, la Casa degli Italiani (que substituía a la asociación de beneficiencia y ayuda mutua) y la delegación local de la Società Dante Alighieri. Como el Permanyer, el Méndez Vigo, inaugurado en 1868 –tal y como repiten las dos rejas que lo limitan (con Consell de Cent y con la calle Aragón)–, es un pasaje de estilo inglés, es decir, descubierto y con casas de planta y uno o dos pisos precedidas por un jardín y una verja; pero su destino era, al parecer, decididamente italiano.

Si en la Ciudad Condal encontramos a los mismos ilustres personajes tanto al frente de las grandes empresas y bancos como en las juntas de las más prestigiosas instituciones culturales, en el pasaje de los Italianos los directores de las delegaciones de Martini o Hispano-Olivetti también decidían la programación de cine, de lecturas poéticas y de veladas amenizadas por sopranos de La Scala de Milán. Pirelli, de hecho, compró a instancias de la Casa el palacete del número 5 del pasaje, para que fuera la sede del Instituto Italiano de Cultura. Allí tenían lugar, entre tantos otros eventos, el baile anual donde coincidían los personajes más preeminentes tanto del micromundo italiano como de la Ciudad Condal.

Cuando, entre 1923 y 1926, se formalizó el Fascio en Barcelona, el liderazgo de la Casa fue puesto en entredicho. Que compartieran espacio fue una brillante decisión estratégica: el objetivo es que llegaran a confundirse. Roma fue enviando políticos y profesores, asesores y estudiosos afines al régimen, para asegurarse de que controlaba ideológicamente a la comunidad italiana, que pecaba de anarquista. Fue un proceso lento. Pero en 1935 se logró que el líder del Fascio en Barcelona fuera designado automáticamente presidente de la Casa degli Italiani. Durante los turbios años de Mussolini, tanto el Instituto como la Casa sirvieron a los intereses propagandísticos de Roma, mediante conferencias y proyecciones fílmicas. Como ha estudiado Arnau Gómez i Vilalta en *Cataluña bajo vigilancia: El consulado italiano y el fascio de Barcelona (1930-1943)* este pasaje también fue escenario de protestas anti-fascistas, como las organizadas por Esquerra Republicana de Catalunya. En 1935 el Colegio Italiano dejó de enseñar la lengua catalana. Por suerte, Mussolini perdería la guerra europea. Por desgracia, seis años antes, Franco ganaría la guerra española. En parte gracias a la Aviación Legionaria Italiana de las Baleares, que en 1938 lanzó 11.500 toneladas de bombas sobre Barcelona. Por primera vez en la historia una ciudad de más de un millón de habitantes era sometida a un bombardeo sistemático. Cuarenta y tres horas. Casi mil muertos. Los aviones se ensañaban con esta parte de la ciudad. Pero aquí, en estos metros cuadrados de pasaje, estabas a salvo.

A mediados de 2005 alguien decidió dejar una gran cafetera metálica, con un reloj y un cable, en la puerta del Instituto Italiano de Cultura. Un empleado, que llegó a las ocho menos cuarto de la mañana, alertó a la policía, la zona fue rápidamente desalojada y se estableció un perímetro de seguridad. Los artificieros trabajaron en la desactivación con un perro labrador. Según una versión de los hechos, el animal cometió el error de tocar el artefacto con la pata, pese a que su dueño intentó prohibírselo; según la otra, oliendo el peligro, se adelantó al artificiero y recibió el impacto en su lugar. La bomba explotó. El perro salió despedido cinco metros a causa de la onda expansiva y murió en el acto, empalado por la metralla. Eran las ocho y cinco. Un policía había resultado herido. Todos los vecinos del pasaje estaban conmocionados. Durante algunos días los medios barajaron la opción de un atentado anarquista. Después se olvidaron de la bomba, del miedo, del policía con heridas leves, del perro cuyo nombre era Pretto, según descubro en una página web especializada en el homenaje a perros héroes, perros muertos.

130

«Giuseppe Meli, presidente de la casa, recuerda que este año celebran los 100 años que lleva esta institución en una señorial torre del tranquilo pasaje de Méndez Vigo», leemos en *El Periódico* del 17 de marzo de 2011: «El industrial Alberto Pirelli, el rey Vittorio Emanuele II, el presidente Sandro

Pertini, el dramaturgo Luigi Pirandello, el inventor de la radio, Guglielmo Marconi, y el cineasta Federico Fellini han
firmado el libro de honor de la casa, en el que alguien ha
arrancado la página con la firma del dictador Primo de Rivera».

131

El pasajismo o pasajerismo tiene en la Revolución francesa
uno de sus capítulos más insignes –aunque poco recorda-
dos– gracias a Rétif de la Bretonne, empedernido rompesuelas nocturno. Trabajó en la Imprenta Real de las Galerías del
Louvre desde 1751 hasta 1767, cuando el éxito de su primera novela, *La familia virtuosa*, le empujó a dedicarse
profesionalmente a la escritura. Filósofo, moralista, liberti-
no, pornógrafo, enemigo del monstruoso Sade, cronista, caminó como nadie el París del siglo XVIII, que iluminó con sus
sombras en dieciséis volúmenes autobiográficos.

El último es *Las noches revolucionarias*.

La cuarta noche, la del 14 de julio de 1789, comienza a
las tres y media de la tarde, cuando el caminante sale a la
calle y se encuentra dos cabezas clavadas en sendas picas.
Enseguida escucha que han tomado la Bastilla. No se lo
cree: tiene que comprobarlo con sus propios ojos. De camino, en plena plaza de la Grève, se tropieza con un cuerpo
decapitado. Hay quien lleva en las manos, como si se tratara
de un estandarte, intestinos humanos. Van y vienen heridos
en camilla. De la Bretonne piensa que podrá ver el asedio: «y
cuando llego todo ha acabado ya: la plaza está tomada,
unos insensatos se dedican a tirar documentos, tan valiosos
para la historia, desde lo alto de la torre a la fosa... Planea
sobre la ciudad un genio destructor». Le impresiona la lluvia de papel tanto o más que la de sangre.

El resto de la noche lo dedica al vagabundeo. Piquetes.
Patrullas. Si en las jornadas anteriores se hablaba en grupo
de leyes y mociones, ahora los temas de conversación son

las decapitaciones y la horca. Llega a la isla de Saint-Louis, por donde nunca se cansará de pasear, pero alguien lo ha delatado, lo detiene un guardia, lo interroga, le acusa de ser un espía del rey; a lo que él repone: «¡A fe mía! Soy espía del vicio, no del rey». E incluso en ese momento de extrema tensión, en la noche explosiva, hay en París espacio para el deseo: intercede una chica morena, bonita, que lleva tiempo fijándose en sus paseos y lee sus crónicas. Es la hija de uno de los hombres que capitanea la vigilancia. Lo coge del brazo y lo escolta fuera de la isla. Él está dolido. Siente que lo destierran de su París. Promete no volver a Saint-Louis: «¡Tú me arrancaste del campo para siempre! ¡Y ahora tú me destierras de mi isla!».

132

«¿Pero a quién se le ocurre...», leemos en *Macbeth* de William Shakespeare: «...salir a pasear de noche?».

133

De la Bretonne es uno de los más ilustres pasajeristas o pasajistas –es sabido que no hay consenso al respecto– nocturnos. La deambulación insomne constituye una tradición dentro de la tradición de la caminata urbana, su río subterráneo, su oscuro reverso, en cuyo corazón hay un proceso de duelo que nunca llega a su fin, porque a cada paso, en vez de menguar, crece la pérdida.

Mientras el cronista revolucionario merodea por París, el poeta visionario William Blake lo hace por Londres, donde a medianoche, escucha «cómo la maldición de la joven Ramera /deseca el llanto del recién nacido». Por la misma ciudad camina Charles Dickens en sus «Paseos nocturnos», a causa de «un insomnio pasajero, atribuible a una impresión dolorosa» que le «obligó a salir a pasear por las calles durante toda la noche y por espacio de varias noches». Al parecer Dickens era un andarín obsesivo, un auténtico adicto al caminar. Recogió su testigo Thomas de Quincey, que tanto habla en *Confesiones de un inglés comedor de opio* de los faroles que iluminan la calle Oxford, por donde camina del brazo de una prostituta.

Dickens se curó caminando porque el paseo es terapéutico y en el siglo XIX era todavía posible la sanación definitiva, siempre y cuando tus dolencias no se debieran a la locura o a la bohemia más negra, que tan rica es también en deambulación de madrugada. Los personajes de los novelistas del siglo XX, en cambio, como el Joe Gould de Joseph Mitchell o el narrador de *Tarde de un escritor* de Peter Handke o el Austerlitz de W. G. Sebald, caminarán sonámbulos porque no tendrán más remedio, llegarán gracias a sus deambulaciones nocturnas a estados de revelación, pero no se salvarán ni se curarán del todo, porque será ya imposible.

Dámaso Alonso habló en su poema «Insomnio» del Madrid franquista como una ciudad de un millón de cadáveres. En esos mismos años tanto la protagonista de *Nada* de Carmen Laforet como la de *La plaza del Diamante* de Mercè Rodoreda también viven intensas experiencias nocturnas, recorriendo ambas una topografía sonámbula, una Barcelona insomne, en que las calles de noche les entran por los poros, sacudiendo los cimientos de una identidad que de día han ido construyendo en relación con la ciudad tristísima donde viven. Las dos mujeres recorren sus espacios en soledad, porque en la sociedad de masas la divagación nocturna es el último reducto del individuo. Si en el siglo XIX los vampiros acechaban la metrópolis como animales de presa, como bestias solitarias, en los siglos XX y XXI son las hordas de zombis las que abandonan el cementerio para penetrar en los núcleos urbanos. En la ciudad contemporánea cada vez son menos los espacios para la soledad, menos las horas en que uno puede estar solo.

«La noche, para Shakespeare y sus contemporáneos, es tanto una mitología como una psicología», escribe Matthew

Beaument en *Night Walking*. En las obras isabelinas, como en *La Celestina* de Fernando de Rojas, la ciudad de noche es espacio de transgresión, de crimen, de putas. Para entender el carácter subversivo de la caminata nocturna hay que saber que hasta 1827 fue delito caminar de noche por Londres. Por eso las distintas bohemias de finales del xix y principios del xx y el dadaísmo y el futurismo, el surrealismo y los situacionistas reivindicaron, una y otra vez, en ritmos periódicos, distintas formas de la divagación, el paseo y la deriva, al tiempo que se normalizaba –al fin– la presencia de mujeres nocturnas. En su plan para mejorar significativamente la calidad de los ciudadanos de París, en 1955 la Internacional Letrista publicó *Potlatch* #23, un manifiesto que, además de pedir la demolición de los cementerios y los museos, el traslado del arte a los cafés y los bares, o la supresión en los nombres de las calles de los santos y los personajes ilustres, sugería que el metro debía abrir por la noche, como los parques y como los tejados. Y que los urbanistas debían tener acceso a interruptores que moderaran el alumbrado público. Porque negar la noche es negar la mitad de la experiencia urbana. Porque la revolución democrática no se habrá completado hasta que sea tan normal una mitad del día como la otra.

Las ciudades son todas bellas en la hora azul del atardecer, pero cuando realmente se revelan en su esencia es de noche. Por eso me propuse recorrer los pasajes también en la oscuridad, para entenderlos en el mayor número posible de sus dimensiones. Descubrí entonces que el rico Permanyer está pobremente iluminado por tres faroles antiguos, tal vez porque ya no vive nadie en él, porque todas sus casas pertenecen a empresas y academias y asociaciones sin ánimo de lucro, porque está muerto. Que lo mismo ocurre en el de los Italianos o en el Sert o en el Mulet.

–Está esto muy tranquilo y un poco oscuro –le dije a Ana, la portera del pasaje del Dormitori de Sant Francesc, que abre las rejas cada mañana a las ocho y las cierra cada noche a las nueve, despeinada, la bata abierta, el cinturón de trapo colgando a lado y lado.

–Pues te aseguro que es mucho mejor así, porque cuando no cerraban era esto un sindiós, de putas y de todo.

En aquel momento salió de un portal un vecino con su perro terrier negrísimo, que arqueó el lomo perezosamente, como si se desperezara, para enseguida contraerlo nervioso:

–La bestia del pasaje –dijo Ana.

–Más bien la niña del exorcista –respondió el hombre, que como eran las nueve y dos minutos tuvo que abrir la puerta introduciendo el código en el pequeño teclado.

Los pasajes burgueses y nobles están cerrados por las noches, mientras que los obreros nunca cierran. Aunque tengan rejas, como el Caminal o el Robacols, lo vi con mis propios ojos, los vecinos se sientan en primavera, verano y otoño a las puertas de sus casas, porque son patios comunes propicios a la charla y a la juerga, porque no son jardines privados y vallados, y sobre todo, porque les da la gana, porque pueden, porque realmente hay gente que vive y convive en ellos.

El pasajismo o pasajerismo nocturno es, por tanto, de naturaleza popular, democrática, porque los burgueses y los aristócratas –a no ser que fueras Jack el Destripador o el conde Drácula– se encerraban con sus criadas y sus niñeras y sus vástagos y sus esposas en sus salones de pesados cortinajes, en sus dormitorios sólidamente amueblados con divanes de caoba y terciopelo, la caja fuerte con las acciones y las perlas oculta tras el tapiz, cuando todavía vivían en los pasajes burgueses y aristocráticos que mandaron construir, cuando todavía no los habían vendido o alquilado como espacios comerciales con horario de oficina; mientras que la noche siempre fue compartida y lo sigue siendo por el pueblo, que empujado por la falta de espacio convierte la acera o el pasaje en parte de su casa, en espacio común.

Si el pasajismo o pasajerismo diurno nace con Cervantes, lector de papeles rotos, inspector de las imprentas barcelonesas, el nocturno lo hace con Shakespeare, noctámbulo londinense, dramaturgo pendenciero, conocedor como el autor del *Quijote* de los humores del pueblo, amigo de personajes borrachines y trasnochadores, amantes de la noche como Falstaff, sonámbulos como Lady Macbeth.

134

«Secamos el lago que definía la ciudad flotante de los aztecas, asfaltamos el valle entero, destruimos el cielo azul. ¿Por qué vivimos aquí?», leemos en «Ciudad de México: la mujer barbuda» de Juan Villoro. Y en *Yo también me acuerdo* de Margo Glantz: «Me acuerdo de cuando yo era niña en el valle de México había varios lagos y la ciudad era de verdad transparente».

135

Hay pasajes de estilo inglés por toda la ciudad. Muchos fueron construidos en los años 20 y combinan en las fachadas de sus casas el novocentismo y el modernismo, porque el ser humano no sabe de pureza y es ecléctico por naturaleza. Lo mismo puede decirse de su invención más compleja, las ciudades, esos DJs en red que todo lo remezclan.

El más inglés de todos ellos tal vez sea el Tubella, en el barrio de les Corts, que al parecer fue diseñado precisamente para dar alojamiento en 1925 a unos técnicos británicos que llegaron a Barcelona para trabajar en la industria textil de Joan Tubella. Le había comprado el terreno el año anterior a Dolors de Mercader i Caballero, hija del conde de Bell-lloc. Y murió el mismo año en que inauguró su pasaje, gracias al cual todavía hoy tiene sentido su nombre. En el mismo barrio encontramos otros pasajes de la década siguiente, también de concepción inglesa, como el de Chile, el de Sant Ramon Nonat, el de Jordi Ferran, el de Pere Rodríguez, el de Vicent Martín o el de Madrona Piera, todos ellos tocados por la magia de un jardín y la gracia de uno, dos pisos de altura como máximo, en un contexto de grandes bloques de viviendas.

Sus jardines, no obstante, no pueden competir con los de los pasajes hermanos de Gracia, como el Camil Oliveras, con sus diez casas y sus diez terrazas y sus diez parques en miniatura rebosantes de vegetación y de tipuanas y de camelias; un pasaje que al atravesarlo se transforma por momentos en un jardín botánico. En uno de sus extremos, el que hace esquina con el carrer de les Camèlies –como recuerda Neus Bergua en *Barcelona. 100 passatges*–, se ven los rastros de una vía sin salida, un vestigio de la Travessera Vella de Dalt, que comunicaba varias masías (Can Calic, Ca l'Alegre de Baix, Ca l'Alegre de Dalt, Can Tusquets o Cal Xipreret) y que fue substituida por la nueva y moderna y asfaltada Travessera de Dalt. La superlativa vegetación del pasaje es el monumento casual a los viejos tiempos rurales, que siempre están ahí, porque el pasado no es más que una de las dimensiones del presente.

El trazo del pasaje Isabel de Vallcarca nos traslada hasta 1836, cuando el Llano de Barcelona era sobre todo agricultor. Uno de los núcleos de la futura urbanización de la zona fue un albergue, el hostal de la Farigola, donde hacían parada y fonda los viajeros del Camino Real. El dramaturgo Frederic Soler, alias Serafí Pitarra, estrenó en 1877 una obra de teatro en el Romea precisamente titulada *L'Hostal de la Farigola*, que por cierto fue duramente castigada por un crítico de la revista *Reinaixença*: «otro estreno y, con él, otra desgracia para el autor y otro desengaño para el público». El hostal se transformó en un colegio y éste sobrevive, al menos espiritualmente, en una sede de estilo novocentista de 1923 diseñada por Josep Goday i Casals, vecina del pasaje. Su formulación moderna está fechada en 1893, cuando otro arquitecto, Andreu Audet, inauguró su edificio más emblemático, Villa Esperanza. El nombre se debe a la reina Isabel II, aunque por suerte ya nadie lo recuerde.

–Date prisa, Pol, que llegas tarde –le dice una madre a su hijo de siete u ocho años, con un bocadillo envuelto en papel de plata en la mano derecha, a la puerta de la escuela.

Resultado de todas esas transformaciones es un espacio donde parecen convivir varias épocas. El mundo rural brota en los jardines, los huertos circundantes, las palmeras, tantos árboles en los barrancos de estas hectáreas encajonadas entre tres colinas; y en ese rosal centenario que sobrevuela la entrada del pasaje y florece en primavera, una única vez fugaz al año. El aire de calle residencial y burguesa, casi vacacional, con Villa Esperanza en el centro, nos transporta al cambio de siglo; pero la vegetación y la escuela de los años 20 le dan al conjunto un tono inglés. Y la casa hipermoderna que firmó en 2010 la arquitecta Carme Pinós, vecina de Villa Esperanza, una construcción cubista de gris y madera, lo catapulta al siglo XXI. Ese rincón de Vallcarca, por tanto, permite rebobinar la historia de los pasajes por los que he caminado hasta ahora y acelerar la de los pasajes por los que caminaré en el futuro, porque el futuro no es más que una de las dimensiones del presente. Y en los pasajes el tiempo es policromo y discurre en varios carriles paralelos.

Todos ellos son carreras de obstáculos.

Es la hora del patio: el pasaje se llena de los gritos de los niños.

136

«Casi hasta el final no me di cuenta de que había vuelto a la calle Laurel (un corto pasaje con cuatro casas y cuatro acacias cerca de la casa materna de Marsé, en la calle Martí)», leemos en la edición de Enrique Turpin de *Cuentos completos* de Juan Marsé: «Aunque ahora estuviera situada en mitad de la calle Camelias: a aquella galería acristalada en la que flotaban vahos de eucalipto; al recuerdo del hombre que enviaba postales desde Japón mintiendo el paraíso».

137

El escultor Francesc Ruestes compró hace veinte años la Villa
Esperanza. En su vida anterior vivía en un piso del Eixample,
calle Rosellón con Paseo San Juan: qué complicado era subir
y bajar en el ascensor según qué materiales, según qué piezas
de gran tamaño. Recuerda como si fuera ayer aquel día en
que, después de caminar durante horas por el Carmelo y por
el Coll, de pronto vio la torre, después vio la fachada, unos
minutos más tarde pisó el suelo de tierra del pasaje y finalmente entró en el jardín con la cancela rota, abandonado a su
suerte y a los pájaros. No me lo dice, pero supongo que miró
a través del cristal sucio de las ventanas e imaginó que esta
planta baja de ciento cincuenta metros cuadrados donde nos
encontramos sería el taller perfecto para aquellas piezas de
gran tamaño que no cabían en el ascensor.

–Como soy curioso, chafardero, supongo que como tú,
pues me metí en el jardín, eché un vistazo y le pregunté al
vecino si aquella casa estaba en venta.

El vecino se hizo el despistado. Pero Francesc Ruestes
regresó al cabo de unas semanas y se lo volvió a encontrar
trabajando en su jardín y entonces el vecino le confesó que
varias de las fincas del pasaje pertenecían a una inmobiliaria
vinculada con CIRSA –la empresa de casinos, bingos y máquinas tragaperras– que había presionado a los tres vecinos
para que les vendieran sus propiedades y así construir una
gran urbanización. Como tanto el pasaje como la villa estaban a punto de ser catalogados como patrimonio histórico y
el proyecto ya no parecía viable, le vendieron la finca.

–Tuve suerte. Fue justo en la crisis de después de las
Olimpiadas, en el 94 o el 95, costaba lo mismo que uno de
los pisos de la calle de arriba, la de Sant Camil, cuyo muro
modernista, por cierto, impulsó la catalogación de todo el
patrimonio de esta zona.

Mientras proseguían las negociaciones entre la inmobiliaria y el Ayuntamiento, Francesc Ruestes organizó la Plata-

forma Farigola, para proponer un plan de usos de los vecinos terrenos de Sant Camil que respetara la riqueza botánica
y geológica de estos salvajes desniveles. Me enseña el dossier
que confeccionó, con mapas, fotografías y explicaciones.
Proponían una ruta que, desde la parada de metro Vallcarca, fuera encadenando todos los edificios con importancia
monumental. Proponían que, más que un parque, aquellos
antiguos huertos de convento siguieran siendo fieles a su espíritu secular, mediante el cultivo de árboles frutales, plantas
aromáticas y huerta mediterránea. Proponían que las plantas fueran sembradas y regadas por abuelos y niños del barrio. Mientras va pasando las páginas, pienso que ante los
ojos de los demás somos los proyectos que realizamos, pero
ante nosotros mismos somos sobre todo los proyectos que
jamás fueron realidad.

–Ahora la idea de huerto urbano es muy normal, pero entonces era una idea realmente innovadora. Pero los políticos
no nos hicieron caso. El señor Ferran Mascarell, que además
de concejal de Cultura lo era del distrito de Gracia, me dijo
que era un proyecto sin futuro. Y acabaron construyendo un
parque con acceso desde el pasaje. Interpusimos una querella
contra el Ayuntamiento, porque el pasaje era privado, era
nuestro, como su alcantarillado, ganamos el juicio; pero juga-
ron sucio y ganaron el recurso. A los pocos meses reformaron
el pasaje, lo asfaltaron, ya era un espacio público.

Para entonces había conseguido que su hermana y su cuñado compraran la casa que separa la suya del parque. Tras
cinco años okupada, le encargaron a Pinós que proyectara su
nueva vivienda. Ahora viven pared con pared, dos edificios
importantes, radicalmente distintos, cada uno de su época.

138

«Los afectados afirman que esta obra alterará todo el conjunto. "El pasaje no se ideó con un único acceso por casualidad. Sólo así se consigue integrar las casas con los jardines

en la misma unidad y, por ese motivo, se ha mantenido inal-
terable durante casi 170 años", dice Manel Roig, presidente
de la Asociación de Vecinos del Pasaje Isabel. El distrito de
Gracia afirma que esta reforma "respeta" el carácter histórico del espacio y facilitará la entrada en el parque de los niños de la Escuela Farigola», leemos en *La Veu del Carrer* de
verano de 2005: «Por el contrario, la plataforma Salvemos
Vallcarca, creada por vecinos para luchar contra la especulación inmobiliaria y mantener la identidad del barrio, está
a favor de que se hagan las escaleras y dice que los habitantes del pasaje sólo quieren "privatizarlo". El Ayuntamiento
se ha aprovechado de esa división interna para mantener sus
planes».

139

Las manos pecosas de Francesc Ruestes se mueven mucho
mientras habla, a veces moldean, otras cortan el aire.

–Lo que hace que una ciudad tenga interés es la existencia de secretos. Secretos que inviten a explorarla, a perderte
por ella, que te desafíen. Una ciudad sin secretos deja de ser
interesante, se condena a sí misma, se vuelve banal.

En los años 70 y 80, cuando la mayoría de los artistas de
su generación tendían hacia la experimentación conceptual,
él se mantenía fiel a la materia, frecuentaba en persona a los
viejos maestros y trataba de combinar sus enseñanzas. De la
mezcla imposible de Salvador Dalí, Joan Ponç, Josep Gran-
yer y Joan Brossa, en el laboratorio que es este pasaje, surge
la obra que nos envuelve mientras conversamos en dos sillas
gemelas de color verdoso, una mañana de mayo, el sol diagonal por la ventana.

–Los pasajes tienen una importancia clave, pero no se
entienden sin su entorno. Como los objetos: sólo tienen sentido en sus propias coordenadas.

Nos rodean decenas de esculturas y de cuadros apoyados en las paredes. Grandes estructuras de acero y madera.

Lienzos de todas las dimensiones, muchos de ellos de espaldas a mí, enseñándome sus títulos escritos a mano con
tinta negra en su reverso: «Un pedazo de mi cielo», «Microcosmos». En primer plano, su cabeza rapada subraya
las arrugas de su frente, pentagrama que vibra al ritmo de
su discurso.

–Mi trabajo se ha adaptado siempre a mis espacios. No
es nada original: todos lo hacemos. Las formas que produ-
ces, finalmente, responden a las características de tu taller. Y
el pasaje lo cambió todo, porque lo empapó todo. El contexto de uno influye poderosamente en la propia vida y en mi
oficio todavía más. Antes de venirme a vivir y a trabajar
aquí mi obra era portátil. A partir de aquel momento se volvió muchísimo más ambiciosa.

Tenía treinta y cinco años cuando se vino a vivir al pasaje
Isabel. En las fotos que encuentro en la red me mira en blanco y negro desde ese momento de inflexión: la misma cara
con menos capas. En vivo y en directo también le tiemblan
los párpados cuando habla y gesticula.

–Tengo un pequeño hangar cerca de la Sagrada Familia,
con los soldadores, con el fuego, con la suciedad. Aquí pienso las piezas, las planifico, y, después de fabricarlas y traba-
jarlas allí, las limpio, las pulo, las acabo aquí.

–¿Cuándo sabes que una obra está acabada?

–Ella misma te lo dice. Es una situación muy íntima: tienes que saber escucharla. Y obedecer.

140

«Perdido Carnet Ferroviario a nombre de Emilio Fernández
Moya, con documentos no válidos para persona extraña»,
leemos en *La Vanguardia* del 11 de octubre de 1938: «Rue-
go devolución sin cantidad que contenía a pasaje Tubella, 6,
bajos (Las Corts)».

141

En el territorio que ahora llamamos «Barcelona» se habló el íbero durante mucho tiempo; y el latín, obviamente, fue la primera lengua oficial de Barcino. En íbero fueron bautizados con palabras los ríos, los robles y el cementerio; en latín, las termas, los huertos y las murallas. Lo que era tan joven que no tenía nombre fue nombrado en íbero y en latín por vez primera. Recién nacido. Atalaya. Adiós. Puerto. Viaje. Cosecha. Perro. Ave. Anciano. Arbusto. Fuego. Muerte. Las profecías y los conjuros fueron pronunciados con temor y arrojo en íbero y en latín. Enfermedad. Magia. Esperanza. Caza. Sueño. En esos idiomas se soñó el futuro.

Me pregunto si no serán ésos los idiomas que nos permitirían interpretar realmente esta ciudad. O traducirla. Me pregunto. Traducirla, me pregunto, a los dos idiomas que durante los últimos siglos se han hablado y escrito y leído aquí, el castellano y el catalán, mis lenguas y las de Barcelona (al menos hasta que a finales del siglo XX comenzó a ser políglota, definitivamente babel). Si no estará, me pregunto, en las lenguas muertas la piedra Rosetta, el código que nos dejaría acceder realmente a la sintaxis y a la semántica de Barcino, de la Ciudad Condal, de nuestras Barcelonas.

En eso pienso después de visitar y fotografiar el enrejado pasaje del Palau, en el Born; mientras recorro el Museu d'Història de Barcelona, que te permite penetrar literalmente en el subsuelo de la ciudad antigua, caminar por debajo del nivel de la plaza de la Catedral o de la calle Llibreteria. Es un laberinto de ruinas arqueológicas, iluminado tenuemente para acentuar el misterio, para contagiarte la sensación de que te estás deslizando por el pasado auténtico, mientras por las altas ventanas ves los zapatos y las bambas y los tacones de los turistas, que caminan en grupo por el Barrio Gótico, esa falsificación, ese parque temático. En algún momento llego al primer pasaje de la ciudad: ahí está, ante mí, el momento fundacional, la primera vez que alguien proyectó, dibujó, construyó un pasaje barcelonés: era un pasadizo de finales del siglo VI que permitía al obispo ir de su residencia al aula episcopal; está rodeado de tumbas. Algunas de ellas tal vez sean las del latín y del íbero, el íbero y el latín, en aquella época de transición hacia nuevas lenguas.

142

«Ahora sabemos gracias a los arqueólogos que lo que acabó con el sitio de Troya», leemos en *El idioma materno* de Fabio Morábito: «fue un terremoto de seis o siete grados en la escala de Richter».

143

–Todos han muerto –me dice una vez más y me acostumbro a la idea de saberlos callados, ahí abajo, tras el fondo de cartón azul de las cajas de camisas italianas donde guarda libros y facturas y recortes de prensa y tarjetas de visita, saberlos mudos bajo el mostrador, bajo el suelo de esta sastrería del pasaje Arcadia, bajo tierra.

Mira el mundo a través de unas lentes de montura endeble, las patillas aseguradas por un cordón negro; tiene ojeras de abandonado. Se llama Jaume Balart y en los buenos tiempos vendió trajes a medida al folklórico el Pescaílla, al poético Pere Quart o al musical Xavier Cugat, todos ellos clientes habituales, que descansen en paz.

–A Cugat se los pagaba TV3 y, como se sentía un poco culpable por no pagarme de su bolsillo, de vez en cuando me regalaba una caricatura, porque además de director de orquesta y descubridor de jóvenes talentosas, dibujaba muy bien.

Está claro que la sastrería Balart es un museo además de un comercio. Decenas de óleos y acuarelas lo invaden todo: están colgados en las paredes y columnas, apoyados en el suelo, exhibidos en el escaparate, donde los paisajes de Cadaqués o de París o de Holanda conviven con las corbatas de seda y las máquinas de coser Refrey, como si quisieran inyectar oxígeno, exterior, a la atmósfera embalsamada del pasaje.

–Yo le enviaba los trajes a Agustín Úbeda a Las Rozas –me enseña el sobre con la dirección del pintor surrealista, que guarda en otra caja de su archivo–, y al bulevar Raspail de París a Javier Vilató, también pintor, el sobrino predilecto de Picasso, y aquí también venía a buscar los suyos en persona Morató Aragonés, un señor, señor, y un gran artista. Pero ahora ya están todos muertos.

A Jaume Balart le sigue gustando venir a matar el tiempo en el pasaje, pero es su hijo quien lleva ahora las riendas de este negocio que ya casi no hace prendas a medida y comercia con género de varias marcas. En el otro local que sobrevive desde los viejos tiempos, la charcutería Aragón, también es el más joven de los Aragón quien trabaja mientras el padre le cuenta anécdotas de los setenta y los ochenta a quien quiera escucharlas.

La Galería Arcadia abrió en 1957. Si el comercio del siglo XXI pertenece a las franquicias y a los grandes centros comerciales, el del XX fue de las galerías (esas sumas de pasajes). Ya a finales del XIX encontramos los impresionantes Almacenes El Siglo, en plena actividad mercantil hasta que ardieron en 1932, provocando la transformación de la parte superior de las Ramblas. Fue allí donde se abrieron las Galerías Astoria en 1955, cuatro años después de que lo hicieran las Condal en la esquina de Paseo de Gracia con Gran Vía. Para entonces las Galerías Maldà, que inauguraron sus setenta tiendas a bombo y platillo franquistas en 1942, ya se habían convertido en un emblema de concentración de las compras. Para ello tuvieron que eliminar del viejo y aristocrático palacio que las acoge las cocheras y las cuadras, algunos patios y el jardín por donde dos siglos antes había paseado el mismísimo Baró de Maldà, el pasajerista o pasajista, que en su residencia ya había improvisado un teatro para deleitar a sus amigos, mucho antes de que existiera el cinematógrafo y, por tanto, los cines Maldà.

Pero el espacio comercial más alucinante de la historia de Barcelona es otro: la electrificada avenida de la Luz fue iluminada por 216 tubos de neón entre 1940 y 1990, medio siglo de delirio superrealista. Era un auténtico bulevar subterráneo, bajo la plaza Cataluña y la calle Pelayo, entre cuyas columnas de templo egipcio e inverosímil había joyerías, programas en directo de Radio Nacional, cafeterías, limpiabotas, restaurantes, vendedores de lotería, cigarrilleras, bombonerías y hasta conciertos de arpa. En su cine vio el poeta Eduardo Cirlot *El señor de la guerra*: ningún libro fue tan importante para él como esa película. Aún pueden visitarse algunos metros cuadrados supervivientes a través de una puerta que hay en la perfumería Séfora, en el centro comercial El Triangle.

–Esto es de Cesáreo Rodríguez-Aguilera, el crítico de arte, bueno, también alto magistrado, pero aquí en Barcelona se dedicaba sobre todo a estudiar y a frecuentar a Miró y a Tàpies. –Ha abierto la enésima caja de camisas llena de documentos y me enseña un ejemplar de *Arte moderno en Catalunya*, publicado por Planeta, con una ilustración de Miró en la portada y una dedicatoria manuscrita del artista: «a mi amigo Cesáreo…»–. Aquí venían todos. Había un tráfico continuo –prosigue Jaume Balart, al tiempo que se atusa sus largas y rizadas cejas canas–, porque la gente compraba, había dinero, no como ahora, y también por el Stork, claro. Y ahí, a dos pasos, estaba el cine, muy concurrido, que también acabó por desaparecer.

Pero entre 1957 y 1998 tuvo tiempo de difundir tanto las grandes películas comerciales como el *arte y ensayo* entre varias generaciones de estudiantes e intelectuales barceloneses. Fue uno de los locales emblemáticos de ese grupo amorfo y variable y brillante y pijo de gente del mundo de la cultura que se conoce como *Gauche Divine* o Escuela de Barcelona, con representantes tan distintos como el poeta Jaime Gil de Biedma, la fotógrafa Colita, el cineasta Joaquim Jordà, la actriz Teresa Gimpera, el novelista Gabriel García Márquez, el editor Jorge Herralde o el empresario Oriol Regás, quien no sólo potenció el eje Tusset con locales como La Cova del Drac o el Pub Tusset, sino que también abrió locales emblemáticos de la época en otras direcciones, como la discoteca Boccaccio. En el pasaje estaba el Stork Club, donde tomaban sus copas después del cine o el trabajo o el puro ocio tanto periodistas, oficinistas, ilustradores o políticos que ya nadie recuerda como Sara Montiel, Lola Flores o Salvador Dalí cuando estaban en Barcelona.

Cosmètica Stork muestra en carteles bicolor (fucsia y fosforescente) sus ofertas de acondicionador o de máscara de pestaña. A su lado, el bar restaurante tiene la música a toda pastilla. Están en el centro de la galería, junto a la sastrería, en la misma pared en que se alinean varios locales de asesorías de borrosa identidad, una galería de arte, una peluquería, una editorial y una tienda de coleccionismo. En la pared contraria, sólo interrumpidas por tres quioscos, se suceden las vitrinas que hacen las veces de escaparates desdoblados. En la de la sastrería se muestran más cuadros y libros y dedicatorias y máquinas de coser con bobillas de hilo; en la de la peluquería, una botella de champú Arcadia entre otros objetos de los viejos tiempos; cuadros en la de la galería; pósters y botellas de colores en la vitrina del coleccionista. Como si a un lado del pasaje continuara fluyendo la vida y en el otro se mostrara disecada.

Todos han muerto, me repite mentalmente el pequeño Jaume Balart que todos llevamos dentro. Todos moriremos, le respondo: también usted, también yo. Y tú.

144

«La moda de las ciudades jardín, inmediatamente después de la de los pasajes, también estaba condenada al fracaso. Su lógica era la contraria a la del pasaje: en vez del microcosmos, el macrocosmos; en vez de la ilusión de privacidad, la intimidad asegurada por la vegetación; en vez del cierre, la apertura», leemos en *Noticiari de Barcelona*. De *l'Exposició Universal als Jocs Olímpics* de Jaume Fabre y Josep Maria Huertas: «Se impulsaron en Roquetas y Torre Baró. Fueron un fracaso por su lejanía y la falta de transporte público. Le siguió otra moda, la de las galerías comerciales, en los años 40. Las tres primeras nacieron casi a la vez: Condal, Manila y Maldà».

145

¿Qué es una «casa barata»?

Durante siglos la muralla romana y la primera muralla medieval habían estado cubiertas por casas que aprovechaban la vieja estructura para crecer en vertical. Hasta la guerra civil, por tanto, desde la Via Laietana no se podía ver la muralla, cubierta como estaba por fachadas y ventanas y balcones y tendederos con ropa al sol. Fueron los bombardeos nacionales, que arrasaron algunas de esas construcciones y dejaron –inesperadamente– la Catedral y parte de las murallas a la vista, los que provocaron que las autoridades franquistas decidieran eliminar las viviendas que impedían la contemplación de aquel monumento patrio. Y abrir la actual avenida de la Catedral. Por tanto una primera definición de «casa barata» podría ser: casa cuya conservación no interesa al poder. Pero la fórmula *casa barata* no se refiere a esa construcción informal, sino a un tipo de edificación económica impulsada por el propio poder que después perderá interés en ella. Así, la segunda definición, la consensuada, es la de *vivienda social*.

El primero en impulsar la vivienda social en Barcelona fue el arquitecto Cebrià de Montoliu, fundador de la Sociedad de Construcción Cívica La Ciudad Jardín y del Instituto para la Habitación Popular. Los nuevos barrios obreros tenían que articularse según el modelo de la ciudad jardín, que descentralizaba la metrópolis y generaba células autónomas, cuyo suelo pertenecería a sus habitantes. Pero no hubo apoyo del Ayuntamiento ni de los inversores. Cuando se aprobó en 1911 la Ley de Casas Baratas, ocurrió de nuevo lo mismo que había pasado en tiempos del Plan Cerdà: la sociedad cívica se convirtió en agente inmobiliario y llevó a cabo varios proyectos de urbanizaciones para burgueses, en Pedralbes y Sant Pere Màrtir. Cebrià de Montoliu, profundamente decepcionado, decidió optar por el exilio voluntario. Y el alcalde Darius Rumeu i Freina, baró de Viver, en el marco de los preparativos para la Exposición Universal de 1929, encontró los recursos suficientes para la edificación de los barrios populares, empezando por Montjuic y sus vastas zonas rurales, pastos de oveja, senderos de excursionistas y barracas de cartón, de láminas de zinc, de ladrillo, en calles incipientes que ya tenían hasta nombre y números, en fin: terreno recalificable. El gobierno de Primo de Rivera promulgó en 1924 un decreto que obligaba a los ayuntamientos a constituir corporaciones de participación pública y privada para la planificación y ejecución de barrios y en 1927 se fundó el Patronato Municipal de la Vivienda, cuyo primer objetivo fue recolocar a quienes fueran desalojados de la montaña.

Entre las modalidades que contemplaban esas leyes –y otras promulgadas hasta la guerra civil– estaba la que permitía que las cooperativas y los colectivos laborales se beneficiaran de la construcción de grupos de viviendas para sus asociados. Por eso encontramos en Barcelona pasajes de estilo inglés en el contexto de pequeñas ciudades jardín. Las cooperativas y los colectivos que se acogieron a estas leyes consiguieron levantar grupos de casas que se conviertieron en las nuevas calles de los antiguos gremios. Así los empleados del ferrocarril o del tranvía, los carteros, los periodistas, los empleados municipales, los estibadores del algodón del puerto o los militares legaron al paisaje urbano recuerdos de un sindicalismo y una solidaridad que, sin que ellos lo supieran, estaban en vías de extinción.

146

«La ciudad se afirma, después estalla. Y lo urbano se anuncia y se confirma, no como entidad metafísica, sino como unidad basada en una práctica», leemos en *La revolución urbana* de Henri Lefebvre: «En la ciudad, o preferentemente en lo urbano se reencuentran en el acto, el Mundo y el Cosmos, estos viejos temas de la filosofía; el Mundo, camino en las tinieblas; el Cosmos, etapas armoniosas en un entorno iluminado».

147

Como sugiere su nombre marcial, el pasaje del Tinent Costa de Horta-Guinardó forma parte de la iniciativa de la Cooperativa Militar para construir cuarenta y dos casas baratas. Fueron inauguradas por Primo de Rivera –informa el diario *ABC* del 7 de junio de 1927–, el Obispo y un par de marqueses, en una ceremonia que contó con la presencia de los diestros Gallo y Félix Rodríguez, que el día anterior habían toreado a beneficio de la cooperativa. Las veintidós casas unifamiliares del pasaje, con terraza delantera y jardín posterior, fueron sorteadas y los afortunados pudieron pagarlas en cuotas mensuales. Lo mismo ocurrió en el pasaje del Roserar de Sarrià, donde pudieron ser alquiladas o compradas por 10.000 pesetas por los asociados al Centro Autonomista de Dependientes de Comercio y de la Industria.

Si Costa, además de teniente, era promotor inmobiliario, Antoni Millàs i Figuerola, además de arquitecto de varias casas barcelonesas, era amigo de los miembros de la Cooperativa de Empleados de los Tranvías de Barcelona, razón por la cual son obra suya tanto las Cocheras de Sants como el edificio de la Compañía de Tranvías. Da nombre al pasaje Arquitecte Millàs, corazón del núcleo de casas baratas construido en 1925 por iniciativa de ese gremio para ser repartidas entre algunos de sus miembros. Muy cerca, el pasaje de la Esperanza, proyectado por el arquitecto Agustín Domingo Verdaguer en 1926 y construido durante los dos años siguientes, fue promovido por la Cooperativa de Cargadores y Descargadores del Algodón bajo la beneficencia de Luis Jover Castells, como convenientemente recuerda todavía una placa de letras doradas sobre mármol blanco.

En todas las fachadas de ambos pasajes, de estilo novocentista, se advierten sencillos esgrafiados florales, contrarios a cualquier ostentación, de inspiración modernista. Cuando el pasaje Arquitecte Millàs resultó afectado por los planes urbanísticos de los años setenta, por la movilización de los vecinos, logró ser declarado durante la década siguiente Patrimonio Cultural de la Ciudad gracias en parte a ese diseño. Las dieciocho casas de su interior sobreviven, mientras que desaparecieron las que daban a las calles adyacentes. Aunque estén emparentadas con Ramon Casas, uno de los grandes pintores modernistas, en el pasaje de Santa Eulalia no existen esa armonía novocentista ni esos detalles florales del modernismo, de modo que es más difícil argumentar su importancia patrimonial para que deje de pender sobre él la amenaza guillotinesca de la afectación.

Los pasajes de casas baratas que demostraron que eran *formales* y no vivienda *informal*, que consiguieron sobrevivir, que se aburguesaron, se camuflaron como espacios pintorescos, vestigios de la Barcelona rural, o como pasajes ingleses o de ciudad jardín. A veces bendecidos por la flor modernista. Otras por un político, por un activista o por la fortuna. Otros, la mayoría, no tuvieron tanta suerte. Sobre todo los que mezclaron la casa barata con la chabola, con la cabaña, en caminos que pretendían convertirse en calles: como si no fuera ése el origen de cualquier ciudad.

148

«El fotógrafo es una versión armada del paseante solitario», leemos en *Sobre la fotografía* de Susan Sontag: «Al *flâneur* no le atraen las realidades oficiales de la ciudad sino sus rincones oscuros y miserables, sus pobladores relegados, una realidad no oficial tras la fachada de vida burguesa que el fotógrafo "aprehende" como un detective aprehende a un criminal».

149

De los cerca de cuatrocientos pasajes que he visitado en mis viajes por Barcelona, ninguno ha permanecido en mi memoria con la rotunda nitidez de aquellos tres. Mi recuerdo es un vídeo perfecto. Puedo pulsar play cada vez que quiera y verlo en máxima definición. De pronto, anoté en mi cuaderno el día que lo descubrí, calle Cartagena, 253, un lugar que te pone en jaque. Tres pasajes que forman un pueblo. Un pueblo entero y minúsculo en mitad de una manzana del Ensanche, anoté. El Pau Hernández y el León entrelazados por un callejón anónimo. Una aldea de plantas bajas. Un pueblito andaluz o de la costa catalana rodeado de edificios altos, macizos, cuyos vecinos se habrán acostumbrado a vigilar desde lo alto y a tener como rehenes a esos muchachos que aparcan la moto junto a la puerta de su casa, a esas mujeres que tienden la ropa al sol en las terrazas con macetones, a esas ancianas que salen al atardecer y se sientan en sillas plegables y charlan al ritmo de los abanicos cuando llega el buen tiempo. Los tres pasajes forman un triángulo. La oposición geométrica perfecta al cuadrado en que se inscribe y, por extensión, a la cuadrícula del Eixample.

Uno de los textos del blog *Pla de Barcelona*, dedicado a estos pasajes, tras escanear otras calles y otros pasajes cercanos, todos ellos parcial o totalmente trazados en diagonal, explica la razón de ese triángulo. La calle Fresser, que comunica el barrio donde nos encontramos, Sagrada Familia, con el barrio vecino, El Clot, desaparece en algún momento: pero si imaginamos su prolongación veremos que coincide con varios fragmentos de la diagonal que explica el triángulo. Por aquí pasaba el antiguo Camino de Horta. El pasaje Vilaret es perfectamente perpendicular a él. Cuando no existía otro punto de referencia, los pasajes se abrieron tomándolo a él como faro. Toda esta zona esconde, por tanto, vestigios de la lógica urbana local que precedió al Plan Cerdà y su lógica urbana total. Hasta los años 50, de hecho, otro pasaje muy próximo, el Utset, hoy un callejón sin salida, unía la calle Mallorca con el Camí d'Horta. Es decir, aún resuenan por estos pasajes los cascos de los caballos que arrastraban carros llenos de sábanas limpias o sucias, según bajaran o subieran desde los lavaderos de Horta y la Clota, con olor a lavanda o todavía manchadas de sudor o sangre o semen o polvo.

150

«Constant reajustará los planos de ciudades europeas como Sevilla, Barcelona o La Haya, *revistiéndolos* con sectores de *Nueva Babilonia*», leemos en «La Nueva Babilonia de Constant. Cómo llevar al límite el espíritu de la época» de Laura Stamp: «Para crear un mundo nuevo, él también se verá obligado a servirse de las formas del viejo mundo».

151

Recorrer este ambulatorio del pasaje de Sant Bernat del barrio del Raval, edificado entre 1934 y 1938 por Josep Lluís Sert, Josep Torres Clavé y Joan Baptista Subirana, significa hacerlo por un diseño que pretende domesticar la enfermedad a través de las líneas rectas, del control geométrico, de la helioterapia que orienta el edificio hacia la sierra de Collserola, hacia su aire y su sol. Pero la enfermedad supura. La enfermedad es bacteriana y ultracorpórea: esa mujer se tapa el ojo inyectado en sangre, el párpado inflamado, y ese niño tose frenético y ese anciano, que podría ser su tatarabuelo, tose tímido, para que una tos se compense con la otra, para equilibrar la contaminación sonora.

Fue la Generalitat de Catalunya, en su voluntad de hacer socialmente accesible la atención hospitalaria, quien encargó al Grupo de Arquitectos y Técnicos Catalanes para el Progreso de la Arquitectura Contemporánea la realización del dispensario antituberculoso que fue en su origen este edificio. Del encargo surgió, como dice la guía *Arquitectura de Barcelona*, lo que para Oriol Bohigas es: «la obra maestra de nuestro Racionalismo, y una de las piezas más importantes de Europa, desgraciadamente muy desconocida porque su terminación coincidió con la guerra». Quiso tratar científicamente la tuberculosis, quiso domar la enfermedad individual pero fue engullida por la locura colectiva.

Josep Maria Sert y Joan Miró coincidieron en el origen y en la plenitud de sus carreras. Ambos se iniciaron en algún momento en las irradiaciones del Cercle de Sant Lluc; y ambos crearon grandes murales para los principales organismos internacionales: Miró, la sede de la UNESCO en París; Sert, la sede de la Sociedad de Naciones en Ginebra. Pero sus caminos se cruzaron sobre todo a través Josep Lluís Sert. El sobrino arquitecto del pintor muralista diseñó tanto el taller estudio de Miró en Son Abrines, Palma de Mallorca, como su Fundación y Museo en Montjuic.

El chico nació en una familia que, además de fortuna y prestigio social, tenía un título nobiliario y un pintor súperfamoso. Antes de graduarse, Sert ya había invitado a Le Corbusier a Barcelona, lo que le permitió ser –primero– su aprendiz en París, entre 1929 y 1930; y –más tarde– su apóstol por el mundo entero.

Como miembro del GATCPAC, el joven Sert defendió con énfasis las construcciones de Ibiza como ejemplo paradigmá tico de la arquitectura mediterránea, una manera de entender la edificación que responde a las necesidades del hombre. A bordo del *Patris II*, en 1932, cuando en Europa se imponía la idea de que los cruceros por el Mediterráneo eran la mejor universidad, el arquitecto compartió sus ideas con representantes de dieciséis delegaciones del Congreso Internacional de Arquitectura Moderna, con el deseo de iluminar el problema de «La ciudad funcional». Los pueblos griegos eran idénticos a los de la Costa Brava o las Islas Baleares. En ambos extremos del Mare Nostrum sobrevivían, materiales, ecos de las proporciones y las estructuras clásicas.

Sert es el arquitecto encargado de decorar la joyería Roca, que se traslada en 1935 desde la sede original en la esquina de la Rambla con el pasaje Bacardí al Paseo de Gracia. Consigue llevar a cabo otros proyectos en Barcelona, pero continúa viviendo sobre todo en París. Es, de hecho, uno de los pocos artistas españoles que, tras haber conocido de primera mano a los grandes nombres de su época en la capital francesa, los continúa frecuentando durante el exilio en Nueva York: Chagall, Breton, Duchamp, Mondrian, Léger, que contaron con Calder, amigo también de Sert, como anfitrión de las tertulias en el Café Jumble Shop de Greenwich Village, ese cruce de caminos con los jóvenes Jackson Pollock, Mark Rothko, la neovanguardia expresionista y abstracta, el turno del relevo.

Hay que imaginarlo en alguno de aquellos días neoyorquinos, de regreso de la reunión, recibiendo la carta o el telegrama que le comunica que una sentencia, emitida el 18 de febrero de 1942, lo inhabilita para el ejercicio profesional de la arquitectura en España.

Al contrario que su amigo Miró, por tanto, Sert sí se exilió, sí supo vivir su catalanidad y sus raíces en otro continente. En 1953 fue nombrado decano de la Facultad de Diseño de la Universidad de Harvard y sucesor de Gropius en la dirección de la Facultad de Arquitectura. Al mismo tiempo que diseñaba y construía el estudio del pintor en Mallorca, hacía lo propio con su casa de Cambridge, Massachusetts. El ajeno era mediterráneo; el suyo, una traducción al clima nórdico de su propio ideal isleño. Y una semilla levemente revolucionaria en la tradición norteamericana: en lugar de respetar la frontera, el jardín que separa del vecino, la vivienda se expande hasta el mero límite, tiende una mano sobre el césped recién cortado.

Su idea de museo no era la de un edificio que archiva, sino la de una construcción viva, la de un libro abierto que muestra y que, a veces, revela. Quién sabe si en el futuro la Fundació Miró incluirá en sus constelaciones el pasaje del Crèdit.

152

«Mi vida está dividida en capítulos que llevan nombres de ciudades: Barcelona, París, Nueva York y Boston; una vida nómada con demasiados cambios, pero sin ningún momento aburrido», leemos en *Josep Lluís Sert. Conversaciones y escritos, lugares de encuentro para las artes*: «El único elemento continuo en mi vida ha sido mi mujer. Hay gente que cambia de esposa y se apega a las mismas ciudades. En mi caso ha sido lo contrario».

153

Cuando, tras casi quince años de investigación, Josep Lluís Sert y James Johnson Sweeney publican su monografía *Antoni Gaudí* en alemán en 1960 y en castellano al año siguiente, están reivindicando su contribución germinal a la arquitectura contemporánea, al tiempo que lo defienden como un modelo para su propio momento histórico. Leen la obra de Gaudí, en el seno del modernismo, como una rebelión contra el racionalismo. Y es ahí donde Gaudí, que frecuentó el mismo Cercle de Sant Lluc que Sert y Miró, sintonizaría con ellos en la misma frecuencia: «Fue una fase en la tentativa de un período industrial por alejarse del materialismo e ir hacia los campos de la imaginación, el ensueño y la poesía».

Tras constatar que la gran aportación del autor de la Sagrada Familia fue la concepción del edificio como una estructura viva, como un organismo que crece celularmente, que se expande y late, Sweeney y Sert intentan penetrar los procesos creativos de Gaudí, un artista que «buscaba sus soluciones fuera del marco acostumbrado». Experimentó toda su vida. Eso es precisamente un gran artista: un investigador constante en los retos de la forma. Y al final encontró las soluciones que durante décadas había estado asediando. Las páginas del libro que reproducen las fotografías en blanco y negro de los experimentos gaudinianos parecen un catálogo de Duchamp o de Beuys o de Calder. Son instantáneas de los modelos que construía Gaudí para calcular y proyectar estructuras: gracias a alambres y lonas y pesos (pequeñas bolsas de municiones de plomo), en una coreografía espectral y geométrica, suspendía del techo la forma de la bóveda, las columnas que caían, para que las catenarias pudieran entenderse tridimensionalmente, como un plano vivo. Colocando un espejo en el suelo o invirtiendo la fotografía, podía verse la estructura que, a simple vista, en vez de ingeniería parecía un laberinto conceptual o un sueño.

Cualquiera de esas fotos podría ser la maqueta de Octavia, la ciudad telaraña e invisible que imaginó Italo Calvino.

154

«Es posible que, en algunos casos, la demolición de casas y tugurios insalubres en los alrededores de un monumento de valor histórico destruya un ambiente secular. Eso es lamentable, pero inevitable», leemos en «La Carta de Atenas» de Le Corbusier: «Podrá aprovecharse la ocasión para introducir espacios verdes».

155

El Patronato Municipal de la Vivienda definía en 1968 la «barraca» como una vivienda «no permanente». Fabre y Huertas Clavería señalan la dificultad de saber cuándo aparecieron las primeras barracas en Barcelona. En el siglo XVIII las había seguro en la Barceloneta y en el XIX, en Montjuic; pero mucho antes seguramente recibieron otros nombres, como campamentos o asentamientos. Si en el siglo XX, además de proliferar en la playa, lo hicieron junto a los muros de los cementerios o de las vías del tren, es porque su lógica es la misma que la de los edificios populares que treparon por las murallas romanas: aprovechar los intersticios, las estructuras preexistentes, los vacíos. Pero el ser humano aspira a la permanencia, de modo que las barracas se volvieron más sólidas, más cómodas, más lujosas, hasta confundirse con las casas baratas.

El mapa de las barracas de Barcelona imagina unas nuevas murallas: las del Eixample. Los núcleos de Montjuic, de la Diagonal, de El Coll, de El Carmelo, del Rec Comtal, de La Perona, del Camp de la Bota, de Pekín, de Rere el Cementiri, de Bogatell o del Somorrostro son puntos que, unidos, dibujan un polígono que rodea y sitia la ciudad cuadriculada. Un polígono similar resulta de unir los puntos de los grupos de viviendas de promoción pública construidos a partir de los 50, los cuatro de Montjuic, los de Canyelles, Verdum y Trinitat Nova, el del Congreso Eucarístico, los de la Pau y la Verneda, los del Passeig Calvell y Almirall Cervera; pero están más lejos, al otro lado de la montaña de Montjuic, por encima de la Ronda de Dalt, en el extremo de la Meridiana, junto al río Besós o la ronda Litoral. Eso significa que Cerdà logró su objetivo: compactar el tejido urbano, uniformarlo, democratizarlo. También significa que no lo logró: la pobreza siguió insistiendo y okupando.

La pobreza es por naturaleza incontrolable. Los mapas insisten en localizar los grandes núcleos de barracas, pero lo cierto es que estaban en todas partes, en todos los huecos. En 1963 diecinueve familias fueron desalojadas del pasaje Viñeta de Montjuic –que ya no existe– y trasladadas a los Albergues Provisionales de Badalona. En 1965 ciento veintisiete viviendas del parque de atracciones de la montaña fueron reubicadas en el sud-oeste del río Besós. En los tres años siguientes, cincuenta barracas fueron erradicadas de la Riera Condal y sus habitantes, realojados en Pomar, Cinco Rosas y San Cosme. También había barracas, viviendas informales, chabolas en Riera Blanca, la calle Córcega o en Arc del Teatre. He sentido asco al teclear esos verbos: trasladar, reubicar, realojar. Erradican las barracas, pero no la pobreza. La pobreza resiste, insiste, incómoda, no deseada por nadie. Lo sigue haciendo en el siglo XXI, cuando han vuelto las barracas y los campamentos, aunque minúsculos, para ocupar las grietas como han hecho siempre.

156

«Maragall ha asumido la Gran Barcelona, el proyecto de Porcioles, no porque coincida exactamente con su ideal urbanístico original, sino por mandato genético», leemos en «La limpieza étnica de los señoritos» de Manuel Vázquez Montalbán: «El estamento social es origen y fin y se ha hecho una Barcelona tal como la había pretendido la burguesía novecentista, cómplice en el fusilamiento de Ferrer Guardia y en parte mecenas del golpe franquista».

157

La idea de la Gran Barcelona, que se observa en ese cinturón de grandes barrios y polígonos obreros que acogen a los desalojados y realojados barraquistas, fue del alcalde franquista Josep Maria Porcioles, que en los 60 empezó a trabajar en esa concepción metropolitana de la ciudad, con el objeto de culminarla en 1982 con un gran evento internacional, la Expo 82. Pero finalmente el evento que realmente ocurrió no fue exclusivamente barcelonés, sino estatal: el Mundial de Fútbol. El de Barcelona había de esperar una década.

Fabre y Huertas Clavería explican en *Barcelona 1888-1988. La construcció d'una ciutat* que el mandato de dieciséis años de Porcioles fue el que más influyó en la configuración de la ciudad, tanto por la longitud como por el crecimiento demográfico, pues pasamos de ser medio millón de habitantes en 1957 a un millón ochocientos mil en 1973. La construcción desaforada de bloques de pisos hizo que financieros como Joan Antoni Samaranch o constructores como Josep Lluís Núñez se convirtieran en agentes tan decisivos como los arquitectos municipales por excelencia del porciolismo, Emili Bordoy Alcántara y Josep Soteras Mauri. Se multiplicaron los decretos y las ordenanzas. En el Eixample se permitió sumar pisos y en la periferia se recalificaron zonas verdes para hacerlas urbanizables. Mientras tanto, Porcioles no dejó de ser un empresario y un notario en ejercicio: en su notaría se firmaban unas 7.000 escrituras al año, de modo que no es de extrañar que en 1976 fuera uno de los diez hombres más ricos de España.

El abuelo de Porcioles –cuenta Josep Pla en el *homenot* que le dedicó– era un rico propietario rural. El padre, un mal poeta. Y el señor Porcioles preparó sus oposiciones a funcionario en Valladolid, durante dos años y medio, vacaciones incluidas, con el objetivo secreto de corregirle tanto aquel acentazo catalán, en el que se transparentaban la masía del abuelo, la poesía religiosa del padre y su propia infancia en Girona, como el tartamudeo que tal vez le provocaba la obligación de tener que expresarse en una lengua que no era la suya. Ganó las oposiciones y fue nombrado alcalde de Balaguer en 1932. Tras las turbulencias propias de la guerra civil, enseguida ocupó la presidencia de la Diputación de Lérida, después pasó por un cargo ministerial y se preparó en Madrid para unas nuevas oposiciones y también las ganó: notario de Barcelona. Tenía cuarenta y cuatro años y corría el año del Señor de 1948, noveno de la Victoria. Su destino ya estaba para entonces unido al urbanismo, pues había participado en la redacción de la Ley de Censos en Madrid y, en Barcelona, en la reglamentación jurídica de la Institución de las Viviendas del Congreso. En 1958 fue nombrado su alcalde.

Josep Pla lo considera, en el momento de su perfil (1969), un gran tipo. Incluso, pese al tartamudeo, un buen orador. Alguien que ha hecho un trabajo notable con la ciudad, que se encontraba en «un estado deplorable»: un enemigo del provincianismo, un modernizador. Su único defecto tal vez sea el exceso de personalismo. Y el único defecto de los bloques de pisos de la periferia quizá sea que no estén debidamente comunicados, porque el transporte en Barcelona «es arcaico, insuficiente y a menudo puramente inexistente». La primera pregunta que le hace es sobre el proyecto de abrir en la ciudad un Museo Picasso. Porcioles responde que a él la pintura cubista no le gusta, pero que lo que sí le interesa es que el museo aumente «la renta de Barcelona».

158

«Nuestra casa estaba situada entre la comisaría y el piso del alcalde, de Porcioles», leemos en *Habíamos ganado la guerra* de Esther Tusquets: «Vi desde mi ventana –al parecer me pasaba el día asomada a la ventana– cómo arrastraban a un hombre y lo metían en un coche celular. El hombre se debatía como loco, aullaba aterrado y nos pedía ayuda. "¡Socorro! ¡Ayudadme! ¡Me van a matar! ¡Me van a matar!" Los transeúntes pasaban de largo mirando hacia otro lado. ¿Qué hubieran podido hacer? ¿Qué podía hacer yo a mis diez años contemplando la escena desde una ventana?».

159

Todas las casas del pasaje Tubella son iguales: de dos plantas, con su ventana ovalada, muy monas, innegablemente burguesas. A cuatro calles, pasado el Parc de les Corts, las casas del pasaje Piera son casi iguales: blanco andaluz, un poco asimétricas, una lavadora tirada en el suelo del patio, innegablemente proletarias.

–Nos van a desalojar en cualquier momento –me cuenta un hombre moreno y voluminoso, que suda con desmesura–, somos el único pasaje que sobrevive de la Colonia Castells.

–¿Ya les han indemnizado?

–No todavía. Estamos expropiados, pero en el limbo.

Paseo por el descampado, grúas y ruido de construcción. Un par de casas en ruinas. El rastro de los pavimentos. Un tabique roto. La descomposición de un mundo de trescientas viviendas que existió desde 1923, cuando fueron construidas para alojar a las familias que llegaban a la gran ciudad con la intención de trabajar en la fábrica de barnices Castells y otras industrias de esta zona, entonces intersticio, con grandes agujeros entre las chimeneas y el humo y los campos vacíos y el campo del Barça. La colonia se diseñó a partir de tres ejes: el pasaje Castells, la calle Castells y el pasaje Barnola, cada uno de unos cien metros de largo y dos y medio de ancho, con una plaza y su fuente en el centro. Se le añadieron posteriormente otros secundarios, como el Piera. En el pueblito resultante llegaron a vivir ochocientas personas en los años 30, la mayoría de ellas de origen valenciano, manchego, aragonés, murciano y andaluz.

La parte trasera del pasaje Piera ha sido demediada con la desaparición del Castells. Tampoco existen ya el Barnola, el Transversal ni el otro Castells. Tres chicos juegan a básquet en una canasta que han puesto para estos años de transición, junto a las obras de los nuevos edificios y su estruendo continuo. Un anciano con andador, gafas de vidrio grueso y sombrero de paja, me cuenta que allí vivió durante décadas su sobrino, guardameta de un equipo que desconozco.

–Con el Ayuntamiento, usted sabe, no se puede negociar. Tiene que ir a casa a tomarse la medicación, se disculpa:

–Eran barracas. Siempre fueron barracas. De pobres. Ahora hacen pisos para ricos.

Pero no eran barracas. Eran casas baratas. O no. Era una colonia obrera. O tampoco. Simplemente era un paisaje que pertenecía a otro mundo. Al mundo previo al Camp Nou y al centro comercial L'Illa Diagonal, un mundo más barato, más popular, porque esta zona era periferia y en la Diagonal había barracas y si tenías cuatro duros no querías vivir aquí. Un mundo donde existía el viejo campo de Les Corts a dos manzanas de la colonia, los días de partido todo el barrio era una fiesta. Un mundo donde un campo de fútbol con césped podía construirse en tres meses y no había que convocar para él un concurso internacional (pese a ello, con su capacidad para 45.000 espectadores, fue llamado «la Catedral del Fútbol»). Desde 1991 hasta 2010 pendió sobre las cabezas de los supervivientes de ese mundo una gran bola de demolición, una tonelada de acero pesado que se balanceaba como el péndulo de un reloj antiguo. Cayó. Primera fase, la llamaron. La segunda comenzó en noviembre de 2012. Ya sólo queda la tercera y última. Tres fases del *Plan General Metropolitano* aprobado en 1976, muy parecido a su predecesor, el *Plan Parcial de ordenación de la zona Norte de la Avenida del Generalísimo Franco entre las plazas de Calvo Sotelo y del Papa Pío XII en el Barrio de las Corts*. La hipoteca fascista.

Al otro lado de la calle Entença, visito los restos de otro pasaje desaparecido, el Roca, donde construyen ahora viviendas. Los desterrados de la Colonia Castells viven en un edificio nuevo de la calle Morales.

160

«De entre las más de 100 entrevistas que realizamos en aquel momento», leemos en *La ciudad horizontal* de Stefano Portelli: «al menos 80 nos hicieron entender que la demolición estaba despertando inquietudes y dolores antiguos».

161

Este pasajero regresa a la Colonia Castells a principios de 2016 y constata que la canasta de básquet ha desaparecido y que los pisos de la calle Entença ya están todos ocupados: en los balcones que dan al pasaje huérfano hay ocho bicicletas y un patinete, cuatro tendederos plegables, cinco mesas con sillas, un futbolín de plástico todavía plastificado, una escalera metálica, una tumbona, un arbolito raquítico tan poca cosa y ocho macetones en el balcón del vecino del cuarto, que seguro que está orgulloso de poseer el único oasis de esa fachada gris. En este momento salen a recoger la ropa una mujer y su hija de tres o cuatro años, en el séptimo, tiene que secarse muy rápido con semejante empacho de sol.

Desde allí arriba deben de ver este solar como un recinto precario y desconsolado, pese al parquecito infantil rodeado por una cerca de madera que han puesto en el lugar de la pista provisional de baloncesto, con su tobogán en el medio; pese al suelo azul del patio de la escuela especial Paideia (un niño se acerca a la valla de tres metros de alto, se saca un pene inesperado y mea un grueso chorro dorado, pero supongo que desde allí arriba no pueden verlo); pese al último de los pasajes, con sus patios traseros, sus casas blancas, con antenas sencillas y antenas parabólicas en sus tejados remendados; pese a mí, que escribo y miro, miro y escribo, atontado, que siempre llegas tarde.

Una valla verde separa la parte trasera del pasaje de este solar cada vez más subdividido. Entre las casas arrasadas todavía sobrevive una laguna de grava, con restos del pavimento de los pasajes, como esas líneas intermitentes que señalan dónde estuvieron los cadáveres en la escena del crimen. Sopla el viento y levanta un poco de polvo, no demasiado. Me asomo entre los rombos verdes y veo los patios: todas las ventanas con rejas, algunas con cortinas de ganchillo, tendederos, tejas viejas y uralita, parches de lámina negra Asfaltex, resistente al agua. Y un gato al sol.

Los planes urbanísticos son tan lentos.

Las demoliciones son tan lentas.

Duran desde siempre.

Hace casi dos años, cuando vine por primera vez, ya llegaba tarde, pero la última casa del pasaje central, rota, aniquilada, sigue igual de incompleta que entonces: la ventana enrejada, el número 114 en cerámica blanca sobre fondo azul, la hiedra que sigue creciendo y el timbre de la puerta, aunque no haya puerta ni umbral ni casa ni nadie a quien llamar. También permanecen cuatro conchas enormes, incrustadas en la cal del muro, en forma de cruz, sobre esas nueve vigas cortadas, sobre esas nueve huellas dactilares de madera oscura, anillas concéntricas de manos amputadas.

–Llevo cincuenta años viviendo ahí enfrente –me cuenta el hombre que está sentado en el banco, bufanda lila y botas y pantorrillas sostenidas por un exoesqueleto ortopédico–. Había tres pasajes paralelos, pero estaba todo afectado. Aquel edificio, que por delante en la calle Entença se ve robusto, bien, de hecho lo acaban de restaurar, también está afectado. Como aquellas casas de allí, también, todo afuera, todo afectado, dicen que todo esto serán unos jardines...

–¿Afectado? ¿Qué significa «afectado»?

–Y yo qué sé.

Ha terminado la hora del patio. Han desaparecido todos los niños. También la mujer del balcón con su hija –tras ellas, la ropa tendida, que bascula por el viento–.

Visito finalmente el pasaje Piera. La mitad de las casas o bien están tapiadas o bien acumulan chatarra en el patio delantero, junto a un carrito de supermercado atado con una cadena. En las puertas de la otra mitad, en cambio, hay adornos navideños, como si remarcaran su estabilidad familiar, su decencia. Pese al taladro ensordecedor de las obras, que todo lo envuelve como una membrana elástica, si te acercas a los árboles de los patios oyes cómo trinan los pájaros en esos jardines cuya extensión son tres metros exactos.

En una de las casas abandonadas, junto a basura y hojarasca, hay una hoja que invitaba a los vecinos a hablar sobre la Colonia. El encuentro se realizó en el gimnasio de la escuela Paideia.

–Lo han declarado zona verde para pagarnos menos en las expropiaciones. Nos han mentido, porque nos hablaron del colegio, pero no dijeron que sería especial, y ni palabra sobre el bloque de pisos –dice un vecino corpulento, con una cadena de oro bajo la papada, que me mira desganado a través de unas gafas de pasta negra y cristales gruesos–. Mis abuelos llegaron antes de la guerra, aquí había refugios, criaban hasta gallinas. Los que se han ido sienten pena, la verdad, porque aquí nos conocíamos todos, en San Juan toda la calle era una fiesta, nuestro tocadiscos, nuestro baile, éramos todos uno, en la salud y en la enfermedad.

Eran, todavía casi son, un pueblo dentro de la ciudad. Hubo gente, me cuenta, que reformó el interior justo antes de saber que los echaban. Y todas las obras del exterior, por supuesto, corrían y corren a cargo de los vecinos.

–El Ayuntamiento no arregla nada, todo esto –señala la cicatriz de un desagüe en mitad del pasaje–, lo hemos hecho nosotros. Y le advierto que esto podría ser muy bonito, si aquí han venido hasta a hacer fotos.

Me doy cuenta ahora. Mientras observo el pasado, el presente y el futuro de Barcelona, en una única imagen panorámica. Está ocurriendo en 2014, en 2016, pero podría estar ocurriendo en pleno siglo XIX. El Plan Cerdà avanza y avanza y no se detendrá hasta que haya borrado el campo, los nómadas y a sus nietos, hasta que haya aniquilado el último gesto de resistencia. Pero eso no puede ocurrir. Es imposible. De modo que el Plan Cerdà, que ocurre desde que llegó el primer romano, seguirá ocurriendo y ocurrirá siempre, porque siempre habrá pobres y porque siempre quedará tierra por conquistar y porque nunca se apagará la sed de las excavadoras, aunque por suerte haya fronteras donde la ciudad sí debe perder su hambre.

162

«Todavía existía un hilo de esperanza cuando los bomberos les rescataron de la casa. Dos médicos del 061 se emplearon a fondo para que volviesen a respirar en la misma puerta de la casa, situada en la Colonia Castells», leemos en *El Periódico* del 23 de marzo de 2004: «Lo hicieron en plena acera del pasaje Barnola, 24, con la única luz de una farola. El hombre casi lo consigue, pero al final fallecieron los dos».

163

No regreso físicamente a la Colonia Castells, pero sí lo hago periódicamente a través de internet. Una tarde otoñal de domingo veo el documental *L'illa invisible* de TV3 y anoto lo que dice Fina: «A mí también me gusta vivir en una casa mona» (se refiere a un piso nuevo y no a esa vieja casa del pasaje que se cae a pedazos). Una mañana de verano veo el documental *No-Res. Vida i mort d'un espai en tres actes* de Xavier Artigas y anoto que la vegetación era abundante, que en las fachadas de los pasajes eliminados había azulejos y adornos de estilo modernista, que la excavadora derriba los muros, reduce la casa, el hogar, a escombros, hace lo mismo con los ficus, con todos los árboles: los arranca de cuajo, como con una muela sana; grandes camiones se llevan la piedra, los suelos, la grifería, las tuberías, los mármoles, las tejas, las hierbas, las raíces, todo; con una gran manguera los operarios riegan las ruinas para que el trajín no levante polvo. «¿Tú has visto algún trabajo más sucio que éste?», le dice a la cámara el capataz que ha coordinado la demolición: «Yo no. No tiene arte este oficio. Ni siquiera le puedes contar a nadie lo que haces. Es lo que hay: es lo que hay».

Son terribles los vídeos: en ellos siempre es presente.

Me impacta ver a esa gente que se muda a los nuevos apartamentos, a estrenar, parqué y balcón, con sus enciclopedias y sus medicamentos a cuestas, varios metros por encima de su antiguo horizonte. La escena en que el alcalde Jordi Hereu entrega las llaves de los pisos de la calle Morales a sus nuevos inquilinos es mostrada en el documental de Artigas. «Dignidad», dice. «Calidad de vida», dice. «Es vecino de este barrio, de les Corts», dice hablando de sí mismo en tercera persona: «Pese a las dificultades de la crisis este proceso no se parará».

A mediados de 2016, veo –en fin– una entrevista en BTV a la nueva regidora del distrito de Les Corts, Laura Pérez, de Barcelona en Comú. Una media de edad de 69 años, uno de cada tres con más de ochenta años, muchas mujeres viudas: eso revela el informe que encargó el nuevo Ayuntamiento para afrontar el problema. En el pasaje Piera es donde está la emergencia social. La intención es evitar la especulación y construir en el lugar del pasaje vivienda social. La Colonia Castells es el primer proyecto de realojo de una comunidad que acomete la alcaldesa Ada Colau. Por primera vez en cuarenta años todos los vecinos han recibido una carta personal para convocarles a la reunión, con un orden del día y los documentos a discutir. De todo eso habla Pérez sin demagogia, con sentido común y en primera persona del singular.

Espero volver dentro de dos o tres años y comprobar que en el lugar donde casi durante un siglo hubo un pasaje ahora hay un edificio que acoge a sus habitantes, quienes viven en el mismo suelo, algunos metros por encima de la vieja casa y el viejo jardín, con agua corriente y desagües y aceras y alcantarillado. Aunque eso signifique que esta ciudad pierda un testimonio más de su pasado obrero, de su *ambiente secular*: eso espero.

Pero sigo pensando que una casa barata es una ficción de clase. Una imposición de clase. Un abuso del lenguaje. Una casa cara si se la hubiera mirado con cariño y no arrogancia, si se la hubiera reformado. Una casa barata, en acto, es una casa digna en potencia.

164

«Es más, la arquitectura del siglo XX es netamente antilaberíntica. La aparente paradoja se explica con facilidad. Ante todo, la arquitectura del siglo XX es, en su totalidad, social, laica, democrática y desmitificadora», leemos en *El libro de los laberintos* de Paolo Santarcangeli: «No hay nada tan ausente de esta arquitectura como la constitución de un centro sagrado, de un *sancta sanctórum*, de un lugar para lo *nominosum* (sacerdotal o regio). Además, tienen poco espacio la curva, el rodeo, la caverna artificial. Todo es lineal y recto».

165

Hay que volver a pensar los conceptos «formal» e «informal».

Por un lado tenemos la distinción moral. En ella lo formal es lo correcto, lo que se adecúa a las leyes de la urbanidad y el decoro, mientras que lo informal es lo impuntual, lo que no se rige según las normas y las formas convenidas. El concepto «ciudad informal» o «barrio informal» es ambiguo y manipulable. En muchos casos se trata de áreas improvisadas, de autoconstrucción, pero que con el tiempo han llegado a tener arquitecturas no sólo dignas, sino con valor patrimonial. Con pretextos vinculados con la higiene se han destruido pasajes, calles, barrios enteros, que han sido reemplazados por bloques, calles, barrios planificados. «Informal» es a menudo sinónimo de «popular». Eliminar lo «informe» significa eliminar el descontrol y, con él, un tesoro de riqueza espontánea, un archivo proletario.

Por el otro lado tenemos la distinción artística. El formalismo considera la obra sobre todo por sus propiedades formales, abraza las estrategias de representación antirrealistas de las vanguardias, propugna la autonomía del arte. Surgido tras la Segunda Guerra Mundial, el informalismo es igualmente antirrealista, pone en valor la furia del trazo y la fuerza bruta de los materiales, a menudo pobres, informes como lava o tela de saco.

Es formalista el surrealista Miró y es informalista el Miró posterior, que tanto se parece al informalista Tàpies, cuya fundación, en la misma manzana que los pasajes del Bulevard Rosa, ocupa uno de los emblemas del modernismo arquitectónico, obra de Lluís Domènech i Montaner, que en los años 80 fue reformado por su bisnieto, Lluís Domènech i Girbau, junto con Roser Amadó, quienes colocaron en lo alto una escultura enorme del propio Tàpies, «Nube y silla», que en la inauguración de 1990 fue muy polémica y que hoy es parte integrada del paisaje del Ensanche.

Esa nube informe, esa maraña esbozada con 2.750 metros de tubo de aluminio, ese garabato cableado y metálico nos recuerda que, pese a los esfuerzos de los urbanistas, Barcelona es recorrida por el espíritu del laberinto: el centro histórico está marcado por las formas abigarradas del gótico y del barroco, bajo las cuales subyacen los viejos caminos, las rieras sinuosas; Gaudí diseñó edificios inclinados hacia la curva, la onda, la escalera de caracol, además de un parque que es antirracional, naturaleza y cerámica rotas; Picasso dibujó obsesivamente minotauros y se pasó la vida preguntándole a Josep Lluís Sert y a otros amigos por la Barcelona que él había conocido de joven; el modernismo primero y el surrealismo daliniano después sintonizaron una y otra vez con las formas curvas y maleables, con la ilógica que se opone a la geometría de la línea recta y del cuadrado; Mercè Rodoreda escribió una ciudad cuyas calles y plazas son la lana de la madeja con que sus personajes tejen y destejen su psicogeografía, los pliegues de sus cerebros; Miró diseñó durante toda la vida líneas curvas, círculos, estrellas, formas blandas, como si quisiera escapar de la línea recta del pasaje en que nació, de la cuadrícula del Ensanche, del orden paterno. La ciudad arrugada y maleable como las bolas de papel de plata en que se convertía el envoltorio de nuestros bocadillos de la infancia. La ciudad dúctil y blanda. Esa metrópolis imprevisible que ninguna geometría puede volver previsión o pronóstico. La ciudad canalla del Pijoaparte, el charnego de Juan Marsé; o de Anarcoma, el detective travesti de Nazario; o de Makoki, el quinqui de Miguel Gallardo y Juanito Mediavilla; o de Carvalho, el investigador gourmet de Vázquez Montalbán; o del Watusi, genio y figura de Francisco Casavella; mestiza e informal y contracultural, cómplice del paisaje urbano que dibujan películas también barcelonesas como *Los Tarantos* o *Perros Callejeros*, que retratan los ritmos gitanos y barriobajeros, la ciudad deforme, los meandros del chabolismo, todo aquello que escapa por las grietas de la prisión cuadrícula.

Si es cierto, como dice Calvino, que toda ciudad recibe su forma del desierto al que se opone, la forma barcelonesa por excelencia sería hija del mar y las olas, como las paredes del Parc Güell. Los mayores iconos de la ciudad, la Catedral, la Sagrada Familia, la Pedrera o la Torre Agbar, son también formas curvas y onduladas. Las excepciones a la regla homogénea del Plan Cerdà.

166

«La retícula es, sobre todo, una especulación conceptual. Pese a su aparente neutralidad, supone un programa intelectual para la isla: con su indiferencia respecto a la topografía, a lo que existe, reivindica la superioridad de la construcción mental sobre la realidad», leemos en *Delirio de Nueva York*: «El trazado de sus calles y manzanas anuncia el sometimiento de la naturaleza, por no decir su extinción, es su verdadera ambición».

167

Cuando Joseph Mitchell mira a Joe Gould no puede evitar pensar en el «Viejo Marinero, en el Judío o el Holandés Errante, en un viejo silencioso llamado Pantano Jackson, que vivía solo en una choza al borde de una ciénaga en el pueblo agrícola del Sur donde yo me crié». Ambos eran inmigrantes en Nueva York. Ambos se convirtieron en ciudadanos ilustres y en narradores de la metrópolis. Ambos fueron pasajistas o pasajeristas, no hay consenso al respecto, grandes caminantes urbanos. Pero sobre todo ambos convergieron en una historia impresionante que Mitchell consiguió formalizar, obra maestra: *El secreto de Joe Gould*.

Antes de ser un indigente, antes de sacrificar las comodidades de una vida más o menos burguesa por la obra de su vida, Gould estudió en Harvard y llegó a Nueva York en 1917, con la intención de convertirse en crítico de teatro. Pero un día hojeó un libro de William Carleton en una librería de viejo y se encontró con una cita de Yeats que le cambió la vida: «La historia de una nación no está en los parlamentos ni en los campos de batalla, sino en lo que las gentes se dicen en días de fiesta y de trabajo, y en cómo cultivan, se pelean y van en peregrinación». Entonces, eureka, se le ocurrió consagrar su vida a escribir un libro que se titularía *Historia oral* y que sería la transcripción elaborada, artística, torrencial de lo que decían los habitantes de la gran ciudad.

Dejó el trabajo. Y se dedicó a vagabundear. Porque el proyecto implicaba la circulación constante: no bajarse nunca de la cinta transportadora de la bohemia, del metro, de los bares de copas, de las fiestas en casas particulares, de los albergues municipales, de las caminatas por East Village y Central Park y Harlem y Broadway. Vivía de las ayudas de los posibles mecenas, entre ellos turistas que le daban unos dólares después de escuchar sus rocambolescas historias y de pedirles una ayuda para la Fundación Joe Gould. Para seguir echando carbón a la caldera de su obra tenía que escucharlo todo, pero lo que más le interesaban eran los chismes. Por eso frecuentaba las puertas de los teatros y los guateques, por eso escuchaba tanto las conversaciones de los bares como las de los vagones de metro.

Tenía que escuchar sí o sí a la capital del siglo xx. Todo podía justificarlo esa necesidad: tanto el alcoholismo como la ausencia de hogar, tanto la falta de higiene personal como una noche entera de una punta a otra de una línea de metro. Se iba encontrando, en su divagación perpetua a pie o en transporte público, con hombres y mujeres que encarnaban aspectos diversos de la gran ciudad. Así iba haciendo crecer su *Historia oral*, como una crónica fragmentaria de las voces y los latidos de Nueva York, cuyos cuadernos o capítulos Gould iba supuestamente almacenando en casas de amigos, bien guardados en diferentes domicilios, en secreto, con el celo de la fórmula de la Coca-Cola, sólo si divides vencerás.

Pero Mitchell descubre una gran derrota. Que lo que realmente hacía Gould era escribir una y otra vez las mismas historias, que no tenían nada que ver con Nueva York. No podía ser casual que todos los fragmentos que Mitchell pudo leer durante décadas de amistad incómoda hablaran de lo mismo. La *Historia oral* no existía. La obra maestra de la que hablaron, engatusados, Thomas Wolfe o e. e. cummings, no fue jamás texto, nunca abandonó la voz, el cuerpo, la máscara de Joe Gould, que creó un gran personaje de sí mismo, una historia en perpetuo movimiento, una simbiosis viva y circulante con la ciudad de Nueva York, de cuyo paisaje urbano él llegó a formar parte, como un monumento vivo y con fecha de caducidad, como un ventrílocuo, pura oralidad. Sin gran obra maestra detrás. Sin más que algunos pasajes reescritos una y otra vez, en cafeterías y bancos de parque, sobre un puñado de temas recurrentes.

¿De qué escribió realmente Gould? Sobre la muerte de su padre y la muerte de su madre, más que nada, pero también sobre el tomate o los indios de Dakota del Norte. Versiones y más versiones de aquello que realmente le obsesionaba, que no era su deambulación neoyorkina, que no eran las biografías del Village, los rumores supuestamente recolectados en las barras de bar y en los vagones de metro, sino el recuerdo de la vida y de las lecturas previas a su desgarro, es decir, a su inmigración. En 1957 Gould murió en el Pilgrim State Hospital: ningún otro nombre de hospital podría haberle hecho más justicia. Mitchell publicó su texto en dos partes en *The New Yorker* en 1964, con la confesión final de que durante los últimos años había simulado que ayudaba a otros amigos del bohemio a buscar los cuadernos, mientras que en secreto sabía que no existían. Desde entonces hasta 1996, fecha de su propia muerte, no publicó nada más.

Jill Lepore –profesora de Harvard y colaboradora de *The New Yorker*– ha sido la primera en preguntarse en serio por las razones profundas de ese silencio de tres décadas, de ese silencio legendario. Su hipótesis es que Gould, aunque nunca se lo revelara a nadie, fue tratado psiquiátricamente y fue finalmente lobotomizado en 1949, lo que explicaría esas desapariciones que a Mitchell le parecen tan sospechosas y que acaba interpretando como imposturas. Lepore descubre algo que, de tan evidente, había permanecido oculto: Gould realmente escribió la *Historia oral*, ese libro que era diez veces más largo que la Biblia, escondió sus fragmentos en tantos lugares que su reconstrucción es imposible, pero algunos de los cuadernos se encuentran en bibliotecas universitarias norteamericanas, de modo que sí es seguro que el proyecto fue mucho más extenso de lo que dijo Mitchell. También demuestra que Mitchell lo supo. Fueron varios los lectores de su perfil convertido después en libro los que le mandaron cartas para contarle que habían sido amigos de Gould, que les había confiado algunos de sus cuadernos, que los ponían a su disposición. Pero Mitchell no quiso verlos. No quiso admitir que se había equivocado. Que había malinterpretado a su amigo. Que lo había calumniado. Que había mentido –sin saberlo o a sabiendas– para escribir una obra maestra. Joseph Mitchell se llevó su propio secreto a la mismísima tumba.

Escribe en *El secreto de Joe Gould*: «Siempre he pensado que quizá a través de Joe Gould esté intentando hablarnos el inconsciente de la ciudad. Y que a través de él quizá intenten hablarnos los que en la ciudad viven clandestinamente. Y que a través de él quizá intenten hablarnos los muertos vivientes de Nueva York. Esos que nunca han pertenecido a ningún lugar». Ésa quizá sea la clave del libro y de esta historia: el sentimiento de pertenencia. Que Gould escribiera para enterrar a su padre, no para registrar algunas décadas de la vida de su ciudad de adopción, significaba que nunca había sido parte de la gran metrópolis, que su emigración nunca había culminado. Que, en cambio, sí hubiera logrado tomarle el pulso a Nueva York significaba justamente lo contrario. Algo que Mitchell tal vez no podía soportar. Porque a través de Joe Gould quien intentaba expresarse era el inconsciente de Joseph Mitchell.

Si no volvió a publicar ni una sola palabra después de su perfil de Gould, aunque al parecer sí que empezó a escribir muchos textos que no le convencieron, tal vez no se debiera a que sólo él sabía que había dado gato por liebre, que aquel texto no era una crónica digna de las páginas de no ficción de *The New Yorker*, sino de su sección de cuento; quizá se debiera a la convicción de que él nunca había sido realmente un neoyorkino, de que no había logrado dominar la lengua de la ciudad, de que desde los 21 hasta los 88 años cuando falleció había aparentado ser el gran cronista de Nueva York, su gran intérprete, pero todo era falso. Una máscara. Trabajó 58 años en *The New Yorker*, durante los primeros quince escribió piezas magistrales; pero no sobre los protagonistas de la ciudad, sobre sus celebridades, sobre sus ciudadanos más ilustres, sino sobre sus figuras marginales y sobre sus corrientes de agua y sobre sus ratas, restos o rastros de su infancia rural en Carolina del Norte, donde su familia se dedicaba al algodón y al tabaco.

En algún momento de su obra maestra, Mitchell recuerda que cuando tenía 24 años decidió escribir, bajo la influencia de Joyce, una gran novela sobre Nueva York, protagonizada por un joven reportero de origen sureño que extraña rabiosamente el Sur. En uno de sus vagabundeos, en esa novela que nunca llegó a escribir, su protagonista se encuentra con un viejo predicador negro entregado en cuerpo y alma a un sermón apocalíptico. Durante varias páginas Mitchell resume ese monólogo hipnótico, que termina así: «Creyendo en Él, podéis vivir en el pasado, en el porvenir y en el ahora, el aquí y ahora». Y escribe entonces Mitchell: «Cuando el sermón acaba, baja a sus barrios sintiendo que el viejo lo ha liberado y que ya es ciudadano de la ciudad y ciudadano del mundo».

168

«Todos los barrios tienen un trasbarrio al que ni ellos miran, un barrio que sigue como una pregunta sigue a otra pregunta», leemos en *Paseos con mi madre* de Javier Pérez Andújar: «A estos trasbarrios van a parar quienes no pertenecen a nada sino a sí mismos».

169

Los campamentos prehistóricos eran redondos. Las ciudades son cuadradas. En el paso de la tienda de campaña a la casa, de la forma circular a la forma rectangular, se encuentra el tránsito simbólico entre el nomadismo y el sedentarismo. La pared recta permite la expansión, añadir un cuarto o un corral o una capilla o un almacén o un huerto o un jardín, su potencia flexible favorecerá la expansión urbana. Es en las aldeas donde encontramos, por tanto, la semilla del modelo ortogonal: «Se reveló como la forma más eficaz para la organización de los espacios interiores de vivienda, de

vías intraurbanas de circulación, pero también para la construcción de paredes exteriores o monumentos», escribe
Marcel Hénaff: «Así que desde ese punto de vista hay una
continuidad morfológica». La diferencia entre la aldea y la
ciudad estribará en las diferencias sociales. En el análisis de
las poblaciones más antiguas se observa que las casas de los
pueblos eran aproximadamente iguales, mientras que en las
primeras urbes comienzan a verse diferencias notables en
términos de altura, de metros cuadrados, de ostentación.
Con la ciudad se extreman las jerarquías.

Es asombroso pensar que todas las civilizaciones antiguas,
sin conocimiento de su existencia mutua, de Oriente Próximo
a América, de Extremo Oriente a Grecia y Roma, llegaron a
las mismas conclusiones urbanísticas: la necesidad de la cuadrícula y de la muralla; y la altura arquitectónica como sinónimo de poder religioso, militar y civil. En el damero, en el
plano ortogonal, no obstante, desde siempre y en todas partes
existieron también los pasajes: los cortes, los atajos, los callejones, los caminos sin adoquinar, los caminos de ronda.

La Edad Media europea, con su proliferación de calles
curvas, zigzagueantes, con arcos y porches, volvió a recordar que lo propiamente humano es siempre un diálogo entre
la forma y lo informe, en todas sus variantes: planificación e
improvisación, logos y mitología, ciencia y religión, regula-
rización y libertad, canon y heterodoxia, ciudad y campo –o
selva, sierra, desierto, mar–.

Todas las grandes civilizaciones antiguas fueron agri-
mensoras: practicaron el arte de medir las tierras. Todas concluyeron que la parcelación debía ser rectilinear. Todas
construyeron complejos sistemas simbólicos para vincular el
trazado de una nueva ciudad, su diseño material, con la organización de la sociedad, con el reflejo divino y con la
arquitectura celeste.

La plasmación moderna de la antigua idea olvida la dimensión ritual, el principio alegórico. Si para los antiguos
–como ha explicado Joseph Rykwert– la higiene y la economía estaban supeditados a la perspectiva mítica y ritual, para

los modernos en cambio la metrópolis tiende irreversiblemente a ser un espacio exclusivamente higiénico y económico. El frustrado proyecto de los pasajes barceloneses, paralelo a la implantación del Plan Cerdà, se puede leer como un mapa incompleto, en filigrana, un laberinto secreto. «Una imagen sintética de la ciudad, a la que, lo mismo que el *templum*, protegía y regeneraba la prolija articulación de estos ritos», dice Rykwert, y se refiere a sacrificios, danzas, misterios; pero yo –bajo la protección de Benjamin– me refiero en cambio a rituales del capital, códigos burgueses, nuevas magias contemporáneas, porque los pasajes son a la vez senderos y calles, existen en dos tiempos simultáneos, enlazan el pueblo con la metrópolis, el pasado rural con el futuro hipertecnológico. Esa tendencia dura siglos: el lector urbano busca atento su retraso, su congelación en los pasajes –la ciudad entre paréntesis–.

Lo que hace el Ensanche es precisamente eso: ensanchar la mirada. En los tiempos del turismo, del tren y de la cultura de masas el ciudadano se transforma en un espectador y la ciudad, en el gran espectáculo. La mirada ya no quiere ser cercana, íntima, sino que impone la distancia. Cada una de las galerías del Eixample es un pequeño mirador hacia ese espacio común que es el interior de la manzana; cada balcón, un pequeño mirador hacia la calle. En las partes elevadas de la ciudad, en lo alto de los incipientes rascacielos, irá creciendo la demanda de miradores. Contra eso se revela precisamente el *flâneur*: contra el monumento, al que opone su memoria personal, su pequeño archivo, su perspectiva de caminante a ras de suelo.

Nos recuerda Rykwert también que en el signo cuneiforme sumerio *er* o *ur*, que significa «ciudad», está implícito el concepto de orientación. En el origen de la palabra «ciudad», por tanto, ya está el viaje urbano, la búsqueda de un sentido.

170

«La buena noticia es que tengo un caso de lo más intrigante para ti», leemos en *La ciudad y la ciudad* de China Miéville: «La mala, inspector Borlú, es que es el mismo caso en el que ya estabas trabajando».

171

Para acabar de una vez por todas con las medidas variables, con ese palmo que según el lugar tenía tres centímetros más o menos, con esa legua que podía medir tanto cuatro kilómetros como casi siete, la Asamblea Nacional de Francia decidió en 1790 crear y democratizar la nueva unidad básica, el metro, fijado de un modo irrefutable, definitivo, que no beneficiara ni perjudicara a nadie. Su referencia sería la Tierra. Para que coincidiera con un diezmillonésima parte de cuadrante de meridiano terrestre, para que el tamaño de un abrazo tuviera su analogía en el tamaño del mundo, entre 1792 y 1798, los científicos ilustrados Pierre-François Méchain y Jean-Baptiste Delambre midieron el meridiano que pasa por Dunkerke, París, Carcassone y Barcelona. Como resultado de la expedición, en 1799 Napoleón Bonaparte firmó el acta que certificaba la validez del nuevo Sistema Métrico Decimal.

Con el objetivo de medir los cerca de mil kilómetros que unen, en exacta línea recta, Dunkerque y Barcelona, Méchain y Pelambre se dividieron su trabajo. Éste se encargó del norte de los Pirineos; aquél, de Cataluña con ayuda de Madrid (pues Carlos IV le proporcionó un grupo de militares y científicos). Ambos se sirvieron de las técnicas de cálculo geodésico y del instrumental más avanzado de la época, que incluía el círculo repetidor de Borda, que en los museos de geografía es conservado como un artefacto brillante de cobre y acero, sobre la base sólida el disco enorme y la estructura del telescopio.

Méchain llegó a Barcelona en julio de 1792. La medición comenzó en el castillo de Montjuic y, triángulo tras triángulo, alcanzó la frontera francesa, pero todo el proceso estuvo radicalmente enrarecido por la posibilidad de que la guerra contra la Convención o de los Pirineos, que sólo afectaba el norte de España y el sur de Francia, se extendiera y alcanzara Barcelona. Por eso no se le permitió a Méchain reunirse con el equipo de Delambre y se le invitó a permanecer en la Ciudad Condal, pero sin acercarse a la fortaleza de Montjuic, por ser una instalación militar. Por eso prosiguió sus estudios desde la terraza de la Fontana de Oro, la fonda donde se alojaba en la calle Escudellers, cuatro décadas antes de que aquella zona se hiciera famosa por sus burdeles y por sus caracoles. Finalmente en 1794 se le concedió la posibilidad de salir de la ciudad por mar, camino de Italia. Desde allí conseguiría regresar a Francia y reunirse con Delambre en Carcassone. Y salvar la cabeza. Y conocer a Napoleón. Y dirigir el Observatorio de París. Pero las obsesiones son terribles: quiso volver a España para asegurarse de que ciertas mediciones eran correctas, enfermó de fiebre amarilla y murió en Castellón de la Plana.

Si sobre un plano de Barcelona prolongamos los trazados del Paralelo y la Meridiana, líneas absolutamente perpendiculares, simétricas respecto al eje central de la ciudad, que coinciden respectivamente con el paralelo terrestre (como la carretera de Sants) y con la meridiana planetaria, vemos que se cruzan en el ángulo del puerto, concretamente en la Torre del Reloj, donde tomaron sus medidas tanto Méchain como Cerdà sesenta años más tarde. La bisectriz de ese ángulo recto se proyecta sobre el *cardo* y sobre el Paseo de Gracia con precisión de relojero suizo con gafas bifocales. Un triángulo que se superpone sobre la antigua centuriación romana, aquel enorme Ensanche rural formado por parcelas o manzanas de 710 por 535 metros. Aquella gran cuadrícula que es el padre fantasma de la cuadrícula actual. La ciudad geométrica. La ciudad pitagórica. La metrópolis que busca su sentido al compás de la música de las esferas.

O no. La astronomía no es el fin, sino el medio. Para Cerdà la Meridiana y el Paralelo eran sobre todo vías de comunicación entre la ciudad antigua y los pueblos existentes, como Sarrià, Gracia o Sant Martí de Provençals. Las ciudades son divinas y humanas, naturaleza y construcción, plaga y demolición. Méchain, en fin, no sólo era un geodesta de gran reputación, también era astrónomo, como el resto de ingenieros de la época vinculados con el proyecto, como la gran mayoría de los grandes agrimensores.

Esos hombres del siglo XVIII, por cierto, al contrario que los del XIX, no llevaban mostacho, en su lugar mostraban, bajo la peluca blanca perfectamente peinada, con algún rizo coqueto, la piel bien afeitada y una peca postiza, circular como una luna o un planeta.

172

«Casi todas las cuevas de la falda del castillo están habitadas por vagabundos, unos de mar; otros, de tierra. Las diferencias desaparecen con la igualdad de la miseria», escribió Lino Novás en *Mundo Gráfico* el 24 de abril de 1936. Y cincuenta y dos años después, Francisco Candel en su libro *La nueva pobreza*: «Nací pobre, siempre fui pobre, seguiré siendo pobre y pobre moriré, salido de la miseria del subdesarrollo, sólo he sido capaz de alcanzar la miseria del electrodoméstico».

173

Durante buena parte del siglo XX Barcelona vibró continuamente con un doble movimiento: el de los inmigrantes que llegaban a ella y se instalaban donde buenamente podían; el de los ya barceloneses que, al cabo de un tiempo, eran trasladados a bloques periféricos de vivienda social. Entre una mudanza y la otra habitualmente tenía lugar otro doble movimiento: el de los obreros municipales que tapiaban las cuevas o las barracas y el de las excavadoras que las demolían cuando todo el asentamiento había sido ya vaciado. Ese tráfico continuo no era ajeno a los residentes tradicionales de la ciudad, porque ellos daban empleo a los recién llegados, ellos decidían el precio de los alquileres, ellos compraban y vendían terrenos, ellos participaban tanto en las iniciativas de las parroquias como en las de la política municipal. Se enriquecían sobre todo ellos.

«Mi padre compró una cueva en la Diagonal y le costó quince duros», dice José Martínez Toledano en el documental *Barracas. La ciudad olvidada*. Bajaban a la avenida a buscar el agua. Y por la noche construían la barraca: el techo era de cartón cuero sujeto con piedras. Había que reconstruirlo cada dos por tres. Ahora la Diagonal es un eje exclusivo, de cabo a rabo, desde la montaña de Pedralbes hasta el mar redundante de Diagonal Mar. En ambos extremos, como en tantos otros lugares donde hubo chabolismo, hoy encontramos grandes centros comerciales, ovnis que al aterrizar aburguesan con su centrifugación los alrededores. En los planos de Cerdà ya aparece una avenida Diagonal que llega hasta el mar. Tardó un siglo y medio, pero finalmente llegó. Su historia es, al mismo tiempo, una historia de expropiaciones y de dignificación, de tejido necesario y de mala gestión emocional, de especulación y de embellecimiento, de miserias morales cuando se mira con lupa y de modelo a imitar cuando se observa con distancia. La sístole y la diástole del corazón urbano, máquina de triturar y de soñar, si es que cuando soñamos lo que hacemos en realidad no es triturar nuestros recuerdos.

María Rosa Bermejo, de padre murciano y madre catalana, es una de las personas entrevistadas por el equipo de investigación que coordinó Stefano Portelli y que condujo al libro *La ciudad horizontal*. No recuerda si el pasaje del Poblenou donde se crió se llamaba o no Cantí, porque fueron tantos, pero sí recuerda que estaba al final de la Rambla: «Había un pasadizo dentro, una puerta pequeña y un pasillito, y dentro había un patio, grande; y entonces, dentro del patio, había un lavadero de aquellos grandes, que lavaba la gente la ropa allí, y nos metíamos a bañarnos dentro del lavadero». Entonces hubo una explosión en una industria química cercana y murió gente y otra sufrió lesiones y las autoridades destruyeron el pasaje y mudaron a sus habitantes al Bon Pastor. Y en aquellas casas baratas ellos reconstruyeron los modos de vida, los rituales, las sillas y las mesas en la calle al anochecer, el juego del escondite, las sábanas al sol.

En olas sucesivas, fueron llegando al Bon Pastor habitantes procedentes de núcleos derribados, como los de Baró de Viver, Eduardo Aunós o La Perona, que desapareció entre 1987 y 1989. Leemos en ese mismo libro: «Los años noventa del siglo xx en el Estado español fue la época de la liberación del mercado inmobiliario. Los precios de las viviendas en Barcelona se habían mantenido estables desde finales de la dictadura, pero justo después de la aprobación del Decreto Boyer, en 1986, se doblaron en sólo un año. A partir de 1994, con la *Ley de Arrendamientos Urbanos* (LAU), comenzó un crecimiento exponencial del mercado inmobiliario». Es decir, entre los Juegos Olímpicos y el Forum de las Culturas Barcelona fue cómplice de la dictadura española de los constructores, de la epidemia del ladrillo. En la zona de Bon Pastor se recalificaron en el cambio de siglo los terrenos que ocupó el centro comercial La Maquinista, al tiempo que se proyectaban las obras de la estación del Tren de Alta Velocidad en La Sagrera. Cada gran obra supone tanto una gran especulación intelectual como varias pequeñas especulaciones económicas. Imaginación y usura.

No es casual que ninguno de los antropólogos que participó en el proyecto de *La ciudad horizontal* tenga plaza estable en una universidad o centro de investigación. La misma crisis que paralizó obras y devaluó propiedades también convirtió en precarias las carreras de los jóvenes investigadores españoles. Sin la continuidad de las becas y las subvenciones oficiales, la nueva generación de académicos lo es también de trabajadores intelectuales autónomos, de investigadores informales. Por eso tampoco es casual que sean ellos los que reclaman que cuestionemos ese ambiguo concepto, el de la «ciudad informal», que ha justificado la erradicación del patrimonio material e inmaterial de «miles de casas unifamiliares o bifamiliares que desaparecen cotidianamente del territorio de Barcelona y alrededores, desde la Colonia Castells a Can Tunis, desde Poblenou a L'Hospitalet». Decir «barrios informales» significa definirlos no por lo que tienen, sino por lo que les falta: «implícitamente se da paso a la idea de la falta de organización, de la falta de control», para criminalizarlos, para eliminar «del cuadro la existencia de una cultura política propia a los barrios autoconstruidos, aunque silenciada». Esa desaparición sólo puede conducir al olvido de los espacios donde realmente se negoció y se formalizó el espíritu popular de la ciudad, donde convivieron y se conocieron los autóctonos y los recién llegados, todos ellos obreros, proletarios, trabajadores manuales, que con las décadas consiguieron ser clase media-baja, como decían mis padres, y que sus hijos fueran la primera generación de una familia milenaria que iba a la universidad.

174

«Informar favorablemente el cambio de denominació actual de la plaza de Can Felipa por plaza Josep Maria Huertas Clavería, espacio situado entre las calles de Bilbao, de Pallars y de Marià Aguiló y del Camí Antíc de València», leemos en el *Extracte de l'acta núm. 6 de la Sessió Plenària Ordinària del Consell Municipal del Districte de Sant Martí, celebrada el dia 4 de desembre de 2012*: «Asignación de la denominación de pasaje de Josep Durall i Pujol para el pequeño pasaje situado entre el paseo de Calvell, 45, y la calle de Perelló, 23».

175

Como Barcelona y como los huracanes hasta 1979 (cuando se decidió dar fin a la infame tradición de los climatólogos que cumplían sus venganzas poniendo a aquellas tormentas devastadoras los nombres de sus exmujeres o de sus suegras), todas *Las ciudades invisibles* de Italo Calvino tienen nombres de mujer.

El libro nació lentamente, como fragmentos, como poemas, como ensayos mínimos o cuentos, que el escritor iba archivando en una carpeta que estaba junto a tantas otras, cada una por un proyecto simultáneo, que yo imagino como las carreras de camellos de la feria, avanzando a ritmos distintos, según vas metiendo las bolas en los agujeros de colores, a trompicones, imposible saber quién va a ganar.

Hoy llamaríamos etiquetas a los conceptos que articulan esas series de textos: la memoria, el deseo, los signos, los intercambios, los ojos, el cielo, el nombre, los muertos; las ciudades sutiles, continuas, escondidas. El índice de *Las ciudades invisibles* recuerda al de un tratado científico. El objetivo es diseccionar, al mismo tiempo, las urbes de nuestra imaginación y las reales, esa ciudad que soñamos con canales en lugar de calles y la Venecia verificable en la realidad y los mapas: «En Esmeraldina, ciudad acuática, una retícula de canales y una retícula de calles se superponen y se entrecruzan», de modo que sus ciudadanos pueden escoger siempre si se trasladan a pie o en barca y no conocen el tedio, pues pueden cambiar infinitamente el orden y el desorden de sus recorridos. Pero «la red de pasajes no se organiza en un solo plano, sino que sigue un subir y bajar de escalerillas, galerías, puentes convexos, calles suspendidas», la ciudad es tridimensional y sus habitantes cambian continuamente de nivel en sus idas y venidas. Por eso: «Un mapa de Esmeraldina debería comprender, indicados con tintas de diferentes colores, todos estos trazados, sólidos y líquidos, patentes y ocultos».

Como Constant en su gran proyecto transartístico y vital, la Nueva Babilonia, Calvino también piensa que las ciudades son redes. Redes de vínculos y de proporciones. Proporciones entre su topografía presente y la dimensión brutal y paralela de su pasado y la dimensión brutal y también paralela de todo su potencial deseo, de todas sus proyecciones, de todos sus posibles futuros. El escritor nos habla en su libro de Ersilia, que está habitada por personas que tienden hilos entre los ángulos exteriores de sus casas, para establecer así sus relaciones sociales; y cuando son tantos los hilos que la ciudad ya no puede ser vivida, porque se han convertido en obstáculos, en murallas, sus ciudadanos desmontan sus casas y dejan las marañas y se van a otra parte con sus vidas y con Ersilia, de modo que cuando viajas por su territorio encuentras las ruinas de las versiones anteriores de la ciudad, sin muros ni cementerios: «telarañas de relaciones intrincadas que buscan una forma».

La fantasía, en *Las ciudades invisibles*, es el camino para pensar el arquetipo. La suma de todas las ciudades de Calvino daría la Ciudad Total, que es una ciudad mítica y profunda, exclusivamente mental. «Se confirma la hipótesis», leemos, «de que cada hombre lleva en su mente una ciudad hecha sólo de diferencias, una ciudad sin figuras y sin forma, y las ciudades particulares la rellenan». Pero, al mismo tiempo, esa colección de ensayos, poemas y cuentos es una reflexión sistemática sobre la crisis urbana de los años 60, que persiste e insiste, que llega hasta nosotros. Una crisis derivada del predominio de una visión económica, utilitaria, comercial de la metrópolis, en detrimento de la visión urbana como una red de esperanza, vida cotidiana, conversación y querer.

En una conferencia pronunciada en la Universidad de Columbia en 1983, el escritor italiano habló precisamente de este libro y dijo: «¿Qué es hoy la ciudad para nosotros? Creo haber escrito algo parecido al último poema de amor a las ciudades, cuando es cada vez más difícil vivirlas como ciudades».

Ni el gran Calvino –hombre del siglo XX y por tanto bien afeitado– pudo escapar de la hipoteca Baudelaire.

176

«Podemos leer la ciudad como una obra de consulta», leemos en «Ermitaño en París» de Calvino: «Y al mismo tiempo podemos leer la ciudad como inconsciente colectivo: el inconsciente colectivo es un gran catálogo, un gran bestiario».

177

Fue allí donde imaginó sus ciudades invisibles, en un momento de su vida, principios de los años 70, en que ya era un pasajero frecuente de las aerolíneas, en que –habitante de Cosmópolis– se movía entre Italia y Francia, entre Europa y el resto del mundo, con normalidad aparente.

En el centro de París, al fin y al cabo extranjero, el autor de *Si una noche de invierno un viajero* tenía su propia isla de lectura y escritura. Todas las mañanas iba en metro a St. Germain-des-Près para comprar la prensa italiana y volvía a casa también subterráneamente, sin voluntad de flanear, amante del anonimato y de esa desconexión que se da durante los trayectos en avión o en metro, ese paréntesis entre dos puntos espaciales. Escritor maduro, persona madura que se identificaba con san Jerónimo en esos cuadros donde el libro está en primer plano y la ciudad, desdibujada, al fondo, su vida parisina ya no sufría la ansiedad de la experiencia, sino que se refugiaba en el confort de la biblioteca.

Y es en la memoria de las lecturas, en el repertorio que brinda el archivo, en la lógica que se autoimpone quien en realidad teme a los fantasmas de la sinrazón, donde Calvino encontró el material de *Las ciudades invisibles*.

En una entrevista con Daniele del Giudice de 1978, aludía a su gran contradicción vital: la imposible conciliación entre el mundo fantástico de su mente y la arquitectura exacta de su sintaxis, de su prosa, de sus libros. «Cada vez que intento escribir un libro debo justificarlo con un proyecto, un programa cuyas limitaciones veo enseguida», confesó. De modo que rápidamente surgía otro proyecto y otro y uno más, y se paralizaban mutuamente, en su absurda carrera de camellos de atracción de feria, paralelos, avanzando a trompicones. Entonces el entrevistador le pregunta: «¿Y si entre las víctimas de la época se encontrase precisamente el concepto de *proyecto*? ¿Si no hubiera transición entre un proyecto viejo a uno nuevo, sino muerte de una categoría?». Y Calvino responde que su hipótesis es plausible, pero que lo bueno de escribir es la felicidad del propio hacer, del estarse haciendo, tan sólo equiparable a la lectura como lo que se va leyendo.

Calvino dice en la misma entrevista que para él «la ciudad sigue siendo Italia», mientras que ese París en que vivió durante más de quince años, «es más el símbolo de "otro lugar" que "un otro lugar"». Duda incluso de si vivió realmente en París, porque nunca supo elaborar un discurso sobre esa relación.

El padre de Calvino era agrónomo y su madre, botánica: de ellos heredó una mirada analítica, el gusto por la lista y la geometría y la combinatoria, estrategias para domesticar la imaginación. Tras su muerte fue encontrada una carpeta con el título *Páginas autobiográficas*, una serie de textos ordenados cronológicamente, artículos, ensayos, entrevistas, con pequeños prólogos que evidenciaban que el original había sido preparado para su futura publicación. El primero de esos textos se llama «Forastero en Turín»; el segundo, «El escritor y la ciudad»; y uno de los últimos, «Ermitaño en París». Pero en las últimas entrevistas del libro habla sobre todo de Nueva York: «la ciudad que he sentido como mi ciudad más que cualquier otra», quizá porque «es una ciudad geométrica, cristalina, sin pasado, sin profundidad, aparentemente sin secretos».

Por eso no le da miedo.

Por eso intuye que sería capaz de pensarla entera, de apoderarse de cada uno de sus matices y rincones con la mente.

Ni rastro de ninguna carpeta titulada «París».

178

«Al contemplar estos paisajes esenciales, Kublai reflexionaba sobre el orden invisible que rige las ciudades, las reglas a que responde su manera de surgir y cobrar forma y prosperar y adaptarse a las estaciones y marchitarse y caer en ruinas», leemos en *Las ciudades invisibles*: «A veces le parecía que estaba a punto de descubrir un sistema coherente y armonioso por debajo de las infinitas deformidades y desarmonías, pero ningún modelo resistía la comparación con el ajedrez. Quizá, en vez de afanarse por evocar con el pobre auxilio de las piezas de marfil visiones de todos modos destinadas al olvido, bastaba jugar una partida según las reglas, y contemplar cada estado sucesivo del tablero como una de las innumerables formas que el sistema de las formas compone y destruye».

179

Estamos tan acostumbrados a las desapariciones que nos parece mentira que todo ese asfalto, que toda esa piedra, que todo ese hierro y tanto vidrio fueran campos de cultivos, hospitales, iglesias y conventos. No hay idea de ciudad sin idea de exterminio. Se arrasa para construir: es ley de vida. El cabaret La Buena Sombra desapareció junto con la calle del Gínjol, porque también los teatros y los bares y las calles desaparecen. Cuántas desapariciones sin registro.

Cuando en 1921 se completó la anexión por parte de Barcelona de los pueblos periféricos muchas calles cambiaron de nombre. Fue en esas décadas cuando el pasaje Industria se transformó en el pasaje Manufacturas y el Comercio en el de la Banca. Pero la gran mayoría de los pasajes barceloneses no son famosos como esos dos ni sufrieron simplemente un cambio de sinónimo o de matiz: casi nadie notó el cambio drástico del pasaje Munner, que se transformó en Paca Soler; o el de Ricart, que pasó a llamarse Marqués de Santa Isabel; o el de Oriente, de pronto Llívia. En muchos casos los cambios se debieron a la duplicación o incluso la multiplicación: una misma ciudad no podía tener dos o tres calles París, Lluna o Londres. Pero en el caso de los pasajes los cambios responden más bien a la voluntad de actualizar el topónimo del propietario, cuando no a razones más oscuras que ya nadie podrá dilucidar. De lo que no hay duda es de que los cambios de nombre suponen pérdidas de memoria. El pasaje Montserrat de Gracia pasó a llamarse calle Albacete: de la virgen catalana a la ciudad de los inmigrantes, o de una Montserrat de carne y hueso a un topónimo de origen árabe y ecos tan distintos. El paso del Cementerio de Sant Martí fue desde entonces la avenida Icaria; la carretera del Petróleo de Sant Martí pasó a denominarse Don Juan de Austria; la calle del Dormitori de Sant Francesc, en Ciutat Vella, mudó su nombre por el de Anselm Clavé.

Son infinitos los inmigrantes que al cambiar de ciudad o de país también lo hicieron de nombre. No es raro, porque las migraciones comienzan con las palabras. De pronto adquiere sentido una que nunca lo tuvo: «partir». La piensas por primera vez y, tras pensarla y volverla a pensar, comienzas a envolverla en saliva y de pronto es una bola, una bola palabra que masticas y piensas y vuelves a masticar, son duras esas palabras, por mucho que las pienses difíciles de tragar. Irse, trasladarse, mudarse, emigrar: las vas envolviendo en saliva, las vas masticando esas palabras y te las tragas ya en el tren o en el autocar. El bocadillo, en la mochila, envuelto en papel de diario, en lenguaje o realidad. Toda una vida acotada por cincuenta kilómetros, los que separan el pueblo de Córdoba o de Granada,

PASSEIG DE SANT JOAN

DIAGONAL

7

2

3

1

Eixample

PASSEIG DE GRÀCIA

5

ARAGÓ

6

9

GRAN VIA

PLAÇA
TETUAN

PLAÇA
URQUINAONA

4 8

Born

1. Camps Elisis   4. Manufactures   7. Ròmul Bosch
2. Concepció   5. Méndez Vigo   8. Sert
3. Domingo   6. Permanyer   9. Tasso

Les Corts

TRAVESSERA DE LES CORTS

Sants

ENTENÇA

NUMÀNCIA

ESTACIÓ
DE SANTS

1. Piera
2. Tubella

HOSPITAL
DE SANT PAU

SANT ANTONI MARIA CLARET

AVINGUDA GAUDÍ

SAGRADA
FAMÍLIA

MALLORCA

MARINA

DIAGONAL

1. Conradí
2. Graziela Paretto
3. León
4. Lluïsa Vidal
5. Pau Hernández
6. Sant Pau
7. Utset
8. Vilaret

1. Aymà
2. Bori
3. Caminal
4. Camp
5. Cantí
6. Carlota de Mena
7. Ciutadans
8. Iglesias
9. Maria Llimona
10. Masoliver
11. Montserrat
12. Olivé i Maristany
13. Oriol
14. Rere el Cementeri Vell
15. Transversal de la Llacuna

Pasaje Sert.

Pasaje Mercader.

Pasaje Tubella.

Pasaje Pau Hernández.

Pasaje del Bori.

Pasaje Piera.

Pasaje Carlota de Mena.

Pasaje Masoliver.

Pasaje Maria Llimona.

Pasaje Tasso.

Pasaje Ciutadans.

Pasaje Olivé i Maristany.

y de pronto los vas contando por cientos y las viejas palabras son de pronto también nuevas: lejos, distancia, Barcelona, charnego, extrañar, extranjero.

180

«Escribir la ciudad, dibujar la ciudad, pertenecen al círculo
de la figuración, de la alegoría o de la representación», leemos en *La ciudad vista* de Beatriz Sarlo: «La ciudad real, en
cambio, es construcción, decadencia, renovación y, sobre
todo, demolición».

181

Detrás del cementerio de Poblenou, dos pasajes: uno sobrevive, el otro no. Uno se blindó, el otro fue arrasado por encontrarse a la intemperie semántica: ser pasaje de *chabolas*,
de palabras, de *barracas*, de palabras baratas en una ciudad
cada vez más cara.

Los veinte vecinos del Carlota de Mena lo tapiaron hace
tiempo, me cuenta un día Pere, octogenario y con zapatillas
de cuadros, que vuelve a su casa tras acompañar a su hijo al
coche cargado con una caja. Llegó desde Andalucía cuando
tenía cuatro años:

–El suelo era de tierra, hay que representárselo lleno de
tendederos y de charcos –me cuenta en catalán–, la gente fue
construyendo sus casas, pero al principio eran más bien chabolas, si le soy sincero.

Fue tonto, me confiesa: no tendría que haber desaprove-
chado ese metro, también de su propiedad, que los otros
vecinos no respetaron y que él cedió al espacio común, ahora alicatado y con bancos de madera en el centro.

–Haga fotos tranquilo, y cierre la puerta al salir. –Me estrecha la mano al tiempo que me dice su apellido–: Cervantes, como el escritor.

En el buzón se lee «Pedro». Su acento es mejor que el mío.

A cinco minutos, el pasaje Llacuna es ahora una calle muy ancha, con el muro del cementerio a un lado y el vacío de las casas y sus habitantes al otro. Junto con el pasaje de Rere el Cementiri Vell, el Transversal de la Llacuna y el d'Aymà, que tampoco tienen ya mucho que ver con lo que fueron, configuraban uno de los núcleos de barracas que sobrevivió más tiempo. Hasta 1990. Antesdeayer. Se conocía, desde su nacimiento a principios del siglo XX, como Transcementiri. Quedan restos que, según como se miren, serían ruinas o escombros. Restos de cocinas y lavabos: azulejos agrietados que permiten la reconstrucción imaginaria. Restos de vigas de madera con sus anillos concéntricos, con toda esa memoria vegetal y viva que nadie lee.

La ruta por la Barcelona anterior a la de los rascacielos del distrito 22@, los hoteles de cuatro y cinco estrellas, los parques ampulosos con nombres de intelectuales y poetas (Simone de Beauvoir, Jaime Gil de Biedma, Joan Fuster, Carlos Barral, Manuel Sacristán) y el maravilloso paseo marítimo ajardinado, una Barcelona más precaria y más antigua, pero igual de auténtica, podría proseguir por la calle Fernando Poo, cuyos edificios bajos te sitúan a la escala propia del pasajero y te transportan a los tiempos en que el Taulat era un micromundo de pescadores y obreros. Desde la encantadora plaza de Prim, con esos ombúes de raíces colosales y troncos hipertrofiados, que parecen padecer de elefantiasis, no hay más que fijarse en los pasajes cercanos para proseguir por la Barcelona anterior: ese hilo que une los pasajes Piquer, Colomer, Joaquim Pujol o Borrell, a través de calles como el Passeig del Taulat o Ramon Turró.

Hundidos en su manzana, con una acera el triple de ancha de lo habitual, el tramo de Ramon Turró que tiene enfrente los jardines de Gandhi es un reducto de viejos pasadizos obreros. El número 282 es una puerta doble de madera, aspecto noble y grueso candado en el medio; pero el número está duplicado: es también un pasillo estrecho, precedido de una puerta de metal granate. Veo un bidón de agua azul de cincuenta litros. Veo un gato gordo. El 284 es una puerta tapiada color cemento. No veo nada. El 288 es una puerta tapiada de ladrillos; pero a su lado hay una puerta gemela, enrejada: el pasaje Montserrat. Veo una miseria de los años 20 y 30. Veo la misma miseria en los años 60 y 70. Una rampa metálica, con barandas a los lados, desciende hacia el 290 interior, más pasillo que pasaje, protegido por una puerta de rejas negras. En el centro de todos los pasadizos, el pasaje Oriol es el más inquietante. Una sucesión doble, a ambos lados, especular de viviendas o talleres abandonados. Veo sillas de plástico apiladas. Veo uralita en el suelo. Veo matojos. En la web del Arxiu Històric del Poblenou me encuentro con una foto de agosto de 2014 que lo muestra completamente invadido por plantas de calabacines. Veo afectación. Una plantación rocambolesca y exuberante de cerebros alienígenas, de grandes cerebros extraterrestres de algodón dulce: una plantación inverosímil. Le pregunto por email a Teresa Garceran si es posible que nazcan de forma espontánea, invadiendo de ese modo todos los metros cuadrados del pasaje. Y me responde que no. Que tal vez si existía una plantación anterior. Que la polinización es complicada. Veo un desalojo inminente. Que esa fotografía de vegetación omnívora y exuberante es un misterio. Veo lo que ya no se verá nunca más.

182

«En todos los lugares del mundo hay televisores, en todos los hoteles», leemos en la novela *El fin de la Guerra Fría* de Juan Trejo: «y eso hace que me sienta un poco como en casa: es mi punto de referencia».

183

Estos callejones paralelos, habitados o clausurados, pertene-
cieron durante décadas a un entramado de calles industriales de estética y condición semejantes a ellos, pero ahora han
sido aislados y se encuentran –desarmados– frente a los jardines de Gandhi, en cuyo centro simbólico se alza una estatua del pacifista indio a escala real, obra de Adolfo Pérez
Esquivel, que es escultor además de Premio Nobel de la Paz.
El parque resume el trasfondo de la operación que experimentó Barcelona entre los años de los Juegos Olímpicos y
los del Foro de las Culturas. Porque la estatua hiperrealista
responde a la voluntad de universalismo y el arquitecto que
diseñó el parque, Carles Teixidor, quiso representar con esas
estructuras onduladas los antiguos campos y acequias que
recorrían estas hectáreas, pero el hecho de que estén recu-
biertas por el *trencadís* Gaudí, las hermana con el Parc
Güell, con el McDonald's en que se ha convertido la librería Catalònia de plaza Cataluña y con decenas de tiendas de
souvenirs regentadas por paquistaníes. El abismo entre la
teoría y la práctica, entre el deseo de conmemorar un pasado y la realidad de sabotearlo.

En el lado mar, el parque da a los pasajes Oriol y Montserrat, el pasado; mientras que el lado Besós conduce al pasaje
Maria Llimona, ese presente que intentan vendernos como
futuro. En él no hay variedad de tiempos: el antiguo pasaje
fue arrasado y en su lugar se erigió éste, de casas idénticas,
planta baja y dos pisos, portón y persianas metálicas. Aso-
man, por encima de los muros, los limoneros. Se oye el rugi-
do de las mangueras y la voz de las niñeras filipinas. Al fondo hay un restaurante japonés, al que se entra por la calle
Llull, con Diagonal Mar al fondo. En Google descubro que
las casas tienen solariums, incluso piscinas, en sus 250 metros cuadrados. Los anuncios de internet hablan de «cha-
lets» que se alquilan por 3.000 euros al mes o se venden por
casi un millón.

La gran mayoría de las calles barcelonesas son máquinas del tiempo averiadas, en que las épocas colindan y se hermanan, en que el trazado romano o medieval coexiste con el grafiti y un muro trenza piedras de distintos momentos de la historia, como si las décadas o los siglos fueran canales mal sintonizados de una gran pantalla múltiple que mostrara identidades diversas. Calles llenas de fracturas. Calles discontinuas. Las avenidas, las calles, los pasajes posmodernos –en cambio– son monocanales. La estructura de la ciudad de los años 90, según Michael Sorkin, es como la de la televisión: «El acontecimiento televisivo más importante es el corte, la elisión entre bits de emisión, el paso sin interrupción de una telenovela a un docudrama, o a unas palabras de nuestro patrocinador». El discurso televisivo se basa en el borrado de las diferencias entre esos bits, «en asignar el mismo valor a todos los elementos de la red, con el fin de que cualquiera de las infinitas combinaciones producidas por la transmisión diaria pueda tener un *sentido*». La nueva ciudad, en consonancia, trata de eliminar los elementos disruptores, todo aquello que no genere la sensación de continuidad. De cinta transportadora sin marcha atrás. Por eso lo mismo que hizo el pasaje Maria Llimona a principios del siglo xxi lo hizo el pasaje Permanyer a mediados del xix: arrasar con lo anterior, edificar según el gusto de la época en un único estilo que excluya a todos los demás, atractivo para una única clase social que también excluya al resto.

Más allá del restaurante japonés y hasta la frontera con Sant Adrià del Besós es donde más escalofríos sentí en todos los años que dediqué a la búsqueda de pasajes. Alcancé a conocer el pasaje Morenes, el del Coll, el del Treball y algunos otros; pero a su alrededor había tenido lugar una auténtica masacre. Ya no existen el Pallars ni el Massaguer de Pallars (un edificio nuevo, un parque, un solar); tampoco el Mallart (devorado por la estación de metro Selva de Mar); ni los de Marina y Baraldés (la ausencia más dramática, porque aquellos edificios que en 2015 aún contaban con pisos en venta habían dejado tras de sí vacío, cicatrices, hierba,

bloques de cemento, toda la desolación resumida en un grafiti que fotografié: «Descontrol urbano»). Los que no han
desaparecido han sido reformados por completo o interve-
nidos radicalmente, hasta convertirse en otros. El pasaje
Prim, por ejemplo, está ahora dividido entre dos realidades.
Por un lado es un pasaje proletario, de pisos donde el domingo se come pollo a l'ast, con una oficina de Trabajo de la
Generalitat, con palomas obesas, con la Granja Bar El Pasaje –el cartel en catalán y en árabe–, con poca luz. Por el otro
lado, el mismo passatge Prim es una calle ancha como una
plaza ancha, rodeada de tiendas y sucursales bancarias, sa-
turada de horizonte y cielo.

184

«Lo primero que uno desea al vivir en una gran ciudad es
encontrar una manera de estar solo», leemos en *El cuaderno
gris* de Josep Pla: «Ese deseo es muy útil: si uno llega a realizarlo, las ciudades pueden ser productivas, de gran rendi-
miento de trabajo. Si no fuese por este impulso hacia la soledad que produce la vida entre la gente, entre la densidad de
la gente, ¿de qué servirían las grandes ciudades?».

185

No sabía conducir: iba a todas partes a pie o en transporte y
fue así, acumulando miles de trayectos, millones de pasos,
como conoció la ciudad de Barcelona como nadie antes ni
después la ha conocido. Josep Maria Huertas Clavería es el
pasajista o pasajerista barcelonés que logró que el discurso
de la ciudad no se limitara a sus zonas viejas y nobles, al
gótico y al modernismo, sino que se entendiera como un
todo, como una pequeña galaxia de barrios interconecta-
dos. Retrató las barracas, pisó los senderos enlodados de
Montjuic y del Somorrostro, caminó y caminó y siguió ca-

minando por las colinas y las fuentes y los bajos fondos y las pistas forestales y los polígonos, hasta que las líneas de las calles de Barcelona se correspondieron con las líneas de las palmas de sus manos y las rugosidades de las plantas de sus pies.

Antes de él nadie se había consagrado a mapear esta ciudad no sólo desde la representación topográfica, sino también desde las pisadas, las conversaciones de bar, las asambleas de vecinos; a documentar Barcelona casa por casa, calle por calle, barrio por barrio; a convertir la metrópolis en un sistema orgánico, en una enciclopedia que se pudiera leer. Las cifras no mienten: escribió unos 6.000 artículos en 126 medios distintos, la mayoría sobre esta ciudad; cuatro libros monográficos sobre Barcelona en solitario y unos noventa en equipo (sobre todo con Jaume Fabre): entre ellos, sobre todo, los ocho volúmenes de *Tots els barris de Barcelona* y los cuatro de *Els barris de Barcelona*.

Cuando el 7 de junio de 1975 publicó en *Tele/Exprés* un artículo sobre los *meublés* en que decía que un buen número de ellos «estaban regentados por viudas de militares», fue condenado a prisión tras sufrir un consejo de guerra. En los nueve meses que pasó en la Modelo conoció a un quinceañero llamado Juan José Moreno Cuenca, que acababa de salir de su enésimo reformatorio y ya era apodado El Vaquilla, y siguió trabajando epistolarmente con Fabre en el libro *Tots els barris de Barcelona*. Ni siquiera en la cárcel dejó mentalmente de caminarla.

«Pasaje de los Ciudadanos» era el nombre de la sección de Huertas Clavería en *La Vanguardia*. Explicó varias veces la razón de ese título tan elocuente, tan suyo. La historia de Otilio Alba Polo, nos cuenta en un artículo de 2003 titulado «Los ciudadanos del pasaje», la supo por boca de su hermana, Carmen Alba Polo. Le contó que el padre de ambos, también llamado Otilio, llegó desde Garcimolina, provincia de Cuenca, en 1916, y se instaló en un descampado del Poblenou, donde construyó su hogar: «La casita subsiste en el número 15 y allí vive la hija de Carme y nieta de Otilio, la

Nati». Como aquella calle en formación, cada vez con más autoconstrucciones y vecinos, no tenía nombre, no les llegaban las cartas del pueblo. De modo que, ni corto ni perezoso, Otilio se dirigió al Ayuntamiento y allí le pidieron un nombre provisional. Republicano hasta la médula, no desaprovechó la oportunidad: Ciudadanos, dijo, y así ha permanecido hasta hoy.

186

«En el dispensario de San Andrés, fue auxiliado el niño Antonio Lansin Busquets, de tres años de edad, que vive con sus padres en el pasaje de Isabel Ribó, 1, bajos», leemos en *La Vanguardia* del 19 de julio de 1929: «Padecía quemaduras en el muslo y antebrazo izquierdos, producidas en su domicilio, por haberle dado la familia una fricción de ácido fénico, equivocadamente, con intención de curarle una pequeña contusión que se había causado al caerse».

187

–Yo tuve un problema muy grave con Huertas Clavería, yo lo llamé y se lo dije cuando leí su artículo de *La Vanguardia*, tengo un problema muy grave con usted, le dije, es una larga historia, ven cuando quieras y te lo cuento con calma.

Me dijo María Alba Gómez hace unos meses, en mi tercera visita al pasaje Ciudadanos, cuando finalmente localicé a alguien de la familia Alba, pues en el número 15 nunca había nadie. Y ahora estoy sentado en el comedor de la última casa del pasaje –la del fondo a la derecha– ante una mesa con hule de cuadros, tic-toc, sobre la que hemos ido desplegando todos los documentos, todas las cartas, todas las fotos, las escrituras y los planos de la carpeta verde, tic-toc, enfrente de María, sexagenaria impetuosa que fuma rubio como una carretera, y de su madre María, que dormita enfundada en una bata naranja a sus noventa y cuatro años de edad, la he despertado de su siesta, la televisión muda en la telenovela de la tarde y el reloj de pared que no deja de repetir tic-toc.

–¿Que cómo era antes el pasaje? Pues te aseguro que los vecinos de antes no son como los de ahora. Todos los niños jugábamos en el pasaje, con nuestros triciclos y nuestras pelotas. A veces venía el carro del hielo y el carro de la basura. Y en San Juan íbamos de una casa a otra a juntar la leña para la hoguera, que guardábamos en los terrados para que no nos la robaran antes de la verbena. La hoguera la hacíamos en la calle Pujades, por donde pasaba el tranvía, lo que oyes: el tranvía. Y en la Mercè nos organizábamos todos los niños para recoger las botellas de cava, se las vendíamos al trapero y con el dinero nos pagábamos los caballitos de la feria.

Otilio conoció en el barrio de Gracia a su futura esposa, Antonia, inmigrante de Teruel. Compró un solar en este terreno, que había pertenecido a Francisco Oliver i Maristany, y se construyó su casa. Cuando tiempo después fueran brotando las otras, él seguiría siendo el referente: pagó de su bolsillo, por ejemplo, el alcantarillado, y después los nuevos vecinos le fueron pagando la parte que les correspondía. Al patriarca Otilio le salieron los tres hijos rojos. Otilio, el mayor, fue secretario de organización del PSUC hasta que el 5 de febrero de 1940 llegó la policía al pasaje. Intentaron esconder los documentos comprometedores en un pozo ciego, pero los agentes encontraron una maleta llena de propaganda que lo inculpaba. Fue torturado y encarcelado en la Modelo. El 18 de marzo de 1941 fue condenado a muerte. Lo fusilaron el 14 de mayo en el Campo de la Bota, donde entre 1939 y 1952 fueron asesinadas al amanecer más de 1.700 personas, la mitad de todos los ejecutados en Cataluña. Su padre no supo sobrevivirlo demasiado tiempo.

–Antes era muy diferente todo, no había metro, ir a Barcelona era una auténtica excursión. Íbamos, comprábamos un par de zapatos o un vestido y nada, volvíamos. De excursión, aquí en Pueblonuevo todos íbamos al Camp de la Bota.

Me acuerdo que yo, de pequeña, también iba a aquel castillo, con su gran montaña de arena. Sí, debía ser allí donde... Pero mi padre no nos decía nada... Todo estaba lleno de barracas, pero no nos importaba, en aquella época era el mejor lugar para ir a merendar –me cuenta la hija.

–Era tabú, hablar de eso, no se podía –se despierta la madre.

–La abuela Antonia contaba la historia, sí que lo hacía, pero cantando, ¿te lo puedes creer? Te lo contaba en canciones que después me di cuenta que se inventaba ella misma... Acabó trastocada.

Con fecha del 2 de septiembre de 1946, en el documento que reza «Edificios y Solares», del Pueblo de San Martín de Provensals se especifica que el solar del número 8, fue comprado por Otilio Alba y Antonia Polo Polo al Banco de Villanueva y Geltrú el 16 de febrero de 1923, por 14.000 pesetas. Nota: «Esta casa estaba construida anteriormente, pero fue destruida por las bombas».

–Yo nunca le pregunté nada...

–Yo nunca hablé con mi padre, era muy introvertido... –Se queda unos segundos en silencio, inhalando el humo del enésimo cigarro hasta inundar de él sus pulmones, después lo suelta lentamente y añade–: Íbamos a la playa, a veces en el mar se veían las sardinas, nos daba igual que el agua casi siempre estuviera teñida de rojo... Por la química de las fábricas.

María llama «la Mansión» a la casa del número 15 del pasaje, porque «con cinco habitaciones, sala y alcoba, era una auténtica pasada». En la parte trasera, excavada en la roca, como una extensión en forma de cueva, la abuela escondía a perseguidos políticos.

–Pero ahora está abandonada. Es de mi prima Nati, que es sorda y además tiene síndrome de Diógenes. Yo, como comprenderás, no podía ocuparme de ella. Había que vender la casa para pagar sus gastos de la residencia, pero la trabajadora social que el juez le asignó no nos deja. Mis tíos creían que era autista y no la sacaban de la casa. La tenían escondida. Cuando la ingresaron vinieron los okupas, con sus buenas plantas de mariguana, lo que oyes, y no dejaron nada. Nada de nada. Ni los cubiertos de plata, ni la vajilla de porcelana, a no ser que mi prima no guardara lo más valioso en el hueco aquel que había en el techo del cuarto de baño. Yo lo comprobaría, pero la asistente social cambió la cerradura y se quedó la llave.

–Yo no duermo –le interrumpe la madre– y pienso y pienso: María, en el cuarto de baño todavía estarán todas las cartas...

–Mi prima, antes de los okupas, ya había liquidado los radiadores y los muebles y los electrodomésticos...

–Cartas de la prisión, de la familia, puede que estén todavía allí, todas las fotos que nosotros no tenemos...

–Para que te hagas una idea: me dijeron unos vecinos que los okupas se quejaban de toda la mierda que se encontraron en la casa, toneladas de basura acumulada en aquella puta casa, lo que oyes: los okupas quejándose de la mierda.

–Los papeles que le pasaba su madre antes de que lo fusilaran, las notas, que se las pasaba en la cárcel, escritas en papel muy fino, enrolladas y metidas en naranjas...

188

«En todas las redacciones hay unos escritores que escriben cosas sobre Barcelona –unos escritores llamados barcelonistas–. En todas las ciudades de un cierto volumen existen esta clase de escritores. Son, en general, unos escritores excelentes. No creo que hagan ningún daño. Escriben unas cosas que se encuentran en los archivos. ¡Se encuentran tantas cosas en los archivos!», leemos en otra página de *El cuaderno gris*: «Estos escritores son a menudo insoportables e ilegibles».

189

–La verdad es que podríamos tener un precioso jardín delante, pero perdimos la oportunidad, y nos tuvimos que
conformar con ese patio y con este terrado.

Desde aquí arriba el pasaje Ciudadanos parece de juguete, rodeado de edificios adultos, de edificios de verdad. El
suelo del terrado está pintado de verde aislante. Hay algunas macetas y algunos macetones, cactus y arbolitos frutales
que son regados con la manguera que cuelga de la pared en
la forma exacta de un signo de interrogación. Sobre la pared
blanca algunos objetos están dispuestos como en un santuario o un museo. Una jaula de madera muy rudimentaria, con
delgados barrotes de alambre y palo, cuya fragilidad es tan
llamativa como la ausencia en su interior de un pájaro. Una
máquina de escribir verde de palancas y rodillo absolutamente oxidados, marca Patria. Y, una encima de la otra,
cuatro viejas herraduras de caballo.

–Esa señora de ahí abajo me hizo trabajar a los trece
años –me cuenta María desde la azotea de la casa, tras subir
las escaleras y dejar atrás, en el patio, varias botellas de Bee-
feater, la mayoría vacías y tres llenas, y a su madre en la bu-
taca.

Tuvo suerte de que quienes la emplearon la apoyaran
para que estudiara secretariado: terminó siendo funcionaria
del departamento de Estadística de la Generalitat.

–Eso que ves allí era una parra, una parra enorme. Mi
padre se ocupaba de ella, la regaba, la fumigaba, la podaba,
pero cuando se murió, pues tuvimos que llamar a un jardinero. El primero que vino la cuidaba muy bien, la verdad, pero
era asmático y se murió, porque con todos los productos
químicos que tenía que usar en la fumigación, pues eso, que
acabaron con él. Entonces vino otro, uno muy bajito, casi un
enano, que trepaba como un mono por los hierros. –Señala
con el dedo, como si fuera una batuta, resiguiendo en el espacio el recorrido del tronco y de las hojas y del pequeño jardi-

nero trepador–, estuvo un tiempo, pero el pobre cogió cáncer y se nos murió. Entonces fui a Parcs i Jardins e hice un curso para fumigar. Y aprendí y todo. Teníamos a los pajarillos aquí, en esta jaula, de toda la vida, y una vez, cuando fumigamos, bueno, lo que oyes: se nos murieron. Entonces me di cuenta de que no nos podíamos ocupar de la parra ésa, esa parra asesina, de modo que un día me senté en las escaleras y mirando a la parra le pregunté a mi padre: «Papa, ¿qué hago? ¿Corto la parra o no la corto?». Y nada, la callada por respuesta. Hasta que un día vienen unos *testimonios* de Jehová y llaman a la puerta. Les abro y me preguntan: «¿José Alba?» Está muerto, les digo. «¿Y Carmen Alba?» También. Es que yo había venido muchas veces, me cuenta la mujer, a esta casa, con otro compañero, y subíamos con el padre de usted a la parte de arriba y rezábamos juntos.

María enciende un cigarrillo con el anterior. Apaga la colilla en un cenicero diminuto que hay en la barandilla. Toma aire:

–La verdad es que mi padre estaba más pallá que pacá, pero no era culpa suya, él era muy trabajador, un manitas, ese toldo lo puso él, ahí estaban sus herramientas, y cuidaba muy bien las plantas, pero con el tiempo se fue poniendo mal, porque mi madre es una mujer muy desequilibrada, es muy difícil convivir con ella. Pues eso, que me enteré entonces de que mi padre se subía aquí, al terrado, a rezar con los *testimonios* de Jehová, porque no podía más y ése supongo que era su desahogo. No lo dudé ni un segundo, decidí cortar la parra. Como ves, ya no está.

Bajamos las escaleras. La anciana ha subido el volumen de la televisión, pero igualmente se impone el tic-toc del reloj de pared. Me despido de ella, le agradezco que haya hablado conmigo de lo que no pudo conversar con su marido. Eran otros tiempos, me responde. Ya en la puerta, le pregunto a su hija, que me ha acompañado y me ha despedido con dos besos:

–¿Y cuál era finalmente su problema con Huertas Clavería?

–Pues como te dije, que lo llamé cuando leí el diario y le dije por teléfono: Huertas, esa historia no es real, es mucho más amplia. Él me respondió que lo tenía todo grabado y no lo dudo, pero es que mi tía, que es a la que entrevistó, era muy egocéntrica, era muy suya. Yo me puse a morir, muy rabiosa, cuando leí el artículo... Una historia así no se puede resumir, ¡la vida de las personas en un siglo entero no cabe en un artículo!

–¿Qué era lo que más le molestaba?

–¿Que qué era lo que más me molestaba? Que no era real, que aquello que él contaba no era real... Había mucho más... ¡Y nuestra vida no estaba allí! ¿Te puedes creer que no hablara de nosotras?

De regreso a casa paso por el cercano pasaje Oliver i Maristany, donde un par de paletas está tapiando las puertas de un local para evitar que sea okupado. Ahí arriba sigue la figura del pensador que alguien colocó en lo alto de una fachada en algún momento del siglo pasado y cuya historia no he conseguido averiguar.

Cuando unos días más tarde, mientras esté desgrabando la entrevista, sus voces que mezclan el catalán y el castellano, estudie en la pantalla del ordenador las fotos que hice durante la visita, descubriré en la parte inferior de la jaula artesanal del terrado, tallada con mucha delicadeza, la silueta de un pajarillo que se ha ido difuminando con el tiempo.

190

«Sindicato Único, Sindicato Libre, Somatén, qué se yo. Fue una época de huelgas, atentados y explosiones de bombas», leemos en *Mi tierra y mi gente*, de Vicente Fillol: «Yo había sido el primero en edificar, me concedieron el honor de que fuera quien pusiera nombre al pasaje. Después de mucho pensar le puse el nombre de «Pasaje Ciudadanos», nombre que aún hoy ostenta. En el patio planté una parra y un cerezo que traje de Montesa, que fueron las delicias de mis nietos».

191

«La mixtificación me divierte, aunque después, al conside-
rarla fríamente, me repugne», leemos en *El cuaderno gris*:
«Tengo una cierta tendencia –hasta diría una facilidad– a
inventar cosas, a manipularlas a mi conveniencia. A veces
hago callar a un interlocutor con una observación cuya fal-
sedad –me consta– es absoluta, totalmente inventada». Pla
anota ese pensamiento en 1919, o tal vez lo añadiera mucho más tarde: rescribió ese libro, mintió en diversos estratos para crear una obra maestra. Tiene, digamos, 22 años.
Aunque se licencie en derecho, enseguida se va a dedicar al
periodismo: tanto las leyes como la crónica pertenecen
al ámbito de la no ficción y lo que parece preocuparle es su
tendencia a la mentira, a la fabulación, a la novela: «Es desagradable pensar que se puede ser un mixtificador sin saberlo». Esas líneas de *El cuaderno gris* me llevan a tres preguntas tontas, que se relacionan con Joseph Mitchell y con
tantos otros pasajeristas o pasajistas o simplemente viajeros
y cronistas: ¿es la obra maestra de Pla la gran novela sobre
Barcelona? ¿Y si la gran novela sobre Barcelona no fuera de
ficción? ¿Es posible evitar realmente la ficción o es una condición de la propia escritura?

Como gran novela urbana, por supuesto, comienza en el
campo. A causa de una epidemia de gripe la universidad está
cerrada y los hermanos Pla han regresado al domicilio paterno en Palafrugell. Pero no tardarán en volver y el escritor,
en esos últimos momentos de carrera universitaria, hará oficial su barcelonismo dándose de alta como socio del Ateneu
Barcelonès. Lo que aprenderá en sus tertulias será menos
importante para su futuro que los contactos que hará allí,
pues le abrirán las puertas del periodismo, pese a que uno de
los más famosos tertulianos, Josep Maria de Segarra, lo acu-
se de ser «un hombre falso».

Más que las rescrituras y las fabulaciones, no obstante,
de *El cuaderno gris* me interesa sobre todo su cuentakilóme-

tros. Durante sus primeros años de estudiante, nos dice, se pateó Montjuic y Poblesec, con su ropa al sol y su ambiente napolitano y su miseria. Conoce también los suburbios del este de la ciudad: Sant Andreu, el Clot, Poblenou, cuyas casas bajas ve amenazadas por los bloques de pisos, «una anticipación de la poca gracia que el barrio tendrá el día de mañana, cuando esté enganchado a la ciudad». Le encanta caminar por las Ramblas porque allí equilibra el anonimato con el saludo a conocidos, aunque a veces le agobie que le ofrezcan cocaína en casi todos los establecimientos; también por la ciudad antigua, por Ferran y Llibreteria; y por la calle Sant Pau y la Cadena, con sus vendedoras de castañas y las bolas de billar chocando al fondo. Deambula, divaga, camina. Y no para de encontrarse a gente. Unos acuden a una tertulia. Otros vuelven de ella. Otros se van corriendo a Poblenou a una sesión de espiritismo, porque los médiums de ese barrio son los mejores al sur de los Pirineos. Otros se dirigen a cafés, como el Lion d'Or y el Excelsior y el Gambrinus, que él frecuenta también.

Cada vez que Pla escribe acerca de un paseo, de un encuentro, de una huelga, de una cara indescifrable, de un bar o de una muchacha obedece a la disciplina que él mismo se ha impuesto: «la necesidad de tomar posición ante mi tiempo», a la vez que –nos dice– aprende a escribir. Ahí está la clave. *El cuaderno gris* podría ser la gran novela sobre Barcelona porque no es eso lo que se propone, sino documentar una obsesión: la obsesión por la vida y por el lenguaje, por cómo el lenguaje moldea la vida. Pla, de hecho, critica en varios momentos la literatura *barcelonista*, que sería aquella que se olvida de que una ciudad no puede ser un fin literario en sí mismo, que lo local sólo tiene sentido si es un camino hacia lo universal. Pero no sabemos quién lo hace, si el joven o el viejo Pla: la ficción se atomiza y se dilata en el tiempo.

Pla escribe que nació en un pueblo pequeño y que gracias a la lectura pudo expandir sus horizontes. Registra sus largas sesiones de lectura –sobre todo de literatura france-

sa– en la biblioteca del Ateneu, a veces hasta las dos de la
madrugada, donde traduce a Jules Renard. Nos habla también del curso de italiano al que asiste como alumno, im-
partido por el profesor Cavaradosi, en «un local espacio-
so, limpio y claro de la Casa degli Italiani», que está
situada «en un pasaje del Eixample cuyo nombre no recuerdo nunca». El joven Pla, que será uno de los primeros
lectores de Pirandello en estas latitudes, sueña con viajar a
Italia, porque Barcelona es –aunque no pueda saberlo– la
primera escala de su cosmopolitismo y *El cuaderno gris*
acaba precisamente cuando le proponen ser el corresponsal de *La Publicidad* en París.

Algunas reflexiones acerca del realismo son tan brillantes
que iluminan tanto su lectura y escritura como las nuestras:
«sublimar la realidad, acercándose mucho más a su esencia,
dándola en toda su esencia, dándola en toda su prodigiosa y
enorme complejidad». El verbo *sublimar* tiene dos significa-
dos: engrandecer o exaltar para llevar a un grado superior, y
pasar directamente del estado sólido al del vapor. En ambas
acepciones, por tanto, los hechos serían alterados y trans-
formados, acercando el periodismo al territorio de la poesía
y de la fabulación y de la niebla.

También anota sus dudas sobre la cultura libresca: «Los
libros nos dicen que existe el amor, la gloria, la bondad, la
grandeza. La vida nos dice que no hay nada». No menciona
las librerías barcelonesas en esos años de pensiones, tal vez
porque le costaba llegar a fin de mes y porque tenía a su
disposición una de las mejores bibliotecas de la ciudad. Sí
tendremos noticia, en los cuadernos posteriores, de sus des-
cubrimientos de autores en librerías parisinas o de los catálogos que le envían los libreros barceloneses a la casa del
Empordán donde se retiró en la vejez, para que haga su propia selección, después de haber conquistado Barcelona y
media Europa con sus crónicas de corresponsal y su adjeti-
vación extraterrestre.

192

«Después del alzamiento militar, Calders y Tísner promueven la creación del Sindicat de Dibuixants Professionals (SDP). El SDP se apodera de *L'Esquetxa de la Torratxa* y de *Papitu* para volverlos a editar», leemos en la edición de Francesc Vallverdú de *Cartes d'amor* de Pere Calders: «Los dos amigos tenían su cuartel general a la estancia de la célula de dibujantes del PSUC, en la calle Aragón, esquina con el pasaje Méndez Vigo».

193

De sus clases de italiano recuerda Pla en su dietario el gran retrato de Dante que presidía el aula. La calle Dante Alighieri, que probablemente nunca pisó, tal vez sea la más serpenteante de Barcelona. Como la calle Mossén Molé de Mataró donde me crié, el pasaje Vila i Rossell comunica dos niveles de la ciudad en el barrio de Horta: el de la calle Tajo y, tras salvar unas escaleras, el de la Dante. Allí se encuentra la librería Sagitari, un almacén precioso saturado de libros. Los tres hermanos Andrés y su padre, que la regentan, son tan tímidos que las presentaciones de libros las hacen en la biblioteca pública para no tener ningún tipo de protagonismo.

–Fue poco antes de las Olimpiadas, cuando abrimos –me cuenta Jaume, cabizbajo, al otro lado del mostrador–. Pusimos en el negocio los ahorros de toda la familia. Y nos fue bien, al principio, porque incluso abrimos el otro local, el de la prensa, que está más arriba, en este mismo pasaje. En aquellos tiempos se vendían muchos libros, la verdad, pero ahora las cosas están más difíciles...

Espero algunos segundos, pero no dice nada más. Ni falta que hace: si tienes una librería de barrio con más de 40.000 volúmenes, con colecciones enteras de clásicos, tu crédito no está en las palabras, sino en los hechos.

Fue una mañana transparente en Sagitari cuando descubrí que el abuelo de Lolita Bosch tenía un pasaje con su nombre. Y fue una tarde nebulosa en la Calders, la otra librería de un pasaje barcelonés, el de Pere Calders –cuentista de lo fantástico cotidiano y del exilio– donde me volví a preguntar si Pla sería el autor de esa gran novela sobre Barcelona que, improbable y tal vez imposible, hace tanto que mesiánica y tontamente esperamos. Localicé y hojeé las novelas que le dedicaron a estas calles Ollé, Sagarra, Rodoreda, Mendoza, Marsé, Monzó, Casavella, Pàmies, Pérez Andújar, Zanón, Calvo, Otero, Ramis, Castillo o Nopca. Detecté y ojeé, también, las crónicas y los diarios barceloneses de Pla, Sagarra, Orwell, Vázquez Montalbán, Genet, Gil de Biedma, Hughes, Huertas Clavería, Permanyer, Theros, Amat o Corominas. Pero en algún momento dejé de leer nombres y de identificar portadas y de entender líneas espigadas al azar, embargado por una somnolencia extraña, como si se estuviera apagando la luz o se me estuvieran acabando las pilas o como si hubiera encontrado una ausencia y de pronto tomar conciencia de ella se me hiciera insoportable.

Por suerte, Abel Cutillas interrumpió mi ensimismamiento y me recomendó *Delirio de Nueva York*, que yo no había leído: lo compré sin pensarlo. Me apoyé en la barra, abrí el libro y le pedí a él, o a Isabel Sucunza, ya no lo recuerdo, una cerveza: con el primer sorbo se me pasó la tontería.

194

«El Gallery Market lleva desde 2009 fomentando esta nueva manera de entender el *shopping*», leemos en *Time Out Barcelona* del 31 de octubre de 2014: «Hasta 22 marcas se darán cita en el Pasaje del Gallery Hotel (Rosselló, 249) desde las 10.30 hasta las 20.30 h, en un acontecimiento gratuito y de libre acceso en el que podréis comprar productos de las marcas Maria Pascual, Condal Chic, 232 Handmade,

Petits Tresors BCN, Demilamores, Crazydreams, Horabru-
ja, Coral & Co, Tujuru, Rusky Cohelo, Lomve, Coton Chic,
Aurora Mateo, Georgina Carreras Barcelona, by Vita Barcelona, taller de Drapets, y Alma by Gabi».

195

El pasaje de Pere Calders atraviesa la calle Parlament, que en
los últimos años se ha convertido en la que mejor ilustra en
Barcelona un adjetivo que sólo se puede decir en inglés:
hipster. Hay quien se atreve a traducirlo como «moderno»,
incluso como «modernillo», como si la hipoteca Baudelaire
no incluyera una cláusula sobre esa palabra. Tal vez la tendencia la iniciara a finales de la década pasada el Federal
Café, propiedad de dos australianos, Tommy Tang y Crick
King, que coincidió con el regreso de la moda de las bodegas
de vermut y con la crisis económica, dramática en las hipo-
tecas de verdad, en los desahucios, en el desempleo, en el
hambre, pero de baja intensidad para nosotros, los miembros
de la clase media que decimos que ya no existe, quienes seguimos llenando las terrazas de los bares, porque como máximo
cambiamos el hábito de la comida o de la cena por el del ape-
ritivo (que dejamos de ahorrar pero no de gastar). Ahora son
decenas los bares, restaurantes, cafeterías y bodegas que se
encadenan en el pasaje de Pere Calders y la calle Parlament.
Y Federal Café abrió un local en Madrid en 2013 y, tres años
después, otro en el pasaje de La Paz de Barcelona.
    José Carlos Llop, el gran cronista literario de Palma de
Mallorca, recuerda en *Reyes de Alejandría* una conferencia
delirante que el poeta Leopoldo María Panero impartió en
Vinçon: «donde Lacan y Sollers se mezclaban con Lautréa-
mont y la madre muerta». Porque Vinçon, esa galería que
unía la parte alta del Paseo de Gracia con la calle Pau Claris atravesando una manzana, inaugurada en 1941 y con
2.900 metros cuadrados cuando cerró en 2016, fue durante décadas, además de tienda, sala de exposiciones y centro

cultural (el primer establecimiento de artículos de diseño que ganó el Premio Nacional de Diseño). Sus bolsas fueron proyectadas, entre otros, por América Sánchez, Barbara Kruger o Juli Capella. En los años 80 tanto ellos como Fernando Amat –el alma mater de Vinçon– se reunían en un restaurante cercano, el Mordisco, con otros protagonistas de la cultura de la ciudad, como el cantante Peret o el emergente Miquel Barceló. Si las tertulias habían sido tradicionalmente protagonizadas por escritores y pintores, en la Barcelona olímpica lo fueron por diseñadores y cocineros. En uno de los manteles dibujó Mariscal el Cobi, la mascota de los Juegos Olímpicos de 1992, cuya silueta canina le robó a *Las Meninas* de Picasso, el gran ladrón. Pudo hacerlo porque a Rosa Maria Esteva –la dueña de Mordisco– se le ocurrió la innovadora idea de retirar los manteles de tela y substituirlos por manteles individuales de papel: gracias a la nueva cultura del usar y tirar, convirtió la mesa del restaurante en un tablero de dibujo.

Ahora Mordisco es uno de los veinte restaurantes del Grupo Tragaluz y está en el pasaje de la Concepció, junto a locales de tapas y restaurantes japoneses, castizos o mestizos, todos en la misma frecuencia del diseño de última generación. Ese pasaje aristocrático, inaugurado en 1881 como forma emblemática de la Barcelona del Plan Cerdà, ha sido refundado en el siglo XXI en la propia de la Barcelona del ocio internacional. Si en los años 80 el Mordisco era un local informal pero cómodo, de tertulias que se prolongaban durante horas, Esteva ha explicado en entrevistas que quiso que las sillas de su restaurante El Japonés fueran incómodas para estimular la rotación de las mesas. La proliferación de patios de comida en forma de paseo marítimo, de calle o de pasaje no ha sido promovida solamente por el turismo, sino también por los consumidores locales, por esos barceloneses que hace un siglo y medio acudieron masivamente a la inauguración del pasaje Bacardí y caminaron durante décadas –arriba y abajo, abajo y arriba– por las Ramblas, que llenaron las terrazas del Paralelo y del

Paseo de Gracia, que después peregrinaron al santuario en el zoo de Copito de Nieve, que en los 90 descubrieron el placer de cenar en el patio de comidas del Maremagnum antes de ver una película en 3D y que ya en este siglo hicieron lo mismo en la plaza de las Arenas convertida en centro comercial o en Diagonal Mar.

El cine multisalas y el patio de comidas, formatos arquitectónicos que nacieron en el contexto del *shopping center* o *mall*, de la periferia de las ciudades norteamericanas, se han independizado de su madre y han cobrado vida propia incrustadas en espacios en principio impropios. Simultáneamente se crearon el Maremagnum (que es un centro comercial clásico que cae, como un obelisco alienígena, en el frente litoral) y el Puerto Olímpico (que es una cadena ininterrumpida de bares, cafeterías y restaurantes, unidos por un mismo hilo musical, los barcos como decorado o vistas amables).

La consolidación del pasaje de la Concepció como núcleo de ocio gastronómico se ha convertido rápidamente en un modelo. En 2015, al tiempo que se multiplicaban los rumores sobre el cierre de Vinçon, se abrió El Nacional, que atraviesa también una manzana entre el Paseo de Gracia y la calle Pau Claris, pero que en vez de ofrecer objetos de diseño y exposiciones y conferencias de poetas que nos sacan de nuestras casillas, encasilla a los clientes en espacios cuadrados, cada uno con su propia barra, su propia oferta, su propio estilo –pero no sé si su estilo propio–.

196

«Las calles de esta ciudad bidimensional son esponjosas además de confortables. Es más, fosforecen», leemos en «Barcelona Arcade» de Robert Juan-Cantavella: «Su arquitectura es soleada y magníficos sus despertares con cruasán. Paso ante una valla publicitaria que reza EN BARCELONA ARCADE LA GENTE NO RESPIRA, LEE LIBROS».

197

–El Eixample es una idea, no un territorio –me dice Salvador Rueda, director de la Agencia Local de Ecología Urbana de Barcelona, en su despacho de la Barceloneta con vistas al mar.

Se siente nieto de Ildefonso Cerdà e hijo de Ramón Margalef, que es tan importante en el ámbito de la ecología como en el de la ciudad lo es el inventor del Eixample. Asumió la responsabilidad de enriquecer ambos legados fundiéndolos en un urbanismo ecológico. Porque Barcelona es su laboratorio privilegiado. El Ensanche, además de una idea y de un territorio complejo, es una máquina de lectura, y este licenciado en biología, psicología e ingeniería tal vez sea quien en nuestro cambio de siglo mejor ha sabido interpretarlo.

Para potenciar el diseño de Cerdà, basado en manzanas de tamaño similar, que se expanden desde el centro histórico como una membrana geométrica, sus colaboradores y él han creado el concepto que está llamado –me dice– a articular la Barcelona de las próximas décadas: la *supermanzana*.

–Es la célula básica de nuestro nuevo modelo urbanístico, vamos a cambiar la ciudad.

Se trata de crear unidades de dosificación del tráfico, de modo que en el interior de un grupo de manzanas existan calles sin coches, espacios para peatones y ciclistas o para juego infantil, reduciendo la polución y aumentando la habitabilidad.

–Nosotros no sólo diseñamos, también evaluamos –afirma en catalán con una voz suave que rima con su barba cana y sus gestos amables–, el urbanismo ecosistémico es un nuevo urbanismo integral que aborda dos grandes retos: la sostenibilidad y la sociedad de la información y el conocimiento. Por eso aquí trabajamos codo con codo cincuenta personas: arquitectos, urbanistas, economistas, sociólogos, analistas, informáticos, ecólogos, lo mejor de cada casa.

Ese equipo dice ser capaz de calcular la eficiencia de las ciudades. Ha desarrollado un índice de diversidad que une las enseñanzas de la ecología con las de la teoría de la información:

–He substituido las especies biológicas por organizaciones o personas jurídicas, busco todo lo que esté organizado superior a una familia: empresas, clubes, todo. Me llevó 20 años llegar a esa fórmula y superar el problema de pensar en individuos. En Barcelona ciudad hay unas 200.000 personas jurídicas. Para leerlas, en su disposición geográfica, hemos creado un sistema iconográfico, un diccionario pictográfico que es como el código genético de la ciudad, porque traduce a dibujos cada una de sus calles, manzanas, barrios, y nos permite interpretar la metrópolis.

Con sólo pulsar una tecla podemos ver en un mapa dónde se concentran los focos de producción, de creatividad, de servicios, de investigación, de cooperación. Y eso hace: pulsar una tecla. Proyectar en la gran pantalla blanca esos mapas alucinantes llenos de iconos elocuentes. Finalmente la metrópolis se deja leer ante mis ojos. Por supuesto, la revelación dura sólo un instante.

La agencia es un consorcio formado por el Ayuntamiento, la Diputación y el Área Metropolitana:

–No tenemos competencias ni poder, pero sí una cierta influencia en el modelo de ciudad desde hace quince años –dice Rueda con modestia.

Gracias a los encargos que les hacen empresas privadas u otras ciudades del mundo, desde Bilbao o Vitoria hasta Quito, han podido desarrollar planes para Barcelona, como el de movilidad, que ha cambiado el sistema de autobuses urbanos, racionalizándolo en una cuadrícula que recuerda a la de Cerdà, «a un precio bajísimo». Los buses V, verticales, y los buses H, horizontales: así de sencillo. Porque la ciudad tiene que ser inteligente, pero no existe una única fórmula *smart* para todas las ciudades del mundo, por mucho que se empeñen las grandes compañías que quieren vender sus carísimos sistemas informáticos de gestión urbana.

–¿Qué opina sobre el peso ascendente del turismo en la ciudad de hoy?

–Toda metrópolis es un sistema de proporciones: el exceso provoca siempre disfunción. El Ayuntamiento no nos ha encargado un estudio sobre la sostenibilidad de tantas licencias de hoteles y tantos cruceros diarios, no nos han pedido mapas de turismo. Pero la semana pasada nos visitó Ada Colau, candidata a la alcaldía por *Barcelona en Comú*. Ten en cuenta que no trabajamos para ningún partido: servimos a la ciudad. De modo que si ella gana y se convierte en la nueva alcaldesa, espero que nos encargue esos mapas.

La entrevista tuvo lugar en 2015. No he vuelto a hablar con él. Sería fácil: enviarle un email, llamarlo por teléfono, incluso buscar en internet alguna novedad. Pero yo, que voté a Ada Colau, no me he decidido a hacerlo.

Cuando me acompañó a la puerta para despedirme, le hablé de mi proyecto de los pasajes: me comentó que nunca les había prestado demasiada atención.

198

«El nulo panorama parecía contener *ruinas en reversa*, es decir, toda la nueva edificación que finalmente sería construida. Esto es lo opuesto a las "ruinas románticas", porque los edificios no *caen* en ruinas *después* de haber sido construidos, sino que se *levantan* en ruinas antes de serlo. Esta *mise-en scene* anti romántica sugiere la desacreditada idea del *tiempo* y muchas otras "pasadas de moda". Pero los suburbios existen sin un pasado racional, e independientemente de los "grandes eventos" de la historia», leemos en «Un recorrido por los monumentos de Passaic, Nueva Jersey» de Robert Smithson: «El centro de Passaic apareció como un adjetivo aburrido. Ahí, cada "tienda" era un adjetivo junto a otro; una cadena de adjetivos disfrazados de tiendas. Casi se me acababan los rollos de película y me estaba dando hambre. En realidad el centro de Passaic no era un centro, sino un abismo típico o un vacío ordinario».

199

Hasta el siglo XX los poetas estuvieron en minoría: los grandes escritores urbanos eran los escribanos y los memorialistas, los numerosos artesanos de la palabra que registraban en instancias, memoriales, cartas administrativas y cartas de amor todo lo que ocurría en las ciudades. En Barcelona eran tan numerosos en 1818, sobre todo en la Rambla y en los mercados, que el Ayuntamiento tuvo que regular los puestos destinados a estas tareas. La ciudad no puede existir sin una maquinaria administrativa, sin un ejército de funcionarios. Ese control del conocimiento estuvo en manos de los sacerdotes y de los escribanos, pero los funcionarios y los administrativos –durante ese siglo XIX que configuró nuestras ciudades– se lo fueron arrebatando. Por eso no es de extrañar que, después de la primera usurpación que llevaron a cabo los malditos y los bohemios marcados por el signo de la ciudad emergente, en el siglo XX la gran poesía urbana, los grandes relatos literarios sobre ciudades, los crearan autores como Constantin Cavafis, Franz Kafka o Fernando Pessoa, empleados, administradores, contables, escribanos, perpetuadores de una larga tradición, la de los antiguos cronistas, la de los copistas de los monasterios antes de la propagación de la imprenta. Como Walter Benjamin, Joe Gould o Italo Calvino, también ellos nos dejaron crónicas parciales, cifradas, enigmáticas, poesía.

El triunfo absoluto de la ciudad se evidencia en un hecho, un argumento definitivo: somos incapaces de pensar el mundo desde fuera de la realidad urbana. La ciudad dicta nuestro léxico, nuestra sintaxis, nuestra visión de lo real. Desde Poe y Baudelaire, los escritores hemos producido discurso crítico sobre ella, a menudo en contra de ella: nos necesita para reafirmarse o para cambiar de opinión, para mutar, para cuestionarse. O para ignorarnos. La necesitamos y nos necesita: estamos condenados el uno al otro.

Además de monumento, es decir, de mundo autónomo, realidad urbanística y arquitectónica que se sabe representación del cosmos, como nos recuerda Hénaff, la ciudad ha sido también desde siempre máquina y red: producción continua, generación, gestión, organización, represión, flujo de mercaderías, de personas, de rumores, de datos. Al monumento, la máquina y la red yo le añadiría una cuarta dimensión: la del archivo. Toda ciudad atesora cartotecas, registros civiles, administraciones de hacienda, bibliotecas, museos, hemerotecas, cinematecas, todo tipo de dispositivos del recuerdo. El archivo, de hecho, puede verse también como monumento, como máquina y como red. Se sitúa en el antiguo conflicto entre memoria personal e historia colectiva, entre ficción y realidad, entre arte y crónica.

Una ciudad no existe sin estabilidad ni sin continuidad. El cultivo exige la conservación de las semillas. La construcción reclama el archivo de las escrituras de propiedad. Almacén, clasificación, archivo: formas de la memoria colectiva. En la Barcelona de la Edad Media, como símbolo de la jurisdicción penal, en los puntos extremos de la ciudad había unas horcas sobre tres pilares de piedra, con barrotes de madera en lo alto y el escudo de la Ciudad Condal. Una estaba en el Portal de la Boquería: allí se ajusticiaban a los criminales de mayor renombre. Cuando yo era adolescente los lugares para quedar en el centro de Barcelona eran la fuente de Canaletas, porque el Café Zurich estaba demasiado concurrido, y la puerta de El Corte Inglés. Ahora predominan las inmediaciones del Apple Store, al otro lado de la plaza Cataluña. Los barceloneses quedamos sobre todo en las bocas de metro y en los centros comerciales, ya no en los cafés ni en las fuentes.

No todos los dioses son antiguos. No todos están en los pilares, en las murallas, en los capiteles, en las gárgolas y las agujas de las catedrales, en los ríos subterráneos, en las acequias o alcantarillas. Han pasado ya cincuenta años desde que el artista e investigador –si no es una redundancia– Robert Smithson nos enseñó los monumentos de Passaic: el monumental puente sobre el río Passaic, cuya fotografía me recuerda al de Mühlberg, junto a los búnkeres y las chabolas del barrio del Carmelo («Caminar sobre el puente fue como entrar a una enorme fotografía hecha de madera y de acero; por debajo el río existía como una gigantesca película que lo único que mostraba era un vacío continuo»); los monumentales estribos de concreto que sostenían los extremos de una carretera en construcción, idénticos, aunque de menor tamaño, a los que vi cuando viajé hasta la frontera noreste de esta ciudad, las cercanías del río Besós, en busca de los últimos pasajes, los que ya eran (o no) parte de los polígonos industriales de Badalona; la monumental fuente con las seis tuberías o Monumento de la Fuente, que me recuerda ahora al Rec Comtal y los charcos del pasaje del Reloj; y el Monumento de la Caja de Arena, también llamado El Desierto, porque aquella caja donde los paletas podrían nutrirse de arena o los niños podrían jugar con ella, parecía una maqueta del desierto, el resumen formal de lo extenso e informe, un depósito de lo diminuto que condensara en su tristeza la disolución de los continentes, la evaporación de los océanos, todo lo que se descompone, como Roma, la Ciudad Eterna, que en algún momento del siglo XX dejó de serlo, porque nada es eterno, se pone el sol en todas partes, también, ahora mismo, mientras camino por Diagonal Mar, mientras camino por Pedralbes, mientras camino por los pasajes de Poblesec, ruinas de un futuro que nos llega en forma de ráfagas o de postales, el sol tan rojo, como una estrella a punto de explotar, también aquí, en Barcelona.

200

«No es una sola o a lo sumo dos las calles donde puede hallarse este pacífico paisaje humano», leemos en «San Andrés: el tiempo se ha parado» de Josep Maria Huertas Clavería: «Son muchas, como la blanca Vasconia, con sus casitas encaladas, de planta baja, en las que hay inquilinos que llevan viviendo más de 50 años y han visto "todo aquello" rodeado de campos y en una de cuyas casas hay un pino que tiene más de dos siglos y en la fachada de otra una imagen en mosaico de San Ignacio, ante la que cada año se depositaba por la fiesta del santo (31 de julio) una ofrenda floral; la del Padre Secchi, en desnivel con Vasconia, a causa del viejo cauce de la riera de San Andrés, hoy cegado, la de Malats, donde voces y rumores aseguran que se encuentran las más famosas espiritistas de toda la ciudad y cuyas torres con jardín delantero son de una época más reciente que las casitas de Vasconia; la estrecha Baliarda, que, como el pasaje Irlanda, no tiene fin».

201

Si Henry James tenía razón y la obra de todo escritor es una alfombra con una figura secreta que le da sentido, el pasaje es esa figura recurrente, ese concepto que organiza la alfombra monumental que configuran las obras de la escultora Cristina Iglesias. En sus celosías, en sus esculturas suspendidas y esculturas de agua, en sus habitaciones vegetales y en sus muros y en sus alabastros siempre se abre una fisura, aparece el hueco, aislado o en mosaico, mosaico de huecos, que se multiplica exponencialmente hasta dibujar una cartografía de vínculos, una red de pasajes. Grietas, pozos, umbrales, puertas, pasillos, corredores: lo que se sumerge en el espacio otro, lo que atraviesa, lo que permite la entrada de luz u oscuridad u oxígeno, lo que une dos realidades distintas. Esa sucesión de intersecciones constituye la puntuación de su vocabulario escultórico. Por tanto: su respiración, su ritmo, su poesía.

Cristina Iglesias ha esculpido dos pasajes en Barcelona.

Uno es el «Passatge de coure», en el Forum, dieciséis plataformas de nueve por trece metros, dieciséis pesadas rejas

metálicas colgadas con cables del techo de la sala del Centro
de Convenciones, hasta cubrir por completo los ciento cincuenta metros de largo por treinta de ancho. La sala no tiene
columnas ni paredes: es diáfana como una nave gótica de
paredes transparentes. La escultura suspendida, ensambla-
da con inexactitud, con fragmentos que no encajan, con
otros que se superponen, proyecta en el suelo una arquitectura tridimensional conformada exclusivamente de sombras. Una colmena de huecos. Celosías y puzles inmateria-
les. En esta ciudad donde los pasajes no son cubiertos, ella
construye uno con un techo de agujeros colgado de un techo
opaco y sólido. Un pasaje que no se puede tocar. Un pasaje
desde el que milagrosamente es posible ver el horizonte.

El otro se encuentra en el interior del patio de manzana del Ensanche donde tenía su sede la Fundación Godia
y se titula «Habitación vegetal XV (Doble Pasaje)». Por
fuera es un cubo de acero patinado y acero inoxidable, un
cubo de espejos que refleja los edificios circundantes hasta
camuflarse con ellos y desaparecer. Por dentro es polvo de
bronce y resina de poliéster y fibra imitando paredes vegetales, helechos petrificados desde el pleistoceno o desde más atrás, más lejos, de tacto áspero, laberinto rugo-
so de un bajorrelieve que deja de ser vegetal de noche o con
los ojos cerrados.

Aunque ambos puedan ser leídos como pasajes literales,
como conexiones directas entre dos orillas, que uno esté hecho de sombras sin paredes y el otro, del contraste entre la
levedad del espejismo exterior y la solidez rocosa del interior, los propulsa hacia el nivel superior del símbolo, allí
donde todos los pasajes son ritos de paso, son sinapsis, son
grapas que hermanan dos piezas disímiles, son puentes sobre el abismo, son rayuelas o mandalas, espacios de umbral
o intersticio, aceleradores de partículas donde se fusionan
dos galaxias que hasta entonces habían ignorado su mutua
existencia.

En esa dimensión todos los pasajes de Barcelona nos
trasladan a otro lugar. A Barcino, al campo, a un torrente o

una acequia, a París, a una novela o una noticia o un poema, al resto de pasajes de las ciudades del mundo, al resto de pasajes de Cristina Iglesias, depositados en plazas y museos y casas y jardines de todo el mundo, incluso bajo el agua. «Estancias sumergidas» son catorce celosías de tres metros de altura que se encuentran en el fondo del Mar de Cortés, entre el manglar y el mar abierto, donde acogen desde 2010 el lento crecimiento del coral, que va cubriendo un texto sobre la Atlántida cada vez más ilegible. Si en toda su obra lo fluido ha sido congelado en la materia sólida, en lo esculpido, allí el aire es agua que no cesa de fluir, biología que no deja de procrear.

Esa inmersión supone una inversión: nunca serán ruinas, gracias a las capas vegetales y animales nunca dejarán de crecer, siempre las favorecerá el futuro. Al aire libre las ruinas son perpetuamente perjudicadas por el paso del tiempo. Pero hay ruinas sin tiempo: espacios que ya nacieron siendo ruinas. La mayoría son construcciones inacabadas, procesos interrumpidos. Pero también hay proyectos concluidos que desde el primer momento fueron ruinas.

En el Parque Central del Poblenou, donde voy a menudo a pasear con mis hijos, descubro uno de esos extraños conjuntos. Se llama «Pozo del mundo». Se encuentra en la más pequeña de las tres zonas, separadas por calles, que constituyen el conjunto de Jean Nouvel, inaugurado en 2008, donde se plantaron más de mil árboles, cinco mil arbustos, cerca de diez mil plantas trepadoras, con el objetivo de que –según el arquitecto– fuera el «parque de las sombras». Casi una década más tarde, todavía no ha crecido suficientemente la vegetación como para que el proyecto se haya hecho realidad, como se observa particularmente en esas anillas que, según los dibujos de los carteles, ya deberían ser auténticos jardines colgantes de glicinas de colores pálidos, y no son más que macetas de metal con algunos brotes verdes. Nouvel escogió árboles acostumbrados al agua abundante de las orillas de los ríos y no al sistema de riego por microgoteo, tal vez porque su formación y su currículum lo avalan como uno de los grandes arquitectos de nuestro tiempo, pero no como paisajista ni como jardinero. El parque, no obstante, es encantador y está lleno de instalaciones, de contrastes y de sorpresas. No todas agradables.

Como el Pozo del Mundo. La idea fue de los vecinos del barrio: un cilindro que penetrara en la tierra, como un túnel pixelado, como un pozo clausurado por un cristal que permitiera ver en su interior imágenes proyectadas desde otro punto del planeta. La idea era que Barcelona estuviera perpetuamente conectada con Guayaquil, pues entre los vecinos del barrio en 2004, cuando surgió la idea, la comunidad ecuatoriana era la más participativa. La idea fue bien acogida por Nouvel, quien diseñó esta elevación que desciende suavemente hacia el pozo; pero las autoridades de Guayaquil no consiguieron ponerse de acuerdo sobre el otro extremo del túnel, dónde poner las cámaras, qué parte de la ciudad mostrar, dónde situar la pantalla en que se proyectarían las vidas cotidianas de los barceloneses. De modo que nunca se estableció la conexión –el pasaje–.

Una conexión que, según las discusiones iniciales, tenía que comunicar con las antípodas de la ciudad; pero ese punto se encuentra en pleno océano Pacífico, en aguas pertenecientes a Nueva Zelanda. También se habló de que las cámaras, micrófonos y pantallas podrían estar en alguna de las otras Barcelonas del mundo, como las de Brasil, Inglaterra, Camerún, Australia, Filipinas o Venezuela. Tal vez la candidata ideal hubiera sido la Barcellona de Sicilia, fundada en el siglo XV, que en el XIX se convirtió en un barrio de Pozzo di Gotto. No se planteó la posibilidad de retransmitir, por suerte, desde el asteroide Barcelona, que se encuentra entre las órbitas de Marte y de Júpiter, código 945, descubierto el 3 de febrero de 1921 por Josep Comas i Solà, primer director del Observatorio Fabra y autor del primer registro cinematográfico de la cromosfera solar, quien de joven lucía un superlativo mostacho puntiagudo que tuvo a bien afeitarse cuando comenzó a coleccionar canas y a recibir el reconocimiento internacional.

Empujando el cochecito, a menudo bajamos por la rampa en espiral, bordeada por buganvillas, que se sumerge en el cráter, en cuyo centro está el pozo, clausurado por una pesada placa circular de metal. Atornillado. Ninguna señal te dice el nombre del lugar ni te informa sobre su historia. Me he habituado a preguntar, los pocos días en que me cruzo con alguien, de qué se trata:

–De un parque, ¿no lo ves? –me dijo una mujer de mediana edad que le enseñaba la espiral a un turista, un tanto indignada.

–De un pozo de los deseos que ya no funciona –me dijo una niña con trenzas, que se le adelantó en la respuesta a su padre, quien se limitó a asentir condescendiente.

–No lo sabemos, la verdad –repitieron un par de parejas adolescentes, porque se trata del rincón más secreto de un parque en que predomina la visibilidad–. No sabemos su historia.

Es lógico que así sea: no tiene historia. No es nada. Es un aborto. Un lugar bonito y misterioso, porque las buganvillas florecen y porque la solución del misterio está enterrada en los libros y las hemerotecas. Es una ruina desde el primer minuto: el cementerio de una idea: lo contrario de un pasaje.

202

«Mi trabajo sigue el camino abierto por Benjamin, aunque he encontrado elementos y combinaciones diferentes de los que él sacó a relucir», leemos en *Todo lo sólido se desvanece en el aire* de Marshall Berman: «Mi propia obra, dentro de este estilo, es menos acuciante como drama, pero quizá más coherente como historia. Allí donde Benjamin oscila entre la fusión total del ser moderno (Baudelaire, él mismo) con la ciudad moderna y la total alineación de ella, yo trato de recuperar las corrientes más constantes del flujo metabólico y dialéctico».

203

–No vivo aquí por casualidad. Hace mucho tiempo que me rondaba la cabeza vivir en este pasaje, aunque no sea un pasaje de verdad. Yo venía a ese jardín de ahí afuera ya de niño, porque aquí vivían unos familiares nuestros, en mi recuerdo siempre fue un lugar estupendo –me cuenta Eduardo Mendoza tras recibirme con una camisa blanca y unos pantalones de pana, alto, delgado y elegante, en su piso del pasaje Maluquer–. De modo que cuando regresé de Nueva York en el 82 compré un piso en la calle Balmes con vistas a este pasaje, justo enfrente de donde estamos ahora, donde viví hasta el 2001, cuando me mudé a este otro. En fin, como le digo siempre a un amigo, vine aquí porque me parecía la única calle de Londres que hay en Barcelona.

Ahora pasa más tiempo en su apartamento londinense que aquí. Es cliente habitual y casi vecino de John Sandoe Books, una de las mejores librerías de la ciudad, donde ya es capaz de encontrar los libros por sí mismo, pese a que estén apilados sin aparente orden ni concierto, aunque a veces fracasa y los libreros se ríen de su arrogancia.

–Barcelona, Londres, Nueva York...

–Y Viena. Sí, he tenido la suerte de poder vivir en varias ciudades y de ser testigo de sus transformaciones radicales. Digamos que soy un auténtico experto en transformaciones urbanas –sonríe–. Muy joven me fui a estudiar a Londres y fui testigo de cómo la metrópolis imperial se convertía en pop. Tiempo después vi cómo Viena, que era una ciudad muy decadente, gracias a la nueva sucursal de Naciones Unidas donde yo trabajaba, con dos mil o tres mil empleados con buen sueldo y ganas de ocio, gracias a que la ópera se puso de moda y gracias a las facilidades que les dieron a los italianos para que abrieran pizzerías y tratorías, se volvió una ciudad muy viva. A mí Viena me parece fascinante: muy acaramelada, pero muy terrible. Es lo contrario de

Nueva York, que parece terrible pero en el fondo en muy acogedora.

–¿Dónde escribió *La verdad sobre el caso Savolta*?

–Todavía en la casa de mis padres de la calle Mallorca. Cuando me fui, en el 70 o el 71, ya la tenía escrita. La envié a varios editores y pasé dos años corrigiendo lo que me iban diciendo que no funcionaba. Ten en cuenta que en aquellos tiempos se publicaban muy pocos libros y había dos tipos de sellos, los que publicaban novelas más bien experimentales, formalistas, como las de Benet, y los que publicaban novelas comerciales, de vaqueros o de espías. La mía estaba entre esos dos modelos y lo cierto es que me costó mucho encontrar editor. Tenía casi mil páginas. La dejé entregada en el 73 y me fui a Nueva York. Al final salió en Seix Barral y tuve la suerte de que se publicó en 1975, de modo que fue por pura casualidad la novela de la estricta Transición. Poco después comenzó la transformación olímpica, de modo que la suerte me siguió sonriendo con *La ciudad de los prodigios*...

Me habla de los primeros libros de Juan Marsé, de Javier Marías, de Manuel Vázquez Montalbán o de Fernando Savater, de la voluntad colectiva de reivindicar los géneros populares en novelas de ambición literaria, incorporando la novela policiaca o la de aventuras a los parámetros de la «novela seria». Fue justo después del huracán del Boom de la literatura latinoamericana, que tan vinculado estuvo con esta parte alta de Barcelona donde nos encontramos.

–¿Dónde escribió *La ciudad de los prodigios*?

–En Nueva York. Tal vez fueran dos las ideas fuertes de esa novela. Por un lado, que las ciudades las cambian los gánsteres, que las grandes transformaciones son causadas por la violencia y no por la planificación. Y por el otro, que las ciudades marcan profundamente a las personas. Yo eso lo vi claramente en Nueva York, adonde me fui con muchas páginas escritas de la novela, pero la tuve que dejar reposar, tras el éxito inesperado de *La verdad sobre el caso Savolta*.

Entre sus dos obras principales, de hecho, escribió dos divertimientos detectivescos: *El misterio de la cripta embru-*

jada, que liquidó en una semana, y *El laberinto de las aceitunas*, que fue un intento de convertir a Ceferino en el protagonista de una serie, imitando lo que estaba haciendo Vázquez Montalbán con Pepe Carvalho.

–Llevo cuarenta y cinco años escuchando que la buena fue la primera que publiqué, que todo lo que he hecho después ha sido defraudar –prosigue–. Ahora ya me he acostumbrado. Pero entonces me propuse el reto de no repetirme, de escribir una buena segunda novela, que al final fue la cuarta, *La ciudad de los prodigios*. En Nueva York tenía la distancia suficiente. Había visto la transformación de la ciudad, cómo le había quitado su protagonismo a París, y podía aplicar ese conocimiento a Barcelona, que era una ciudad virgen, que estaba allí esperando para el primero que llegara.

204

«Se repite que Barcelona es un modelo», leemos en *La ciudad mentirosa* de Manuel Delgado: «Ahora bien, ¿un modelo de qué?».

205

–¿Cuáles fueron sus modelos para esas novelas tan urbanas?

–Yo siempre he sido un historiador frustrado, pero la historia en aquellos años estaba secuestrada por los historiadores franceses, que escribían páginas y páginas sobre la oscilación en la Edad Media del precio de la cebada, y uno quería conflictos, batallas, más *Juego de tronos* y menos estadística. Como tuve la suerte de estudiar en Londres, pude frecuentar esas novelas dickensianas y esos libros de historia que son entendidos como memoria colectiva, accesibles para cualquier lector, y cuando volví a Barcelona pensé que tenía que convertir todas mis lecturas de Pierre Vilar y de la hemeroteca en ese tipo de libro inglés. Ten en cuenta que ahora toda la historia de Barcelona ha sido muy estudiada, pero que hace cuarenta años no era nada fácil encontrar documentación sobre la Exposición Universal de 1888, sobre qué pabellones había, cómo eran o dónde estaban situados.

Me dice Eduardo Mendoza con las piernas cruzadas en el otro extremo del mismo sofá color granate, las zapatillas New Balance con la N roja sobre el fondo de la maqueta turquesa pálido.

–¿Qué novelas sobre Barcelona había leído?

–*La plaça del Diamant*, que en realidad habla de Barcelona un poco de refilón, y *La febre d'or*, que me había parecido bien, aunque no me había inspirado mucho, pero todavía no *Vida privada* de Sagarra, que es una gran novela sobre Barcelona, y eso que no fue escrita ni mucho menos con esa voluntad. Ten en en cuenta que la novela urbana o la idea esa de la gran novela sobre Barcelona son un poco efecto retrovisor: la tradición se ha construido después y se han ido incorporando las piezas que encajaban. En el caso de Madrid, a Galdós o a Baroja, que sí son escritores de novelas madrileñas, le han añadido *Luces de Bohemia* de Valle, que es una obra de teatro…

–En los años 70, ¿Juan Marsé y usted hablaban sobre esa idea de novela urbana?

–Hablábamos mucho de lo que nos interesaba, que era esta nueva literatura… Lo que queríamos hacer era una novela negra, una novela urbana, con un paisaje amigo. Hasta hace muy poco, la novela francesa de Balzac, digamos, la ciudad es enemiga: un lugar donde todo el mundo se corrompe y nadie se quiere. Hicimos un cambio, convertimos el paisaje urbano en entrañable. En el caso de Marsé es casi un exceso, su barrio es para él casi más importante que las personas. En mi caso, menos, intento ver la ciudad con más distancia. Pero para nosotros dos la ciudad es protagonista.

Ambas aproximaciones, tan diferentes, una muy localizada en unos personajes y un barrio popular, la otra absolutamente panorámica, que intenta retratar Barcelona como conjunto, provocó que las novelas de Marsé no pudieran ser asimiladas por el discurso oficial de la ciudad, como sí lo fueron las de Mendoza.

–¿No le incomoda que sus novelas, pese a su humor muy crítico, se integraran a la marca Barcelona?

–A veces sí y a veces no. Me da un poco la lata, por ejemplo, que cuando me traducen siempre intenten que la palabra «Barcelona» aparezca en el título y que en la portada salga la Sagrada Familia, o que cuando escribí una novela sobre Madrid todo el mundo me preguntara que por qué no estaba ambientada en Barcelona. Pero lo cierto es que si Barcelona no me hubiera arrastrado, qué hubiera sido de mí. Sin los Juegos Olímpicos, sin el Barça y sin Ferran Adrià… Si hemos ido todos de la mano…

Le pido que me enseñe los jardines de la parte trasera del pasaje, de modo que nos levantamos, damos cuatro pasos y nos asomamos al ventanal: todas las plantas bajas tienen su jardín al nivel del salón. Cada uno es radicalmente distinto. En algunos se ve que han intentado plantar césped, sin éxito. Otros han apostado por la grava. Tumbonas, algún tendedero, un par de mesas redondas. Un gato gordo y algodonoso toma el sol en el jardín más cercano. Hay una docena de cipreses. Mendoza me cuenta que todos estos terrenos pertenecían al doctor Andreu, el de la fábrica de pastillas, quien hizo construir en los años 30 estos edificios nobles. Cuando la fábrica cerró se quedó con los terrenos Núñez y Navarro, que acabó de urbanizar, construyendo ese Caprabo, con un gran párquing subterráneo, y todos esos edificios que contrastan con los que configuraron el pasaje.

–Cuando se muere uno de estos árboles salvajes, cómo haces para quitar el cadáver. Hay que cortarlo, primero, y después sacarlo de la casa, con esos troncos enormes y sus raíces gigantescas; es realmente complicado.

Me lleva hasta el otro extremo de la casa, el que da al pasaje Maluquer. Nos asomamos al balcón de su dormitorio. Desde aquí arriba, el jardín de Martín Luther King, con esa gran fuente de aguas verdosas, se revela mucho más ancho, mucho más parque que a ras de suelo. Me cuenta que los dos pasajes mellizos, el Forasté y el Maluquer, eran antiguos torrentes, por eso son auténticos jardines botánicos. Mimosas, buganvillas, sauces, naranjos, cipreses, tipuanas, acacias, magnolios, palmeras: cuando transcribo la entrevista, de fondo, siguen trinando los pájaros. En los cimientos de algunos de estos edificios hay que inyectar periódicamente cemento, porque están rodeados de tierra mojada, me dice, y cualquier movimiento leve de la tierra provoca grietas.

–¿Ves ese otro pasaje, ese pequeño que atraviesa el Maluquer? –me pregunta Eduardo Mendoza, señalando la vía de acceso a la parte trasera de algunos de los edificios que hay en esta extraña súpermanzana de Sant Gervasi–. No tiene nombre. Yo propuse que se bautizara «Andrés Iniesta», porque si alguien merece que su nombre sea el de una calle es él, premiemos a los héroes, a los que nos dan alegrías; a mí, la verdad es que el señor Maluquer no me ha dado ninguna.

206

«Yo antes esto nunca lo supe ver: yo creía que las ciudades eran lo importante y que el campo en cambio no era nada, pero hoy pienso que más bien es todo lo contrario», leemos en *La ciudad de los prodigios*: «Lo que ocurre es que el trabajo del campo lleva muchísimo tiempo, ha de hacerse poco a poco, por sus pasos contados, exactamente cuando toca, ni antes ni después, y así parece que en realidad no hubiera habido un gran cambio, cosa que en cualquier ciudad del mundo no nos pasa; allí todo lo contrario es lo normal: apenas verlas ya nos damos cuenta de la extensión y la altura y el número infinito de ladrillos que han hecho falta para levantarla del suelo, pero también en esto nos equivocamos: cualquier ciudad puede edificarse en unos años totalmente».

207

–No recuerdo haber escrito esas líneas, la verdad.

–Me parece una idea muy interesante: el tópico dice que el tiempo de la ciudad es mucho más acelerado y vertiginoso que el del campo, pero usted le da la vuelta a ese lugar común y habla de la dimensión física del tiempo en ambos espacios, cómo en la ciudad es arquitectónicamente evidente, mientras que en el campo es ritual, biológico, casi invisible...

–Supongo que se puede ver así, pero la verdad es que habría que ver qué personaje dice eso, porque digamos que yo estoy de acuerdo con sus palabras, pero también con todo lo contrario: en mis novelas intento que todas las visiones posibles entren en el relato. Y yo el campo lo conozco muy poco...

Durante los pocos segundos que dura el silencio me vienen a la mente algunas imágenes de las casi dos horas que llevo en este edificio del pasaje Maluquer. La tarjeta en el buzón con su nombre solo, que ha reemplazado recientemente la anterior. El atril para escribir o leer de pie. Las estanterías corredizas de color roble, llenas de libros en inglés. El aspecto vagamente impersonal de todas las estancias, todo en perfecto orden, como en la suite de un hotel donde se han pasado ya varias semanas, pero cuyo trasiego el servicio de habitaciones disimula cada día. La buganvilla que trepa por el ciprés y amenaza con entrar por la ventana.

–Cómo ha cambiado todo, si hace treinta años le hubieras dicho a un editor que querías hacer un libro sobre los pasajes de Barcelona, te hubiera respondido que estabas loco. Tú también te vas a beneficiar de que esta ciudad esté de moda.

–Supongo que tiene usted razón, aunque los pasajes sean muy poco conocidos y, por tanto, no puedan ser reconocidos. El reconocimiento es la base del turismo y, por desgracia, también de la literatura.

–Los pasajes son otra ciudad. En ellos hay jardines, en esta ciudad sin jardines. La narrativa inglesa está llena de jardines donde los niños descubren cosas, esas escenas no existen en nuestra literatura, pero en mi vida ocurrieron en pasajes. Para mi familia, que era una auténtica tribu, todos alojados en distintos pisos del Ensanche, cerca de la calle Mallorca, los pasajes eran muy importantes. No sólo el de la Concepción o el Permanyer, que son los reyes del pasajismo, también otros, menos conocidos. En el pasaje Domingo, por ejemplo, entré por primera vez en un supermercado, fuimos a visitarlo con mis padres, fue una visita familiar, porque era toda una novedad, un lugar donde en vez de atenderte una persona desde detrás del mostrador, tú mismo tenías que coger lo que quisieras de las estanterías. Fue una auténtica experiencia. Y al Méndez Vigo íbamos los niños porque estaban las oficinas del Barça y podías ver pasar a los jugadores, si tenías suerte, al mismísimo Kubala. Y cuando llegaba Navidad el pesebre más extraordinario del barrio lo encontrabas en la iglesia del pasaje de los Campos Elíseos, que es el pasaje con un nombre más inadecuado, porque es cutre, es pequeño, pero bueno, íbamos a esa iglesia desangelada porque el párroco estaba como una cabra y hacía un pesebre prodigioso, con un cordero enorme, mucho más grande que los Reyes Magos, que eran muy pequeños. Las proporciones no tenían ni pies ni cabeza, era una especie de parodia involuntaria de un auténtico belén.

Me cuenta Eduardo Mendoza sonriendo al ritmo de la evocación. Aprovecho la pausa para levantarme y pedirle que me dedique mi castigado ejemplar de *La ciudad de los prodigios*. Mientras se inclina sobre el libro en la mesita color caoba donde descansa un gran volumen titulado *Roma Antica*, junto al atril, recuerdo que Llàtzer Moix cuenta en *Mundo Mendoza* que escribe a mano, en cuadernos que después destruye, por miedo a que alguien quiera interpretarlos y deducir su método de trabajo; y que en una cajonera de su estudio clasifica los proyectos en los cuatro niveles que brindan los cajones: en el primero, los proyectos en curso; en el segundo, diccionarios y lecturas; en el tercero, nada, por si acaso hay que meter algo; y en el cuarto, las obras de teatro.

–Me enteré por casualidad de que usted vivía en un pasaje. De vez en cuando tecleo en Google los nombres de los pasajes de Barcelona, para ver si se ha publicado alguna novedad sobre ellos. El mes pasado, al escribir «pasaje Maluquer» me apareció un fragmento del libro que escribió Llàtzer Moix sobre usted y ahí, bingo, aparecía el dato. Pero ayer volví a buscarlo y ya no se encuentra. No se lo creerá, pero ya había perdido la esperanza de encontrar a alguien que tuviera conciencia de los pasajes de Barcelona, que los hubiera vivido y que los hubiera pensado...

Me devuelve su libro olvidado, mi libro subrayado, y me dice mirándome a los ojos:

–Han estado ahí toda mi vida. Algo debe de haber de genético, una cierta predisposición familiar al pasajismo, porque mi madre nació en un pasaje. Ese pasaje de la calle Trafalgar que es paralelo al Industria...

–¿El Sert?

–En efecto, el pasaje Sert. Recuerdo que a veces nos llevaba, pero estaba cerrado y teníamos que mirar a través de los barrotes de la reja, y así nos indicaba dónde vivían sus padres, que poco después, cuando ella todavía era pequeña, se mudaron al Ensanche. El Sert no era como éste, era un pasaje de verdad. Y también lo era el Industria. Allí había una tienda donde se podía comprar pelo humano. En aquella época, igual que había gente que criaba conejos o gallinas en el terrado de su casa para venderlos después en el mercado, había mujeres que se dejaban crecer el pelo para después venderlo. Recuerdo como si fuera ayer que a mí aquella tienda me daba mucho, pero mucho miedo –me dice, y su cara de setenta y tres años de edad es durante unos segundos la de un niño en la oscuridad.

208

«Finalmente llegó a Venecia una noche de mediados de abril», leemos en *La isla inaudita* de Eduardo Mendoza: «El cielo estaba estrellado y la ciudad parecía extrañamente vacía».

209

Nada es sagrado. Las ciudades no existirían sin su dinámica íntima: destruir y construir, construir y destruir. La máquina nunca se detiene: genera monumentos; expande sus redes, las multiplica, las vuelve más complejas; enriquece su archivo. Pero no todo puede ni debe ser conservado. La ciudad no puede ser reaccionaria, conservadora. Hay que cuestionar las ideas recibidas. Hay que cuestionar el patrimonio. Hay que poner en valor, realmente, la periferia. Hay que pensar la democracia sin la inercia aristocrática que heredamos. Porque el arte de la memoria es personal: cada ciudadano construye su estructura, su arquitectura, su ingeniería; y las llena de discurso.

Las gasolineras de Barcelona se ubican en fracturas urbanas, en interregnos que separan un edificio de un párquing, un antiguo garaje de una pared rota, estructuras anacrónicas de la alimentación fluida y fósil. Con el tiempo la ciudad irá produciendo el conocimiento necesario para que los coches se alimenten de otros fluidos, materiales o abstractos, y las gasolineras no sean necesarias. Será el modo en que la ciudad eliminará de su topografía un elemento que le es incómodo, superándolo. No creo que a nadie se le ocurra conservar gasolineras en clave patrimonial como hacemos con las chimeneas de las fábricas arrasadas.

La ciudad fue la primera inteligencia colectiva: no es azar que todas las ciudades antiguas apostaran por la cuadrícula como sistema de ordenación del callejero y por arquitecturas elevadas como sinónimo del poder. A partir de esas decisiones de las sociedades urbanas, la urbe comenzó su imparable transformación del campo circundante, de las poblaciones cercanas y remotas, de la realidad. Paradójicamente o no, es la propia ciudad, con sus universidades –de origen urbano–, con sus centros de investigación, con sus diseños del archivo y de la imaginación, las que producen las ideas de esos mundos posibles cuya existencia, décadas más tarde, la ciencia se ocupará de demostrar.

Cuando en el siglo XVI Copérnico demuestra que la Tierra no ocupa ningún centro; cuando Vesalio revoluciona también nuestro conocimiento del interior del cuerpo humano; cuando Mercator cambia nuestra percepción de la cartografía y, por extensión, de los mundos que ésta trata de representar, la ciudad comienza a superar la necesidad de un único centro, inicia el camino hacia la destrucción de sus murallas. Algo se pierde con esa lenta mutación, sin duda, pero no más de lo que se gana. El higienismo, después, también nació en las ciudades: es un ejemplo brutal de cómo una idea cambia la vida de la gente, desde lo mínimo (lavar la fruta y la verdura, tomar el sol, desinfectarse, bañarse) hasta lo máximo (derribar murallas, proscribir el hacinamiento, abrir avenidas por donde corra el aire, construir parques, acabar con cierta noción de vecindad). Aunque el campo acumulara excedente agrícola y jugara un papel fundamental, la revolución industrial fue tecnológicamente decidida por las ciudades, que necesitaban seguir creciendo, que encontraron la forma de seguir conquistando su entorno, de seguir alimentándose del biotopo circundante. En el siglo XIX dejan de ser el espejo del cosmos anterior a Newton para poder reflejar el cosmos de nuestro futuro. Porque la ciudad evoluciona según lo hace nuestro conocimiento científico: es el espejo, en cada momento histórico, de nuestro saber del universo. La ciudad del siglo XX es cuántica. Se expande. Elimina de su ser la posibilidad de la frontera. Y acelera sus partículas en el siglo XXI. Se transforma para corresponderse con cada mundo que antes habíamos proyectado.

Contra el lamento por la ciudad perdida, contra la defensa a ultranza de todo el patrimonio, propongo por tanto la visión de la metrópolis como una inteligencia colectiva que ha ido creando mundos nuevos y ha logrado representarlos con su propia topografía, que ha ido reciclando la vieja idea de lo sagrado y la ha sabido adaptar a nuevos tiempos, ya no verticales y autoritarios, igualmente turbios y ambiguos, pero democráticos. Los pasajes no son la escala de los mapas urbanos. Ni las calles, ni las plazas, ni los centros comerciales, ni los edificios icónicos. La escala del mapa de una ciudad es cada uno de sus ciudadanos. Sus dioses somos nosotros y, por suerte, vamos emigrando e inmigrando, naciendo y muriendo, y no parece que ese ciclo tenga fin.

210

«La escuela se encontraba en la calle Regomir, número 13, en Barcelona. Los números 3 y 9, así como los viernes, siempre han jugado un papel mágico en mi existencia», leemos en una carta de 1959 que Miró le dirigió a Jacques Dupin: «Yo nací en el 93, mi padre compró en vida un panteón familiar en el cementerio de Barcelona donde estos dos números están inscritos en todos los documentos. Nací a las nueve. Mi familia me educó con gran rigor».

211

Hay dos luces que me interesan particularmente: la de los inicios y la de los finales. Son luces que muestran lo que ha permanecido oculto por desconocimiento, en los inicios; y en los finales, por falta de atención. Este libro nació en el pasaje Manufacturas cuando me mudé, tras seis años años sin vivir en Barcelona, a la esquina de la calle Ausiàs March con la plaza Urquinaona, y durante las primeras semanas, vagabundeando por el barrio, la luz nueva me condujo a mis

primeros pasajes. Siete años más tarde, este libro termina
tras cambiar los pasajes cubiertos y semicubiertos de la frontera del Eixample con el Born por los pasajes que circundan
la rambla del Poblenou, igual de antiguos, igual de fabriles, la mayoría de ellos mucho más proletarios, cada uno
con sus historias particulares y universales, sus miserias y
sus glorias, sus glorias miserables.

Las cajas de la mudanza que me permitieron transportar
mis libros desde el centro hasta la periferia me las regalaron
los libreros de Gigamesh. Por esa razón fui un par de veces
al día, durante dos semanas, hasta la calle Bailén, a tres
manzanas de mi antigua casa, a recoger las quince cajas ple-
gadas que podía transportar en cada ocasión. Fueron esos
traslados, bajo el sol de finales de agosto, los que me hicieron fijarme en las fachadas de los edificios que había visto
sin mirar miles de veces durante siete años de vida cotidiana.
Como las fachadas de las casas Antònia Puget y Manel
Felip, que ahora constituyen la sede de la Fundación Vila-
Casas, de estilo modernista, vinculadas con el pesado pasado textil del barrio; como la fachada de madera labrada de
la farmacia Nordbeck; como la de la casa Antònia Burés;
como las de tantos otros bloques de pisos que, pese a las
reformas o a ser ahora hoteles, están ahí desde finales del
siglo XIX, para recordar la refundación de Barcelona, su
reinvención como metrópolis legible, ordenada y bella, fal-
sificada y bella, sobre todo bella, de fama turística internacional. Mientras que la calle Ausiàs Marc, como todas las
del Eixample, destaca por su rectitud, en las fachadas del
modernismo –recordé entonces– siempre hay torsión, curva, arabesco, ola de mar, laberinto. No sólo eso, mientras que
las calles del Ensanche destacan por su horizonte único de
plátanos, árboles cenicientos, sólo parcialmente hermosos
en otoño, en las fachadas modernistas –me di cuenta entonces– explota una variadísima vegetación. Los motivos florales esculpidos en los pórticos y en los capiteles, las hojas en
ramas de hierro, barandas, las columnas que imitan las raíces y la corteza de los árboles, los racimos de fruta. Las esta-

ciones se suceden en la monotonía rectilínea de la cuadrícula, pero en los exteriores modernistas, esmeradamente esgrafiados, siempre es primavera. Una primavera gris, piedra, que en los interiores de las casas se vuelve multicolor en los biombos, los muebles, las lámparas, las vidrieras polícromas.

Los huertos y los jardines, conexión urbana con el campo del que nacieron, fueron durante siglos imprescindibles para los laboratorios de los apotecarios. Las farmacias se nutrían de los huertos, de sus hierbas aromáticas, de sus plantas medicinales, de los mejunjes y los emplastes que podían hacerse a partir de hojas, savias, clorofila, raíces. Por eso no es de extrañar que las fachadas de las farmacias modernistas estén pobladas de motivos vegetales, como si entrar en ellas fuera hacerlo en una plantación de palmeras y árboles frutales, en un oasis. No se trata sólo de evocar el pasado mítico, el jardín de Adán y Eva, la manzana que engendró tantísima enfermedad; en esas formas abigarradas, cuando no torturadas, pese al maquillaje geométrico, late sobre todo la memoria de una disciplina que no se puede entender sin los huertos y los jardines cercanos, desaparecidos bajo el ladrillo, el cristal, el hormigón, el alquitrán, el acero. El vínculo simbólico entre la flora, real o mítica, y los edificios de viviendas o los palacios burgueses no es tan evidente. Los maestros artesanos copiaban los diseños florales y los patrones exóticos de catálogos que –como las ilustraciones de la industria editorial o los propios pasajes– llegaban de París. Pero es demasiada la insistencia en lo vegetal como para no ver en su presencia envolvente un fenómeno que supera con creces la fuerza de la imitación.

Esos balcones, esos portales, esas escaleras, esas esculturas, esos vitrales, esas columnatas son contemporáneas de una gran desaparición. La apertura de la Vía Laietana significó la extinción total o parcial de ochenta y una calles; la apertura en los siglos precedentes de esas ochenta y una calles había significado a su vez la destrucción parcial o total de otras muchas formas espaciales. El mismo obrero o ingeniero que trabajaba en una fachada plagada de flores pétreas atravesaba, de vuelta a casa, una ciudad en que convivían manzanas idénticas a las de ahora con plantaciones de trigo de origen medieval, casas de campo del siglo xvii, molinos del siglo xviii, fábricas humeantes del siglo xix. En ese camino tenía que percibir –consciente o inconscientemente– tanto toneladas de euforia como toneladas de dolor. Podía ser un dolor inconcreto, pero no era un dolor abstracto: todo el mundo veía cómo se demolían las masías, cómo se talaban las últimas arboledas, cómo se arrasaban los grandes parques, cómo se cercaban los campos de cultivo, cómo los medían los agrimensores de anteojos y levita, cómo se erigían en ellos cuadrículas del plan arrollador; todo el mundo conocía a alguien que había sido expropiado, desahuciado, indemnizado, que iba con una vara de olivo por la calle porque todavía se apoyaba en la vida rural en que se había criado, que llevaba una navaja en el bolsillo porque se negaba a aceptar una nueva vida con cuchillo y tenedor, que simulaba que nada había cambiado, pero arrastraba a duras penas el vacío insoportable de su propia extirpación.

En el subconsciente de los grandes arquitectos, ingenieros, diseñadores, artesanos, artistas modernistas, aunque enamorados de la metrópolis emergente y lo nuevo, late el duelo por la desaparición de cientos de kilómetros cuadrados de bosques, de campos de cultivo, de campamentos, de huertos, de caserones, de jardines, de barracas, de parques. Por eso las fachadas y los interiores, las ventanas y las salas de columnas, las chimeneas y las escaleras se llenan de formas vegetales. Por eso las flores de piedra crecen en los balcones de piedra; y los capiteles de piedra se cubren de helecho pétreo; y los troncos de piedra se funden con las columnas de piedra, salpullido de escamas y corteza. Porque las fachadas modernistas son monumentos funerarios: homenajes arquitectónicos a la extinción de hectáreas de torrentes, rieras, aldeas, riachuelos, molinos, acequias, fango y verde, semillas y hojas, jardines y parques: pueblos, pasado, campo, la naturaleza cada vez más remota, menos verde, más piedra gris.

A medida que pasaban los días, en mi camino de Gigamesh a casa y de casa a Gigamesh, cargado de cajas o sin ellas, todas aquellas casas emblemáticas fueron tiñéndose de horror. El modernismo del Cuadrado de Oro empezó a recordarme el barroco hispanoamericano que había admirado y sufrido en mis viajes por América Latina: tras arrasar las ciudades precolombinas, los españoles impusieron en el espacio vacío el damero europeo y, sobre los templos en ruinas, edificaron catedrales soberbias, cuyos interiores estaban sobrecargados del oro y la plata que se extraía de las minas con mano de obra esclava, el arte católico como traducción de la lógica imperial, el *horror vacui* transformado en saturación retórica y en pedagogía del miedo. Gran parte del dinero con que se financió el esplendoroso Ensanche provino de los indianos, que en América habían proseguido hasta finales del xix con los mismos métodos de explotación inaugurados tres siglos antes. Incluso en muchos portales barceloneses pueden verse, esculpidas, bananas, piñas y otras frutas exóticas, caprichos de los emigrantes enriquecidos en América que regresaban a casa con semillas de árboles remotos para plantar en sus nuevos y exquisitos jardines.

A la luz de aquel final progresivo, de aquella lenta mudanza, los Juegos Florales o el jardín de hortensias de Apel·les Mestres también eran sombríos, manifestaciones periféricas de un mismo núcleo duro de duelo. El último día, al llegar a casa con el paquete de cajas de cartón, mientras subía los escalones de mármol, me fijé en los motivos vegetales que decoraban el portal, el cristal ennegrecido por la dejadez de los propietarios de la finca, y vi por primera vez que en el techo de la galería de nuestro piso también había adornos en forma de flor.

212

«Lo que estaba ocurriendo en la ciudad, la economía metropolitana, determinaba lo que sucedía en el campo», leemos en *El campo y la ciudad* de Raymond Williams: «Uno de los últimos modelos de las relaciones entre ciudad y campo es el sistema que hoy conocemos como imperialismo».

213

Se dice que las metrópolis han borrado sus límites, han negado el campo al que tradicionalmente se oponían, pero Barcelona sigue teniendo confines rurales y boscosos. Todavía pueden seguirse, desde su interior hacia su afuera, las vías que marcan los torrentes y las rieras y los acueductos y las vías augustas y los caminos reales. También pueden descubrirse, en la propia topografía, los restos de la trama rural que trató de sepultar la ciudad moderna: más anillas del mismo árbol urbano.

En el número 29 de la calle Rocafort se entra, si vas sobre aviso, en el interior de una isla que atesora vestigios del viejo camino de Barcelona a Hostafrancs. En noviembre de 1924 Joan Flotats i Balagueró, propietario de la casa que da acceso al pasaje, pidió permiso municipal para edificar en el solar interior viviendas de treinta y cinco metros cuadrados, con un pequeño patio en la parte trasera y un terrado donde ubicar la letrina. Parece ser que sus destinatarios eran trabajadores que llegaban para las obras de la Exposición Universal de 1929. No sólo la arquitectura de esas casitas blancas con un siglo a cuestas, en contraste con el ladrillo de los altos edificios que las circundan, también el pavimento que las une remite a otra época. Y en el edificio de la calle Wellington esquina Paseo Pujades, de 1870, encontramos otra anilla en forma de grieta: por esos ochenta centímetros, leo en *Pla de Barcelona*, que lo separan del bloque vecino construido ciento treinta años más tarde, se ve claramente que al fondo hay otro pasaje, un pasaje extrañamente diagonal que cifra en su geometría el recuerdo del riachuelo que por ahí pasaba, procedente de la riera d'en Malla.

Bajo todo ese pavimento seco, por tanto, discurría la misma humedad que regaba las huertas de la Clota y llenaba los abrevaderos del Carmelo y bajaba por las faldas de las montañas y permitía que se ganaran la vida tanto las payesas de las masías de la zona como las lavanderas de la calle Aiguafreda. La riera d'en Malla, que atravesaba el Ensanche hasta la plaza Cataluña y desembocaba en la Rambla, se desbordó por centésima vez en 1861, justo un año después del incendio del Liceo, cuando ya se había finalizado su reconstrucción, dañando de nuevo su fachada. Fue entonces cuando se decidió que todo sería enterrado en el subsuelo. Que los días de ópera la lluvia hecha barro no mancharía los bajos bordados de los vestidos de las damas. Que los limpiabotas no tendrían que trabajar el doble en caso de chaparrón o diluvio. Que la Rambla ignoraría los ritmos naturales, que incluso cuando lloviera sería un paseo seco.

Así se construyen las ciudades: dominando, violentando, ocultando, substituyendo, eliminando, enterrando a la madre naturaleza. Pero, aunque se repriman, las fases del duelo acaban por emerger. Tras la negación, vienen el pensamiento mágico, la depresión consciente o inconsciente, la ira y la aceptación final. Los nombres de algunos pasajes delatan la culpa colectiva por el exterminio que oculta toda ciudad. El pasaje del Campo. El pasaje de los Campos Elíseos. El pasaje de l'Olivera, con sus treinta y ocho habitáculos construidos alrededor de un gran patio y unas grandes escaleras, que antaño eran unas aún mayores caballerizas. El pasaje del Ciprés, donde está la Villa Rosal, construida en 1925. El pasaje del Roserar, cercano a los jardines de Villa Amelia y de Villa Cecilia. El pasaje del Girasol. O el pasaje de les Palmeres, donde sólo quedan de los viejos tiempos, en la esquina, una casa blanca escalonada, con macetones de helechos, y dos grandes palmeras parapetadas en un muro circular hecho con adoquines. Esos nombres son monumentos. Esos pasajes son monumentos. Monumentos funerarios. Homenajes a la memoria de la muerte vegetal que alimentó la vida urbana, que permitió nuestra actual fotosíntesis.

214

«Gaudí utilizaba flores no sólo como elementos decorativos sino por los efectos simbólicos, como un vínculo con la Biblia y el pasado gótico, pero su arquitectura era "orgánica" de una manera más que simbólica. Le fascinaba la *estructura* de las plantas. Fotografiaba cipreses de cuyo crecimiento fibroso derivaba diseños de columnas para la Sagrada Familia. Las columnas del pórtico de la cripta de la colonia Güell son un bosquecillo de troncos de ladrillo, inclinados y estriados, de los que salen ramas (las aristas de bóveda) que se entrelazan. Racimos de glicinas de piedra cuelgan sobre algunas de las arcadas serpenteantes del parque Güell. Las columnas de estas arcadas imitan, en piedra trabajada, no sólo la inclinación natural de los árboles, sino también su textura y superficie: la áspera corteza del algarrobo, la contorsión en espiral y los ondeantes garabatos de un eucaliptus», leemos en *Barcelona* de Robert Hughes: «Ser hijo de artesanos tenía una importancia inmensa para Gaudí. Se consideraba un trabajador manual, no un teórico. Aseguraba que había aprendido a pensar de acuerdo con unas complejas superficies membranosas: hiperboloides, helicoides, paraboloides hiperbólicos y conoides, cuando observaba cómo trabajaba su padre con el metal, batía el hierro y las láminas de cobre, las curvaba, trenzaba y distendía, produciendo el milagro».

215

Son tantas las buenas y las malas noticias que te he contado en este libro, lector pasajista o pasajerista, que el chiste perdió toda su gracia –si es que alguna vez la tuvo–. Y sin embargo son dos las noticias finales que quiero darte antes de que termine el viaje.

Tras buscar los rastros de los caminos romanos y medievales en los pasajes barceloneses; tras alejarme de los pasajes franceses del siglo XIX y de los pasajes ingleses del siglo XX, aristocráticos y burgueses; tras adentrarme en los pasajes proletarios de los inmigrantes, de las colonias y de las casas baratas, traigo desde el río Besós y el río Llobregat, desde las montañas de Montjuic y Collserola, desde donde la ciudad pierde su hambre, una buena noticia: la mayor parte de Barcelona sigue siendo un sinfín de calles y plazas y pasajes con identidad propia, la ciudad es un mosaico de barrios, los pueblos resisten como nodos del tejido urbano, son muchas las identidades que conviven en esa inteligencia colectiva, esa marca, ese proyecto a menudo errático y no obstante en tantos sentidos loable que llamamos *Barcelona*, una ciudad en la que conviven todas las ciudades que fue y sigue siendo. El gótico y el modernismo y los coches parlantes y las cartas en ruso y las sangrías en jarra de litro y medio ocupan una pequeñísima parte de la metrópolis. El resto, la gran ciudad, la ciudad de las bibliotecas y de los cines y de las librerías, defiende su vida de barrio, asume sus luchas, se comunica sin complejos con el resto de la metrópolis y del mundo, acoge con naturalidad al turista escaso, celebra las fiestas del pasaje, de la calle, de la plaza, del barrio, del pueblo, el eco del eco de su origen.

Y tras haber viajado radialmente desde centros diversos a posibles periferias; tras haber atravesado fronteras y obras de trenes de larga distancia y polígonos y parques en que se deshace lo urbano; tras años de no ser ni viajero ni turista ni paseante ni caminante, sino sobre todo pasajero; tras haberme impuesto una restricción que hubiera sido del gusto de Perec o de Calvino, limitarme a los cerca de cuatrocientos pasajes de esta ciudad, que los pasajes fueran el foco, la columna vertebral, el hilo conductor que lo hilvanara todo; tras haber consultado bibliotecas y hemerotecas y recursos digitales; tras haber llevado hasta las últimas consecuencias la obsesión, el proyecto, la colección, la tontería y la búsqueda de la forma, la mala noticia que te traigo es que ni siquiera así he podido acceder satisfactoriamente al Archivo. La metrópolis del siglo XXI no se deja poseer. No hay modo de apropiarse de la máquina dinámica, de la red incesante, del monumento en expansión.

Todo cambia tan rápido en una ciudad que este libro es la crónica de un fracaso.

Y no da igual.

Y no fallaré nunca más. Y no fracasaré otra vez, porque me niego a fracasar mejor. Porque el fracaso de muchos es consuelo de tontos. «La forma de una ciudad cambia más rápido, lo sabemos, que el corazón de un mortal», escribió Julien Gracq en *La forme d'une ville*, rindiendo homenaje a un verso de Baudelaire: «Pero, antes de dejarlo atrás ella captura sus recuerdos –atrapada como está, como lo están todas las ciudades, por el vértigo de la metamorfosis–». Este libro se parece demasiado a una ciudad, que se deja leer y se escapa al mismo tiempo, que reparte las buenas y las malas noticias como reparte un tahúr las buenas y las malas cartas.

En efecto, este libro se parece demasiado a una ciudad: es ilusión y es fracaso.

216

«Reparto de donativos: entre las familias necesitadas que a continuación detallamos hemos distribuido las 2.000 pesetas recibidas de C. E. R», leemos en *La Vanguardia* del 20 de junio de 1924, y entre los agraciados con 10 pesetas (el precio de unos quince litros de leche) se encuentran cuatro

habitantes de pasajes: «Marcos Padilla, casado, una hija enferma, pasaje Magarolas, 4, primero, segunda; Dolores
Montada Gil, viuda, pasaje Iglesias, 14, cuarto, primera,
realquilada; Margarita Sau de Bustos, casada, dos hijos, pasaje Font, 3, quinto; Francisco Redondo, enfermo, cinco hijos, pasaje Pujadas, barraca 10».

217

Cada pareja, cuando se enamora y se frecuenta y convive y
se ama, crea un idioma que sólo pertenece a ellos dos. Ese
idioma íntimo, lleno de neologismos, inflexiones, campos
semánticos y sobrentendidos, tiene solamente dos hablan-
tes. Empieza a morir cuando se separan. Muere del todo
cuando ambos encuentran nuevas parejas, inventan nuevos
lenguajes, superan el duelo que sobrevive a toda muerte.

Lo mismo ocurre cada vez que nos mudamos a una nueva casa, dentro o no de la misma ciudad. Cambiamos de
paredes y de techos, de vecinos y de tiendas, de distancias y
de paradas de metro. Muere una lengua urbana, pero como
nada muere del todo, una parte se reencarna en el nuevo
idioma.

Son millones, incontables, las lenguas muertas.

Pero sus células perviven en prefijos, sufijos, sílabas, eti-
mologías de las que, gracias a ellas, siguen vivas.

Llegamos a aquel piso de la calle Ausiàs March dos personas que se acababan de enamorar; nos fuimos de él cuatro, una todavía en el vientre de su madre, y un gato. Lo
metí en el transportín. Durante las últimas horas había estado en el piso vaciado: había sido su último latido.

Cerré la puerta.

Bajé las escaleras.

Sentía a la altura de mis costillas el cuerpo en tensión de
Julio, su incertidumbre a través de la lona, pequeños tirones
en la correa que colgaba de mi hombro.

Quité del buzón la tarjeta con nuestros nombres.

Ya en la calle paré el primer taxi que pasó.

–Entiendo que esté preocupado –me dijo el taxista tras unos segundos en silencio, señalando el transportín que se movía sobre mis piernas–. Las mascotas se hacen querer.

–El ronroneo es un auténtico vicio –le respondí con el tranportín sobre las piernas, por decir algo.

–Bueno, bueno, veo que se porta muy bien.

–Sí, para mi sorpresa, es la tercera vez que sale de casa en su vida y la verdad es que está bastante tranquilo.

–Yo tengo un loro.

–Ah, ¿sí?

–Sí, Lolo, de Manolo. Lo quiero un montón.

Como vi que quería contarme una historia, me olvidé de mi poema mental sobre las lenguas muertas y tiré del hilo:

–Ah, ¿sí? ¿Y hace mucho que lo tienes?

–Pues un par de años ya. Fue toda una experiencia, elegirlo. Hay muchos tipos y, no te miento, muchos precios también. Están las amazonas, que son los típicos loritos verdes, los que tiene todo el mundo. Los loris son más coloridos, pero hablan poquito, casi ni pueden interactuar. Los guacamayos, con sus colores espectaculares, son muy inteligentes y muy sociables, lo que está muy bien, pero significa que tienes que prestarles atención, porque si no los distraes se deprimen, que es como morirse en vida. El yaco es todavía más inteligente, además de lo típico, memorizar palabras y tal, puede aprender hasta a diferenciar los colores. El mío es un yaco. ¿Se nota que me tiene enamoradito perdío?

–Debe de ser muy difícil aprender cómo tratarlos... Supongo que vienen con manual de instrucciones...

–Ya te digo, tienes que aprender a hacerle el aseo, nada fácil, no, señor, nada fácil, cortarle las uñas, limpiarle el pico, cortarle las alas.

–¿Hay que cortarle las alas?

–Correcto. Ten en cuenta que igual que sacas al perro a la calle cada día tienes que sacar al loro de la jaula unas horas al día, para que juegue. Esos momentos son una pasada, la verdad, porque se integra en la familia. Y entonces es cuando jugáis, porque puedes jugar mucho con él. Y no es como con el gato o el perro, que sólo puedes hacer dos o tres cosas. Con tu loro la relación es, ¿cómo decirlo?, más intelectual. Yo tardé semanas en enseñarle los colores, con aros, pero ahora él ya puede ordenarlos solo, sin repetir ninguno, rojo, verde, azul, amarillo, rosa, y así. Después, también le puedes regalar juguetes con comida, para que aprenda distintos sabores y para que vea que, si se esfuerza y entiende el mecanismo, tiene premio. En realidad, es como una novia o como un bebé. Hay un montón de regalos que puedes hacerle. Venden hasta Converse para loros, te lo juro.

–¿Y qué haces cuando lo sacas de la jaula?

–Revolotea un poco. Lo acaricias. Juegas con él. Pero tienes que tener muchísimo cuidado, pero muchísimo, ¿eh? Si te despistas y picotean, porque son muy curiosos, yo qué sé, un poco de chocolate que te has dejado después de comer, o aguacate, o café, o una planta de interior que sea tóxica para ellos o algo que esté impregnado con un aerosol o un producto de la limpieza que tú usas sin saber que es peligroso, se enferman y ¿lo fuerte sabes qué es?

–No, no.

–Pues que disimulan. Están enfermos, pero hacen ver que no, que están estupendos… Para que no te preocupes. Valen cada uno de los euros que pagas por ellos.

–Ah, ¿sí? –dije por enésima vez, sintiendo la tensión de Julio, su nerviosismo.

–Sí, se preocupan por ti, así que bueno, hacen ver que no les pasa nada, pero la enfermedad los va matando por dentro. Y un día, pam, amanece muerto y tú crees que ha sido una muerte repentina, pero no, ha estado agonizando durante meses.

–Impresionante.

–Es que te quieren, ¿sabes? Los loros son monógamos. Son muy fieles, mucho. Por eso yo me lo compré muy joven, porque si no han encontrado pareja todavía, pues se enamoran de ti y ya te quieren para siempre. Tú les enseñas a hablar, es muy fuerte: hablan tu mismo idioma. La inversión merece la pena. Yo tuve que pedir el dinero prestado, ¿sabes?

–¿Hasta que la muerte os separe?

–Sí, señor, hasta que la muerte os separe. Por eso la mayoría de los loros no sobreviven más que unos días a la muerte de su dueño. Aunque ahora han hecho algunos experimentos con antidepresivos, Prozac y tal, con bastante éxito, para que el loro supere el duelo y pueda seguir viviendo unos años más. Porque en la naturaleza no pasan de los cuarenta, pero en cautividad pueden llegar a los cien. Ojalá que Lolo viva muchos años y que se quede después con mi mujer, si yo me tengo que ir antes.

–Vaya, debe de ser una de las pocas cosas que no son mejor en libertad.

–Correcto... Hace poco encontraron vivo al loro de Churchill, tiene como 104 años. Es muy raro que eso ocurra, porque su dueño murió hace como cincuenta años. Se llama Charlie, aunque es hembra. Es muy famoso en el mundo de los loros, ¿cómo decirlo?, en la mitología de los loros.

–Ah, ¿sí?

–Sí, porque se aprendió un montón de tacos contra Hitler y contra los nazis en general. Pero ahora ya no habla, sí que baila y tal, pero ya no habla. Con la edad se vuelven mudos.

–Eso no pasa con los taxistas...

–No, qué va, a nosotros nos pasa al revés, mientras más viejos somos más nos gusta salivar... Por cierto, ¿no quieres saber cuánto me costó? Es la primera vez que un cliente no me lo pregunta.

Otro día, le contesté mientras pagaba, porque Julio se había empezado a contorsionar, atemorizado por el cambio.

218

«Un taxista me enseñaba el otro día la deslumbrante Barcelona nocturna y marítima, y le dije algo que no entendió: "Hay
que ver lo bien que lo han hecho ustedes con el dinero de los
españoles"», leemos en *Madrid: tribu urbana* de Francisco
Umbral: «Pero Barcelona me gusta mucho, es muy europea
(con ese punto de aburrimiento que tiene toda Europa, menos
España), y me alegran estas prosperidades y reformas».

219

Julio receló del nuevo espacio, lo exploró, lo olió, durante
horas, se sintió extraño entre aquellos muebles distintos y
frente a aquellas ventanas inesperadas; pero por la mañana
descubrió los rayos de sol, que en el piso del Ensanche nunca
llegaban directamente, y desapareció de su comportamiento
toda extrañeza. Yo, en cambio, tardé algunos meses en recu-
perarme de la mudanza a Poblenou, porque el cuerpo puede
trasladarse a la velocidad del metro o del taxi, pero el alma
que no existe es muchísimo más lenta.

En el centro de todo libro hay un yo que se orienta. Un yo
que antes aprendió a leer. Porque cada nuevo libro te obliga a
aprender a leer de nuevo. Con los meses me he ido acostum-
brando a identificar en mi nuevo barrio los detalles de una fi-
sonomía radicalmente distinta de la del Ensanche, una fisono-
mía caracterizada por el acceso de grandes vehículos, porque
Poblenou nació de núcleos de tamaño humano pero se expan-
dió a escala industrial. De pronto la acera cambia de densidad, se convierte en una carretera que es engullida por un
taller o un garaje o un concesionario de coches, cemento gru-
moso, rampa carcomida por el desgaste de las ruedas de los
vehículos pesados; o la esquina es ocupada por una colosal
gasolinera, aparentemente abandonada, pero cuyos dispensa-
dores automatizados surten de carburante a los coches y ca-

miones de los trabajadores y vecinos, y de noche se convierten en aparcamientos inmunes a la zona azul. A su alrededor, las fachadas de muchos edificios del siglo pasado, con su estucados y sus esgrafiados, son recorridas en zigzag por escaleras de incendio, cicatrices vastas, tridimensionales, más propias de Chicago que de Barcelona; conviven con bloques nuevos de apartamentos radiantes y se alternan con las fachadas mudas y ciegas, con tantísimas puertas y ventanas y balcones convertidos en tabiques de ladrillo visto, selladas con cemento, bocas rotas, ojos cosidos con hilo de pescar que se confunde con el hilo de costra de sangre seca.

Y los martillazos. Me he acostumbrado a identificarlos desde lejos: activan mi sentido arácnido y soy capaz de localizarlos en un radio de doscientos metros. Los martillazos del chatarrero que, junto al contenedor de basura, trata de desmontar la lavadora que ha encontrado o de domeñar las barras de acero inoxidable para que le quepan en el carrito de supermercado tuneado con cartones. Los martillazos, también, de los chatarreros que trabajan al otro lado de la persiana de talleres y naves industriales que parecen abandonados, pero que son la vivienda de familias o de grupos de hombres, como antaño lo fueron las barracas de detrás del cementerio o de la playa. Esos martillazos son la banda sonora de este libro tanto como el ruido leve que hacen, al ser pasadas, las páginas de los libros urbanos de Benjamin. Su música es híbrida: cuerpos y citas, viaje y texto, vida y lectura, ruido y silencio.

220

«Ser adulto significa justamente haber llegado a entender que no es en la tierra natal donde se ha nacido, sino en un lugar más grande, más neutro, ni amigo ni enemigo, desconocido», leemos en *La pesquisa* de Juan José Saer: «Al que nadie podría llamar suyo y que no estimula el afecto sino la extrañeza, un hogar que no es ni espacial ni geográfico, ni siquiera verbal, sino más bien, y hasta donde esas palabras puedan seguir significando algo, físico, químico, biológico, cósmico».

221

Hace quinientos años esta casa hubiera estado bajo el mar. Hacia 1469, de hecho, en este cruce de calles tuvo lugar una batalla naval. Los sedimentos del río Besós fueron acumulando durante siglos arenas, gravas, capas, cimientos sobre los que se acabó erigiendo este edificio a principios del siglo pasado. Desde su balcón veo un centro de creación musical y una casa okupada por chatarreros gitanos y un concesionario de coches y, a lo lejos, el tanatorio de Sancho de Ávila, inaugurado en 1968, el primero del Estado Español. Del mar sólo puedo percibir, a veces, el olor a sal; o una gaviota que, perdida, se posa en la baranda o en el semáforo.

A menudo, después de vestir a mis hijos y darles el desayuno, mientras los siento en su cochecito biplaza, me fijo en los mosaicos hidráulicos de nuestro piso, con esas formas vegetales (un trébol de cuatro hojas en el centro de un círculo inscrito en un rombo, hojas y pétalos que giran como en un torbellino), viejos dibujos verdes que tanto contrastan con el blanco perfecto y no obstante precario de los muebles de Ikea.

De camino a la guardería, avanzamos por la calle Pere IV, que lleva meses en obras. Hasta la reforma, sus aceras cambiaban continuamente de diseño y en su calzada coexistían hasta cuatro tipos distintos de pavimento, incluido el de adoquines de la vieja carretera a Mataró que en algún momento se convirtió en la zona lateral de la calle, la orilla donde aparcaban los coches. Cuando se vayan las excavadoras y las apisonadoras, Pere IV se habrá uniformado, contará con carriles para bicicletas, iluminación LED y tilos.

Dejamos atrás la parte nueva de la Rambla, extrañamente pavimentada con asfalto y no con *panots*, donde las manzanas no están del todo cercadas por edificios y hay acceso a los parques públicos y las ludotecas del interior, porque las puertas de las rejas que impiden la entrada por la noche son religiosamente abiertas cada mañana por empleados de Parques y Jardines –no deja de ser curioso que en esta zona aburguesada sea donde al fin se cumplió el sueño de Cerdà, aquel visionario con bigote de Fumanchú–.

Bajamos, mis hijos y yo, por la vieja Rambla, flanqueada por faroles de antaño. A nuestra izquierda, visibles o invisibles, con salida a la rambla o paralelos a ella o atrapados entre otras calles cercanas, se van sucediendo varios pasajes que apuntan hacia el siglo XIX, como el Burrull, el Pere Ripoll, el Colomer, el Rovira o el Bosch i Labrús. Nunca deja de sorprenderme que la calle Camí Antic de València, que viaja aún más lejos en el tiempo, sea un horizonte que se vuelve periferia y cielo borrosos en dirección a Mataró, a mano izquierda, pero que en cambio a mano derecha, una vez atraviesa la Rambla, se estrelle contra una pared en un breve callejón sin nombre y sin salida. Tras el muro, entre el Mercadona y la escuela Llacuna, en el medio de una manzana a medio hacer, hay una fábrica antigua, en ruinas, que en otra época estuvo muy bien comunicada con el tráfico de mercancías hacia el norte y hacia el sur y ahora es vegetación salvaje, ventanales tapiados, grafitis.

Un poco más abajo, casi todas las mañanas de otoño e invierno, en el pasaje de Cantí –luz de vapor y diamante– veo a una pareja de ancianos, ella a ras de suelo, él en el balcón del segundo piso subiendo con una cuerda la bolsa de la barra de pan y la fruta del día, que ella saca del carro de la compra, coloca en el gancho y mira subir como si fuera un barco o una cometa que se alejan. El pasaje Massaguer, más cerca de la guardería, fue reformado en 2001 y termina en una canasta de baloncesto, pero igualmente parece de otro siglo. Supongo que ése es el sino de los pasajes: siempre pertenecerán a otro tiempo no necesariamente mejor. Entre uno y otro me voy fijando en las tapas de las señales de tráfico, de las alcantarillas, de la luz: cada una tiene su propio diseño, como si marcaran puertas de acceso a un submundo que nunca conoceremos.

Desde que soy padre me acuerdo a menudo de que a Peter Ackroyd le dio un infarto el día que terminó su biografía monumental sobre Londres: la paternidad es un sinfín de miedos, algunos fundados, casi todos sin sentido. A menudo me acuerdo también de mis padres y de mis abuelos y temo que mis hijos tengan que enfrentarse algún día a una guerra o a la emigración. El futuro les pertenece –como profetizó Gil de Biedma en su poema sobre Montjuic– pero espero que tarde en llegar, me digo mientras bajamos los tres, ellos en su cochecito, yo a pie, por esta rambla, mis suelas tan gastadas, que fue proyectada por Cerdà para que articulara como eje central la constelación de núcleos fabriles, rurales, pescadores y urbanos que era este barrio a mediados del siglo XIX, mis suelas curtidas en miles de calles y avenidas, que durante más de un siglo se llamó oficialmente Paseo del Triunfo, una noticia buena y otra mala, aunque todos los vecinos la llamaran rambla de Poblenou, las suelas de un rompesuelas, porque ellos sabían que siempre hay un discurso oficial y otro popular, una tensión necesaria, mis suelas por una rambla que al mismo tiempo que conduce hacia el futuro –como todos los ríos y avenidas y rieras y calles y torrentes y pasajes– lo hace también, tras atravesar dos asentamientos de chabolas que por suerte ya no existen, un paso y otro y uno más, pero que se adivinan en las heridas de los muros y en las miradas de los supervivientes, un último paso, hacia el mar, el mar: el desierto que da forma a esta ciudad.

222

«En el fondo, la Arcadia no inspira fantasías a nadie», dice Bruce Bégout en *Le Park*: «Lo que leemos siempre de Dante es *El Infierno*, y no *El Paraíso*».

223

El infierno de Barcelona y de todas las grandes ciudades: su ecocidio. Domesticar, neutralizar, controlar, absorber, transformar, anular, matar la naturaleza y el campo, el biotopo circundante: convertirlos en jardines de ocio, terreno agrícola, provisión, almacén, producción de energía, cantera, mina, terreno edificable, parque, reserva *natural* o *ecológica*, feria, museo, horticultura, paisaje. El triunfo absoluto de las ciudades sólo puede significar –está en el adn de la máquina en red– el exterminio de la idea más extendida de lo natural. La paradoja es que sólo la metrópolis puede detener, parcialmente, ese proceso que la constituye –y que no cesa de convertir en monumento–.

Luz y oscuridad, construcción y destrucción, utopía y capital: la ciudad es bipolar por naturaleza. La contradicción la mantiene en movimiento. El sueño de Barcelona es su orden legible, su textura amable, su vida de calidad, su belleza de renombre internacional que la convierte en motivo de admiración de los turistas y en motivo de orgullo de sus ciudadanos. Para hacer realidad ese sueño se enfrenta, con sentimiento de culpa, a su gran pesadilla.

Cuando ya habían sido destruidos los grandes parques y jardines de la ciudad –como el de los Campos Elíseos–, cuando ya se habían talado las arboledas –como la del Paseo San Juan–, cuando se pensaba que con la Ciutadella y Montjuic había suficiente, Barcelona comenzó a asumir la necesidad de tener espacios vegetales. Para entonces ya había sido traicionada y privatizada la idea original de Cerdà, quien no planificó grandes parques porque entendía que el interior de cada manzana era en sí un jardín y un huerto, un pulmón en miniatura. Durante la dictadura de Franco se incorporaron espacios que habían quedado por fortuna y azar libres, como el Turó de la Peira o el de Putxet, junto con los de antiguas fincas como la Quinta Amelia, el Castell de l'Oreneta o el Laberinto de Horta.

Todo ello en las orillas del Eixample, árido y con plátanos ya para siempre. Con la democracia llegó al fin la conciencia ecológica y al tiempo que la ciudad barría edificios populares, casas baratas, pasajes y calles enteras, para construir la Vila Olímpica o el parque del Fòrum, proliferaban los parques y jardines y hasta la playa, a lado y lado de la Ronda Litoral, ese nuevo foso, eco de la antigua muralla, ahora está ajardinada.

En su celebérrimo y archicitado *Proyecto de los Pasajes* Benjamin anota que el título original de *El spleen de París* fue *El paseante solitario*. Si Baudelaire y su editor se hubieran atrevido a ponerle ese título tan Rousseau al libro, se hubiera hecho todavía más evidente la traslación del viaje rural al viaje urbano, del caminante por la naturaleza al paseante por la ciudad, esa segunda naturaleza del hombre. «La naturaleza no puede aconsejar más que el crimen», dice Benjamin que dice Baudelaire: «la que ha creado el parricidio y la antropofagia». La literatura borra antes que la mayoría de las ciudades las fronteras entre la ciudad y el campo. La literatura derriba las murallas antes de que lo haga la realidad. Pero las plagas de cucarachas y de ratas y de insectos de semillas de los plátanos nos recuerdan que el campo siempre está ahí, en las cocinas y en las alcantarillas, en los parques y los jardines, jamás del todo domesticado. Muy vivo en su muerte, porque murió para que la ciudad viviera.

224

«Hoy en día, ningún libro que gire en torno a la contemporaneidad puede ser otra cosa que un texto abierto», leemos en *El mundo de hoy* de Ryszard Kapuściński: «Tenemos que acostumbrarnos a la idea de que escribimos libros inacabados».

225

En la última caja de mi última mudanza metí las dos tallas
indígenas que les regalé a mis abuelas, los dos ángeles guate-
maltecos que heredé de mis abuelas, y al hacerlo me di cuenta de que en sus bases todavía pueden verse los círculos concéntricos del árbol del que fueron extirpados. Durante unos
segundos, ensimismado, reseguí esas anillas rugosas con las
yemas de mis dedos, lenta, circularmente, con mis huellas
dactilares. Después puse aquellas dos figuras protectoras en
lo alto de la estantería de los libros de viaje.

   «La atención es la oración natural del alma», escribió
Nicolas Malebranche, filósofo francés del siglo XVII que intentó conciliar a San Agustín con Descartes. «Nadie negará
que la astronomía procede de la astrología y la química de la
alquimia. Pero esta sucesión se interpreta como un avance,
si bien implica una disminución del grado de atención», escribió Simone Weil, filósofa francesa del siglo XX que intentó
conciliar la inteligencia y la mística, tras trabajar en una fábrica Renault y en el campo, obsesionada con la escisión a lo
largo de la historia entre las manos y el cerebro, causa principal de la relación de dominio entre los que trabajan con
palabras, metáforas, símbolos, y quienes lo hacen con herramientas, objetos, cosas.

   Cuando salgo de casa, a veces me fijo en la acera del chaflán: una superficie perfectamente cuadriculada, decenas,
cientos de pequeños cuadrados sólidos y grises, entre la fachada de este edificio y los contenedores de basura y los coches aparcados en batería, una superficie peatonal donde
vibran las sombras de los troncos y de las ramas y de las
hojas de los árboles, creando puzles móviles, arabescos im-
previstos, como si las raíces proyectaran su maraña fantasmal más allá del cemento, cartografía variable de líneas ligeramente curvas que recuerdan a las líneas de las manos.
Alguna vez he pensado que la cuadrícula es el plano de la
ciudad y que su doble sombrío es ese mismo plano en un

futuro cercano, convertido en bola de papel arrugado, en mapa tridimensional y palpable, con tacto, huecos, orografía, fisuras; como si pudieran convivir el modelo y su destrucción, el sueño del urbanista y el del pasajero. Pero lo cierto es que casi nunca tengo tiempo de prestarle atención al chaflán de mi casa, porque sólo pienso en un café, voy con prisas, bajo la basura, llego tarde, no quiero perder el autobús, el niño llora o he recogido una revista o un libro en el buzón y salgo abriendo el sobre de una nueva lectura.

226

«Por qué se acaba el arte de contar historias es una pregunta que me he hecho siempre que, aburrido, he dejado pasar largas horas de sobremesa con otros comensales», leemos en «El pañuelo» de Walter Benjamin: «Pero aquella tarde, de pie en la cubierta de paseo del *Bellver*, junto a la cámara del timón, creí encontrar la respuesta mientras con mis prismáticos repasaba todos los detalles del cuadro incomparable que ofrecía desde el barco Barcelona».

Nota final

Este libro no hubiera sido posible sin las hemerotecas digitales de los diarios *La Vanguardia, El Periódico, El País, El Mundo, El Punt Avui, Ara* y *ABC*; sin las bibliotecas del Ateneu Barcelonès, la Universidad Pompeu Fabra, la Universidad de Barcelona, el Colegio de Arquitectos y el Archivo Municipal; sin la tradición de los cronistas y estudiosos de Barcelona, como el Baró de Maldà, Ricardo Suñé, Francesc Curet, Sempronio, Joan Amades, Lluís Permanyer, Manuel Vázquez Montalbán, Martí Checa, Ramon Grau, Josep Maria Huertas Clavería, Jaume Fabre, Isabel Segura, Pedro Voltes, Mercè Tatjer, Robert Hughes, Julià Guillamon, Paco Villar, Eduardo Mendoza, Manuel Delgado, Javier Pérez Andújar, Francesc Muñoz o Xavier Theros, entre muchos otros; sin mis blogs de cabecera en historia barcelonesa y paseo urbano, *Pla de Barcelona, Passió per Barcelona, Bereshit, El Rec Comtal,* BCN *Last Call, Memòria dels Barris*; sin páginas web como www.any cerda.org; sin Google Maps y Google Books. Me han sido particularmente útiles, como obras de consulta, los ocho volúmenes de *Història de Barcelona; Atles de Barcelona* y *Art públic de Barcelona; Passejades per la Barcelona literària,* de Sergio Vila-Sanjuán y Sergi Doria; los tres volúmenes de la *Geografia literària* de Llorenç Soldevila sobre la ciudad; y las guías *Barcelona. 100 passatges,* de Neus Bergua, y *Guia dels espais verds de Barcelona,* de Joan Villoro y Lluís Riudor. En todos los viajes por la ciudad me acompañó la *Guía Urbana de Barcelona* publicada por Telstar Distrimapas, con sede en el número 37 del Passatge de Vilaret.

El proyecto de este libro, que entonces se limitaba a los pasajes del siglo XIX del centro de Barcelona, recibió en 2012 una *Beca de investigación y creación en los ámbitos artísticos y del pensamiento* del Departament de Cultura de la Generalitat de Catalunya. Ya reformulado como un ensayo narrativo sobre el conjunto de los pasajes de la ciudad, en 2016 recibió el apoyo de la Dirección de Imagen y Servicios Editoriales del Ayuntamiento de Barcelona, que dirige José Pérez Freijo. Expreso aquí mi agradecimiento a ambas instituciones, como también agradezco las lecturas de mi esposa, Marilena de Chiara, de mis amigos Martín Caparrós, Robert Juan-Cantavella, Josep Maria Lluró y Juan Trejo, de mis editores Lidia Rey y Joan Tarrida, y de mis agentes Nicole Witt y Jordi Roca. Mención especial merecen Carlos Scolari y Xavier Vidal, que me prestaron los espacios donde pude terminar este libro. De todos ellos sólo uno lleva bigote.

Empecé a escribir *Barcelona. Libro de los pasajes* a finales de 2011, en una de las primeras manzanas del Eixample, y lo termino en noviembre de 2016, en la primera supermanzana de la ciudad. Lo ha querido el azar, que es pasajista o pasajerista, no hay consenso al respecto.

Bibliografía

AGUAYO ESTRELLA, Carmen, «Performance, puesta en escena y narrativa en la serie *Peluquería* de Ouka Leele», *Actas – V Congreso Internacional Latina de Comunicación Social – V CILCS*, Universidad de La Laguna, diciembre 2013.

ALMERICH, Lluís, *Història dels carrers de la Barcelona vella (volum III)*. Barcelona, Editorial Millà, 1950.

ALONSO PEREIRA, José Ramón, «Los pabellones vaticanos en las exposiciones universales», *Actas del congreso de arquitectura religiosa contemporánea*. Nº 3. 2013.

ACKROYD, Peter, *Londres. Una biografía*, trad. de Carmen Font Paz. Barcelona, Edhasa, 2002.

AMADES, Joan, *Històries i llegendes de Barcelona*. 2 vols. Barcelona, Edicions 62, 1984.

AMAT I DE CORTADA, Rafel d', Baró de Maldà, *Calaix de Sastre IV. 1798-1799*. Edición de Ramon Boixareu. Barcelona, Curial, 1990.

ARAGON, Louis, *El aldeano de París*. Traducción de Vanesa García Cazorla. Madrid, Errata Naturae, 2016.

ARRANZ HERRERO, Romà, *Megalomania i obsolescència. Temporalitat de l'art a l'època de la seva reproductibilitat tècnica*. Tesis doctoral dirigida por Carles Mauricio Falgueras. Facultad de Bellas Artes. 2014.

BALAGUER, Víctor, *El regionalismo y los juegos florales*. Vilanova y la Geltrú, Biblioteca-Museu Balaguer, 1897.

BANCELLS, Consol y Lluís Permanyer, *Farmàcies Modernistes de Barcelona*. Barcelona, Àmbit, 2006.

BARBA, David, *100 españoles y el sexo*. Barcelona, Plaza y Janés, 2009.

BAREY, Andrey, «L'obra de Cerdà i les il·lusions perdudes», *Cuadernos de arquitectura y urbanismo*, nº: 138, 1980, págs. 17-26.

Bassegoda Nonell, Joan, «L'arquitecte Bernardí Martorell i Puig (1877-1937)», *Butlletí de la Reial Acadèmia Catalana de Belles Arts de Sant Jordi*, 2003, vol. 17, págs. 31-55.

Baudelaire, Charles, *Las flores del mal*. Trad. de Luis Martínez de Merlo. Madrid, Cátedra, 1995.

Beaumont, Matthew, *Night Walking. A nocturnal history of London*. Londres, Verso Books, 2015.

Bégout, Bruce, *Le Park*. Trad. de Rubén Martín Giráldez. Barcelona, Editorial Siberia, 2014.

Benjamin, Walter, *Libro de los Pasajes*. Ed. de Rolf Tiedemann. Trad. de varios autores. Madrid, Akal, 2005.

— *The Corresponde of Walter Benjamin. 1910-1940*. Ed. de Gershom Scholem y Theodor W. Adorno. Trad. de Manfred y Evelyn Jacobson. Chicago, The University of Chicago Press, 1994.

— *Historias y relatos*. Barcelona, El Aleph, 2005.

Bergua, Neus, *Barcelona. 100 passatges*. Barcelona, Ajuntament de Barcelona, 2015.

Berman, Marshall, *Todo lo sólido se desvanece en el aire. La experiencia de la modernidad*. Trad. de Andrea Morales Vidal. Madrid, Siglo XXI Editores, 1988.

Bosch, Lolita, *La familia de mi padre. Una novela*. Barcelona, Literatura Random House, 2010.

Bravo Morata, Federico, *Los nombres de las calles de Barcelona*. 2 vols. Madrid, Fenicia, 1971.

Breton, André, *Constelaciones*. Trad. de Francisco Deco. Cádiz, Universidad de Cádiz, 2002.

Bretonne, Rétif de la, *Las noches revolucionarias*. Trad. de Eric Jalain. Córdoba, El Olivo Azul, 2009.

Brodersen, Momme, *Walter Benjamin. A biography*, trad. de Malcolm R. Green e Ingrida Ligers, Nueva York, Verso, 1996.

Brotons, Ròmul, *Estimats Reis Mags. 35 jocs i joguines per recordar*. Barcelona, Albertí Editor, 2014.

Cabana, Francesc, *Fàbriques i empresaris. Els protagonistes de la revolució industrial a Catalunya*. Barcelona, Enciclopèdia Catalana, 1984.

Cabré, Rosa, *La Barcelona de Narcís Oller. Realitat i somni de la ciutat*. Valls, Cossetània, 2004.

Calders, Pere, *Cartes d'amor*. Edición de Francesc Vallverdú. Barcelona, Edicions 62, 1996.

CALVINO, Italo, Calvino, *Punto y aparte. Ensayos sobre literatura y sociedad*. Trad. de Gabriela Sánchez Ferlosio. Barcelona, Bruguera, 1983.

— *Ermitaño en París. Páginas autobiográficas*. Traducción de Ángel Sánchez-Gijón. Madrid, Siruela, 1994.

— *Las ciudades invisibles*. Trad. de Aurora Bernárdez. Madrid, Siruela, 1998.

CALVO RIVERA, Miguel, *Estudi del procés de transformació urbana a l'àmbit de la Colònia Castells*. Proyecto de final del grado en Ciencias y Tecnologías de la Edificación. Barcelona, Escola Politècnica Superior d'Edificació, 2013.

CANDEL, Francisco, *La nueva pobreza*. Barcelona, Plaza y Janés, 1989.

CAPARRÓS, Martín, *La Historia*. Buenos Aires, Norma, 1999.

CAPEL, Horacio, *La morfología de las ciudades. I. Sociedad, cultura y paisaje urbano*. Barcelona, Ediciones del Serbal, 2002.

CARBÓ, Dolors, y Jesús Martínez Marín, «La trayectoria vital de una finca: Catifes Sert», en VVAA, *Barcelona, ciudad de fábricas*. Barcelona, Nau Ivanow, 2000, págs. 170-171.

CARNICER, Ramón, *Pasaje Domingo. Una calle y 15 historias*. Barcelona, Bígaro Ediciones, 1998.

CASACUBERTA, Margarida y Marina GUSTÀ (eds.), *Narratives urbanes. La construcció literària de Barcelona*. Barcelona, Fundació Antoni Tàpies, 2008.

CASTEJÓN Bolea, Ramón, *Moral sexual y enfermedad: la medicina española frente al peligro venéreo (1868-1936)*. Granada, Universidad de Granada, 2001.

CASTILLO, Alberto del, *José María Sert. Su vida y su obra*. Barcelona-Buenos Aires, Librería Editorial Argos, 1949.

CERDÀ, Ildefons, *Las cinco bases de la teoría de la urbanización*. Compilación de Arturo Soria y Puig. Barcelona, Electa, 1996.

CHECA ARTASU, Martí, «Construcció urbana al Pla de Barcelona: el cas del passatge d'Oliva, 1857-1878». IX Congrés d'història de Barcelona. Noviembre de 2005.

— «*El Patronato de Vivienda del Congreso*». *Habitatge i catòlics a la Barcelona del franquisme*, Centre d'Estudis Ignasi Iglésias, Sant Andreu de Palomar, 2008.

CIRICI, Alexandre, *Barcelona pam a pam*. Barcelona, Comanegra, 2012.

COMBALIA, Victoria, *El descubrimiento de Miró. Miró y sus críticos, 1918-1929*. Barcelona, Destino, 1990.

CREIXELL, Rosa Maria, Teresa-Mª Sala y Esteve Castañer, *Espais interiors: casa i art: des del segle XVIII al XXI*. Barcelona, Publicacions de la Universitat de Barcelona, 2007.

CURET, Francesc, *De Sant Pere a Sant Pau*, vol. 1 de *Visions barcelonines. 1760-1860*. Barcelona, Editorial Dalmau i Jover, 1957.

— *Els barcelonins i la mort*, vol. de *Visions barcelonines. 1760-1860*. Barcelona, Editorial Dalmau i Jover, 1953.

— *La Rambla, passeigs i jardins*, vol. de *Visions barcelonines. 1760-1860*. Barcelona, Editorial Dalmau i Jover, 1952.

D'ASPRER, Núria, «Passages», *Doletiana*, nº 2, 2009.

DALMAU, Marc, *Un barri fet a cops de cooperació. El cooperativisme obrer al Poblenou*. Barcelona, La Ciutat Invisible Edicions, 2015.

DANIEL, Joan, *La guerra dels cornuts*. Barcelona, Empúries, 2003.

DELGADO, Manuel, *La ciudad mentirosa. Fraude y miseria del «modelo Barcelona»*. Madrid, Catarata, 2007.

DICKENS, Charles, *Paseos nocturnos*. Trad. de José Méndez Herrera. Madrid, Taurus, 2013.

DOUGLAS, Andrew Elicott, «The secret of the Southwest solved by talkative tree rings». *National Geographic Magazine* 56 (6), págs. 736-770.

FABRE, Jaume y Josep Maria Huertas Clavería, *Tots els barris de Barcelona, I*, Barcelona, 62, 1976.

— *Carrers de Barcelona: com han evolucionat els seus noms*. Barcelona, Ajuntament de Barcelona, 1982.

— *Barcelona 1888-1988. La construcció d'una ciutat*. Barcelona, Diari de Barcelona, 1988.

— *Noticiari de Barcelona. De l'Exposició Universal als Jocs Olímpics*. Barcelona, La Campana, 1991.

FERRER, Antoni, «Rotular de nuevo el espacio urbano: el ejemplo de la Barcelona franquista», *Cahiers d'études romanes*, nº 8, 2003, págs. 163-185.

FILLOL, Vicente, *Mi tierra y mi gente*. Caracas, Monte Ávila, 1976.

FORNELLS ANGELATS, Montserrat, *Los lienzos de José María Sert en la iglesia de SanTelmo de Donostia-San Sebastián*. San Sebastián, San Telmo, 2006.

GARCÍA FELGUERA, María de los Santos, «Anaïs Tiffon, Antonio Fernández y la compañía fotográfica "Napoleon"», *Locus Amoenus*, n°8, 2005-2006, págs. 307-335.

— *Els Napoleon. Un estudi fotogràfic*. Barcelona, Arxiu Fotogràfic de Barcelona / Ajuntament de Barcelona, 2011.

GARCÍA LORCA, Federico, *Obras completas III (Prosa)*. Barcelona, Galaxia Gutenberg-Círculo de Lectores, 1997.

GAUSA, Manuel, Marta Cervelló y Maurici Pla, *Barcelona: Guía de arquitectura moderna 1860-2002*. Barcelona, Actar, 2001.

GEIST, Johann Friedrich, *Le Passage. Un type architectural du XIXe siècle*. Trad. de Marianne Brausch. París, Pierre Mardaga, éditeur, 1989.

GLANTZ, Margo, *Yo también me acuerdo*. México DF, Sexto Piso, 2014.

GOFFMAN, Erving, *La presentación de la persona en la vida cotidiana*. Buenos Aires, Amorrortu Editores, 1981.

GÓMEZ I VILALTA, Arnau, *Cataluña bajo vigilancia: El consulado italiano y el fascio de Barcelona (1930-1943)*. Valencia, Universitat de València, 2009.

GRACQ, Julien, *La forme d'une ville*, París, Librairie José Corti, 1985.

GRAU, Ramon y Margarida Nadal, *La unificació municipal del Pla de Barcelona 1874-1897*. Barcelona, Institut Municipal d'Història de Barcelona / Proa, 1997.

GRAU, Ramon, «La metamorfosi de la ciutat enmurallada: Barcelona, de Felip V a Ildefons Cerdà». *Quaderns d'història econòmica de Catalunya*, n° XX. Barcelona, octubre de 1979.

GROSSMAN, David, *La vida entera*. Trad. de Ana María Bejarano. Barcelona, Lumen, 2010.

GUILLAMON, Agustín (ed.), *Documentación histórica del trotskismo español (1936 1948)*. Madrid, Ediciones de la Torre, 1996.

GUILLAMON, Julià, *La ciutat interrompuda. De la contracultura a la Barcelona postolímpica*. Barcelona, Empúries, 2001.

HÉNAFF, Marcel, *La ciudad que viene*. Trad. colectiva dirigida por Étienne Helmer. Santiago de Chile, LOM, 2014.

HERNÁNDEZ-CROS y J. Emili, Gabriel Mora y Xavier Pouplana, *Arquitectura de Barcelona*. Barcelona, Publicaciones del Colegio Oficial de Arquitectos de Cataluña y Baleares, 1972.

HUERTAS CLAVERIA, Josep Maria, *La gent i els barris de Sant Martí*. Barcelona, Ajuntament de Barcelona, 2009.

HUGHES, Robert, *Barcelona*. Trad. de Francesc Roca. Barcelona, Anagrama, 1992.

JUAN-CANTAVELLA, Robert, «Barcelona Arcade», en Jorge Carrión (ed.), *Madrid/Barcelona. Literatura y ciudad (1995-2010)*. Madrid, Iberoamericana, 2009.

JUNCOSA, Patricia (ed.), *Josep Lluís Sert Conversaciones y escritos, lugares de encuentro para las artes*. Barcelona, Gustavo Gili, 2011.

KAPUŚCIŃSKI, Ryszard, *El mundo de hoy. Autorretrato de un reportero*. Trad. de Agata Orzeszek. Barcelona, Anagrama, 2004.

KOOLHAAS, Rem, *Delirio de Nueva York: un manifiesto retroactivo para Manhattan*. Trad. de Jorge Sainz. Barcelona, Gustavo Gili, 2004.

— *Acerca de la ciudad*. Trad. de Jorge Sainz. Barcelona, Gustavo Gili, 2014.

LE CORBUSIER, *Principios de urbanismo*. Trad. de Juan-Ramon Capella. Barcelona, Ariel, 1971.

LEFEBVRE, Henri, *El derecho a la ciudad*. Trad. de J. González-Pueyo. Barcelona, Península, 1969.

— *La revolución urbana*. Trad. de Mario Nolla. Madrid, Alianza, 1972.

LELIÈVRE, Pierre, *La Vie des Cités de l'Antiquité à nos Jours*, París, Bourelier, 1950.

LEPORE, Jill, *Joe's Gould Teeth*. Nueva York, Knopf, 2016.

LOQUILLO, *Barcelona ciudad*. Barcelona, Ediciones B, 2010.

LLANAS, Manuel, *El libro y la edición en Cataluña: apuntes y esbozos*. Barcelona, Gremi d'Editors de Catalunya, 2004.

LLOP, José Carlos, *Reyes de Alejandría*. Madrid, Alfaguara, 2016.

LYNCH, Kevin, *La imagen de la ciudad*. Trad. de Enrique Luis Revol. Barcelona, Gustavo Gili, 1984.

MARAGALL, Pasqual, *Refent Barcelona*. Barcelona, Planeta, 1986.

MARSÉ, Juan, *Cuentos completos*. Ed. de Enrique Turpin. Barcelona, Espasa Calpe, 2002.

McGUIRE, Richard, *Aquí*. Trad. de Esther Cruz. Barcelona, Salamandra Graphic, 2015.

MENDOZA, Eduardo, *La ciudad de los prodigios*. Barcelona, Seix Barral, 1986.
— *La isla inaudita*. Barcelona, Seix Barral, 1999.
MIEVILLE, China, *La ciudad y la ciudad*. Trad. de Silvia Shettin Pérez. Barcelona, La Factoría de Ideas, 2012.
MIRÓ, Joan, *Epistolari català. 1911-1945. Vol. 1*. Edición de Joan Ainaud de Lasarte. Barcelona, Editorial Barcino / Fundació Joan Miró, 2009.
MIRÓ, Joan, *Escritos y conversaciones*. Edición de Margit Rowell. Valencia-Murcia, Institut Valencià d'Art Modern / Colegio Oficial de Aparejadores y Arquitectos Técnicos de la Región de Murcia, 2002.
MITCHELL, Joseph, *El secreto de Joe Gould*. Traducción de Marcelo Cohen. Barcelona, Anagrama, 2014.
MOLET I PETIT, Joan, «Entre conversació i modernització: l'esventrament del centre urbà», *Barcelona. Quaderns d'Història*, n°8, 2003, págs. 235-255.
MOLI FRIGOLA, Montserrat, *La Desamortización eclesiástica en la ciudad de Barcelona 1835-1840*. Tesis doctoral. Universitat de Barcelona, 1970.
MORÁBITO, Fabio, *El idioma materno*. Ciudad de México, Sexto Piso, 2014.
MUÑOZ, Francesc, *Urbanalización. Paisajes comunes, lugares globales*. Barcelona, Gustavo Gili, 2008.
NOVÁS, Lino, *Vidas Extraordinarias. Crónicas Biográficas y Autobiográficas (1933-1936)*. Selección de Jesús Gómez de Tejada. Madrid, Verbum, 2014.
OLTRA ESTEVE, Consol, *Lluïsa Vidal. La mirada d'una dona, l'empremta d'una artista*. Barcelona, Salvatella Editorial, 2013.
OYÓN BAÑALES, José Luis, *La quiebra de la ciudad popular. Espacio urbano, inmigración y anarquismo en la Barcelona de entreguerras, 1914-1936*. Barcelona, Ediciones del Serbal, 2008.
PAGENSTECHER, H. A., *La isla de Mallorca. Reseña de un viaje*. Trad. de Pablo Bouwy de Schorrenberg. Palma de Mallorca, Establecimiento Tipográfico de Felipe Guasp, 1867.
PAJAK, Frédéric, *Con Walter Benjamin, soñador abismado en el paisaje*. Trad. de Regina López, Madrid, Errata Naturae, 2016.
PEREC, Georges, *Especies de espacios*. Trad. de Jesús Camarero. Barcelona, Montesinos, 1999.

PÉREZ ANDÚJAR, Javier, *Paseos con mi madre*. Barcelona, Tusquets, 2011.

PERI ROSSI, Cristina, *La nave de los locos*. Barcelona, Seix Barral,
1984.

PERMANYER, Lluís, *Història de l'Eixample*. Barcelona, Plaza y Janés, 1990.

PIGLIA, Ricardo, *Los diarios de Emilio Renzi. Los años felices*.
Barcelona, Anagrama, 2016.

PLA, Josep, *Obra completa. Volum XVI. Homenots. Segona sèrie*.
Destino, Barcelona, 1981.

— *Notas y dietarios*. Trad. de Dionisio Ridruejo, Gloria de Ros y
Xavier Pericay. Barcelona, Planeta, 2008.

PORTELLI, Stefano, *La ciudad horizontal. Urbanismo y resistencia
en un barrio de casas baratas de Barcelona*. Barcelona, Edicions Bellaterra, 2015.

PUJOL, Carlos, *Barcelona y sus vidas*. Granada, La Veleta, 2010.

RENDUELES, César y Ana Useros (eds.), *Atlas Walter Benjamin.
Constelaciones*. Madrid, Círculo de Bellas Artes, 2010.

RIBA, Oriol y Ferran Colombo, *Barcelona: la Ciutat Vella i el
Poblenou. Assaig de geologia urbana*. Barcelona: Institut
d'Estudis Catalans - Reial Acadèmia de Ciències i Arts de Barcelona, 2009.

RODENBACH, Georges, *Brujas la Muerta*. Trad. de Fruela Fernández. Madrid, Vaso Roto, 2011.

ROGLAN, Joaquim, *La Barcelona erótica*. Barcelona, Angle Editorial, 2003.

ROMEA CASTRO, Celia, *Barcelona romántica y revolucionaria.
Una imagen literaria de la ciudad, década de 1833 a 1843*.
Barcelona, Edicions de la Universitat de Barcelona, 1994.

ROTH, Joseph, *Crónicas berlinesas*. Trad. de Juan de Sola Llovet.
Barcelona, Minúscula, 2006.

RUMBAU, Montserrat, *La Barcelona de fa 200 anys*. Barcelona,
Tibidabo Edicions, 1990.

— *La Barcelona de principis del segle XIX*. Barcelona, Tibidabo
Edicions, 1993.

RUSKIN, *Las piedras de Venecia*. Trad. de Maurici Pla. Murcia,
Editora Regional de Murcia, 2000.

RYKWERT, Joseph, *La idea de ciudad*. Trad. de Jesús Valiente
Malla. Salamanca, Sígueme, 2002.

SAER, Juan José, *La pesquisa*. Buenos Aires, Emecé, 2012.

SAGARRA I TRIAS, F., *Barcelona, ciutat de transició (1848-1868): el projecte urbà a través dels treballs de l'arquitecte Miquel Garriga i Roca*. Barcelona, Institut d'Estudis Catalans (Arxius de les seccions de ciències), 1996.

SALA, Teresa Maria, *La vida cotidiana en la Barcelona de 1900*. Barcelona, Sílex, 2005.

SALILLAS, José Manuel y Rafael Manzano, *La casa de Miró del «Passatge del Crèdit»*. Barcelona, Grupo Gargallo, 1993.

SANTARCANGELI, Paolo, *El libro de los laberintos*. Trad. de César Palma. Madrid, Siruela, 2002.

SANTE, Luc, *Bajos fondos. Una mitología de Nueva York*. Trad. de Pablo Duarte. Madrid, Libros del KO, 2016.

SARLO, Beatriz, *Una modernidad periférica: Buenos Aires 1920 y 1930*. Buenos Aires, Nueva Visión, 1988.

— *La ciudad vista. Mercancías y cultura urbana*. Buenos Aires, Siglo XXI, 2009.

SEBALD, W. G., *Austerlitz*. Trad. de Miguel Sáenz. Barcelona, Anagrama, 2002.

SEGURA SORIANO, Isabel, *Guia de dones de Barcelona. Recorreguts històrics*. Barcelona, Ajuntament de Barcelona, 1995.

— *La modernitat a la Barcelona dels cinquanta. Arquitectura industrial*. Barcelona, Ajuntament de Barcelona, 2010.

SEMPRONIO, *Barcelona era una festa*. Barcelona, Selecta, 1980.

— *Barcelona pel forat del pany*. Barcelona, Selecta, 1985.

— *Barcelona a mitja veu*. Barcelona, Selecta-Catalonia, 1991.

— *Barcelona es confessa a mitges*, Barcelona, Ed. Selecta-Catalònia, 1994.

SERT, Misia, *Misia*. Edición de Francisco Sert. Barcelona, Tusquets, 1983.

SINCLAIR, Iain, *Lights out for the Territory*. Londres, Granta Books, 1997.

SONTAG, Susan, *Sobre la fotografía*. Trad. de Carlos Gardini. Madrid, Alfaguara, 2005.

SMITHSON, Robert, *Selección de escritos*. Trad. de María Orvañanos y Eva Quintana Crelis. Ciudad de México, Alias, 2009.

SOLDEVILA, Carles, *Del llum de gas al llum elèctric: memòries d'infància i joventut*. Barcelona, Empúries, 2002.

Soldevila, Llorenç, *Geografia literària*. Barcelona, Pòrtic, 2013-2015.

Sorkin, Michael (ed.), *Variaciones sobre un parque temático. La nueva ciudad americana y el fin del espacio público*. Trad. de Maurici Pla. Barcelona, Gustavo Gili, 2004.

Stamp, Laura, «La Nueva Babilonia de Constant. Cómo llevar al límite el espíritu de la época», *Constant. Nueva Babilonia*. Madrid, Museo Reina Sofía, 2015.

Suñé, Ricardo, *Nueva Crónica de Barcelona. Historia de la ciudad a través de sus calles y de sus tradiciones*. 2 vols. Barcelona, Casa Editorial Seguí, 1945-1947.

Swenney, James Johnson, y Josep Lluís Sert, *Antoni Gaudí*. Trad. de E. L. Revol. Buenos Aires, Ediciones Infinito, 1961.

Tarragó Cid, Salvador, «Las nuevas formas de intervención en el casco antiguo: la abertura de calles y pasajes», *Cuadernos de arquitectura y urbanismo*, n°101, 1974, págs. 15-23.

Tatjer, Mercè y Cristina Larrea (eds.), *Barracas. La Barcelona informal del siglo xx*. Barcelona, Ajuntament de Barcelona / Museu d'Història de la Ciutat, 2010.

Tirado y Rojas, Mariano, *La masonería en España*. Madrid, Imprenta de Enrique Maroto y Hermano, 1892.

Torres Rosell, Ramon, *De la meva Ciutat Comtal*, Barcelona, 1960.

Tusquets, Esther, *Habíamos ganado la guerra*. Barcelona, Ediciones B, 2010.

Trejo, Juan, *El fin de la Guerra Fría*. Barcelona, La Otra Orilla, 2008.

Umbral, Francisco, *Madrid: tribu urbana*. Barcelona, Planeta, 2000.

Valera, Sergi, «El Poblenou barcelonés como barrio artístico»: http://www.ub.edu/dppss/valera/Valera_2009_barrios_artisticos.pdf Consultado el 1 de enero de 2016.

Valero, Vicente, *Experiencia y pobreza. Walter Benjamin en Ibiza, 1932-1933*. Barcelona, Península, 2001.

Vázquez Montalbán, Manuel, *Barcelones*. Trad. de Luis Ochandorena. Barcelona, Empúries, 1990.

— *Obra periodística 1987-2003. Las batallas perdidas*. Barcelona, Debate, 2015.

Verdaguer, Mario, *Medio siglo de vida íntima barcelonesa*. Barcelona, Guillermo Canals Editor, 2008.

VIDAL FOLCH, Ignacio, *Barcelona: museo secreto*. Barcelona, Alcar, 2009.

VILA-MATAS, Enrique, *Fuera de aquí. Conversaciones con André Gabastou*. Barcelona, Galaxia Gutenberg, 2013.

VILA-SANJUÁN, Sergio, *La cultura y la vida. Catorce crónicas de escritores, artistas, cambios de época y aventuras creativas.* Barcelona, Libros de Vanguardia, 2013.

VILLAR, Paco, *La ciutat dels cafès (1750-1880)*. Barcelona, Edicions de la Campana, 2009.

VILLORO, Joan, y Lluís Riudor, *Guia dels espais verds de Barcelona. Aproximació histórica.* Barcelona, Col·legi Oficial d'Arquitectes de Catalunya, 1984.

VILLAROYA I FONT, Joan, *Els bombardeigs de Barcelona durant la guerra civil (1936-1939).* Barcelona, Publicacions de l'Abadia de Montserrat, 1999.

VOLTES BOU, Pedro, *Notas sobre instituciones barcelonesas del siglo XIX.* Barcelona, Instituto Municipal de Historia, 1976.

VVAA, *Els barris de Barcelona. Vol. 1. Ciutat Vella / L'Eixample.* Barcelona, Enciclopèdia Catalana / Ajuntament de Barcelona, 1999.

VVAA, *Art públic de Barcelona*. Barcelona, Ajuntament de Barcelona, 2009.

VVAA, *Atles de Barcelona*. Barcelona, Ajuntament de Barcelona, 2011.

VVAA, *Enciclopèdia de Barcelona*. Barcelona, Enciclopèdia Catalana /Ajuntament de Barcelona, 2006.

VVAA, *Guía de librerías de España*, 1964.

VVAA, *Història de Barcelona*. Barcelona, Enciclopèdia Catalana / Ajuntament de Barcelona, 1995.

VVAA, *Joan Miró. 1893-1993*. Barcelona, Fundació Miró, 1993.

VVAA, *Qui té roba per rentar?* Barcelona, Icària, 2008.

VVAA, *Josep M. Huertas Clavería i els barris de Barcelona. Antologia de reportatges.* Barcelona, Federació d'Associacions de veïns i veïnes de Barcelona, 2015.

VVAA, *Josep M. Sert. El archivo fotográfico del modelo.* San Sebastián, San Telmo, 2012.

VVAA, *Masies de Barcelona*. Barcelona, Angle Editorial, 2009.

VVAA, *La Urbana. El llibre blanc dels carrers de Barcelona.* Barcelona, FAD, 2009.

YATES, Frances A., *El arte de la memoria*. Trad. de Ignacio Gómez de Liaño. Madrid, Taurus, 1974.

WILLIAMS, Raymond, *El campo y la ciudad*. Trad. de Alicia Bixio. Buenos Aires, Paidós, 2001.

Índice onomástico

Sarrià

Sant Gervasi

Les Corts

Gràcia

Sants

Eixample

Sant Antoni

Raval

Gòtic

Born

Poble-sec

Montjuïc